文化人類學

林惠祥著

民國滬上初版書·復制版

文化人類學

林惠祥 著

上海三聯書店

图书在版编目(CIP)数据

文化人类学 / 林惠祥著. ——上海:上海三联书店,2014.3

(民国沪上初版书·复制版)

ISBN 978-7-5426-4584-5

Ⅰ.①文… Ⅱ.①林… Ⅲ.①文化人类学 Ⅳ.①C912.4

中国版本图书馆 CIP 数据核字(2014)第 029661 号

文化人类学

著　　者 / 林惠祥

责任编辑 / 陈启甸 王倩怡

封面设计 / 清风

策　　划 / 赵炬

执　　行 / 取映文化

加工整理 / 嘎拉 江岩 牵牛 莉娜

监　　制 / 吴昊

责任校对 / 笑然

出版发行 / 上海三联书店

(201199)中国上海市闵行区都市路 4855 号 2 座 10 楼

网　　址 / http://www.sjpc1932.com

邮购电话 / 021-24175971

印刷装订 / 常熟市人民印刷厂

版　　次 / 2014 年 3 月第 1 版

印　　次 / 2014 年 3 月第 1 次印刷

开　　本 / 650×900　1/16

字　　数 / 370 千字

印　　张 / 30

书　　号 / ISBN 978-7-5426-4584-5/C·509

定　　价 / 138.00 元

民国沪上初版书·复制版

出版人的话

如今的沪上，也只有上海三联书店还会使人联想起民国时期的沪上出版。因为那时活跃在沪上的新知书店、生活书店和读书出版社，以至后来结合成为的三联书店，始终是中国进步出版的代表。我们有责任将那时沪上的出版做些梳理，使曾经推动和影响了那个时代中国文化的书籍拂尘再现。出版"民国沪上初版书·复制版"，便是其中的实践。

民国的"初版书"或称"初版本"，体现了民国时期中国新文化的兴起与前行的创作倾向，表现了出版者选题的与时俱进。

民国的某一时段出现了春秋战国以后的又一次百家争鸣的盛况，这使得社会的各种思想、思潮、主义、主张、学科、学术等等得以充分地著书立说并传播。那时的许多初版书是中国现代学科和学术的开山之作，乃至今天仍是中国学科和学术发展的基本命题。重温那一时期的初版书，对应现时相关的研究与探讨，真是会有许多联想和启示。再现初版书的意义在于温故而知新。

初版之后的重版、再版、修订版等等，尽管会使作品的内容及形式趋于完善，但却不是原创的初始形态，再受到社会变动施加的某些影响，多少会有别于最初的表达。这也是选定初版书的原因。

民国版的图书大多为纸皮书，精装（洋装）书不多，而且初版的印量不大，一般在两三千册之间，加之那时印制技术和纸张条件的局限，几十年过来，得以留存下来的有不少成为了善本甚或孤本，能保存完好无损的就更稀缺了。因而在编制这套书时，只能依据辗转找到的初版书复制，尽可能保持初版时的面貌。对于原书的破损和字迹不清之处，尽可能加以技术修复，使之达到不影响阅读的效果。还需说明的是，复制出版的效果，必然会受所用底本的情形所限，不易达到现今书籍制作的某些水准。

民国时期初版的各种图书大约十余万种，并且以沪上最为集中。文化的创作与出版是一个不断筛选、淘汰、积累的过程，我们将尽力使那时初版的精品佳作得以重现。

我们将严格依照《著作权法》的规则，妥善处理出版的相关事务。

感谢上海图书馆和版本收藏者提供了珍贵的版本文献，使“民国沪上初版书·复制版”得以与公众见面。

相信民国初版书的复制出版，不仅可以满足社会阅读与研究的需要，还可以使民国初版书的内容与形态得以更持久地留存。

2014 年 1 月 1 日

大學叢書

文化人類學

林惠祥著

中華民國二十三年一月初版

序

文化人類學卽是專門研究文化的人類學，原文爲 cultural anthropology。這種科學還有其他名稱，如社會人類學（social anthropology）民族學（ethnology）都是。（見本書第1篇）還有許多學科或書籍，例如社會起源（social origins），社會演進（social evolution），原始文化（primitive culture），文化演進（cultural evolution），文明起源（origin of civilization）等也都是屬於這種科學的。觀於這些名稱便可曉得文化人類學卽是研究原始文化卽人類文化起源及進化的科學了。（詳見本書第一篇）這種科學的範圍似乎太窄，其實不然，因爲他是研究全人類的文化的；似乎太廣，其實又不然，因爲他只着重在「原始的」文化，卽文化的起源而已。閱者請注意各篇名稱中「原始」二字。

文化人類學的分科各家大同小異還不一律，編者茲以己意分爲五部，（1）物質文化，在原始生活中最爲重要，故立爲一篇，一一討論各種古代的發明及其對於人類生活的影響。（2）人對物既發生物質文化，人對人也發生了社會組織；人與人的組織使人類更能對付物質環境，故社會組織也宜成爲一篇。（3）由原始人觀之，物與人都是有形的，此外還有一種無形的超自然超人類的勢力，爲他們所不得不對付，由此便發生宗教，故宗教也爲一重要部門。（4）生活餘暇，原始人也發揮其審美性而生出藝術來，故藝術也宜成爲一篇。（5）人類的社會生活不能無傳達意見的方法，於此便有了語言，保留語言的方法便成爲文字，故語言與文字也應有一個地位。以上五個部門似乎適可以包容文化人類學的各種材料。此外再加以人類學總論一篇，以當導言，文化人類學略史一篇以說明各種重要原則及學派。

這種科學也像其他社會科學一樣，有各種不同的學說，故編述者宜有一定的主旨，然後選材方不致自相矛盾。本書的主旨是依最近的趨勢，綜合社會進化論派傳播論派與批評派的意見，採取各家的長處，鎔合爲一，以構成相對的觀念。故如討論一種事物的起源，常列舉多種學說，然後加以批評。選材時必先悉其著者屬於何派，然後選其不悖於衆說的材料，以合於一處，免致發生矛盾。

本書材料是由各書取來編譯的，但這些材料常錯綜參雜，有時且由編譯者參考衆說加以修改。此外還有少數地方是編者自己的臆說，（例如中國的姑舅表婚，兄弟婦婚，原始社會組織的通性等）也插入其中。每篇之末各附參考書目，以明來源，並當介紹。

文化人類學目次

第三篇　原始物質文化

第五篇　原始宗教

第六篇　原始藝術……三七二

第七篇　原始語言文字……四二三

文化人類學

第一篇　人類學總論

第一章　導言

當代人類學大家克魯伯（A. L. Kroeber）曾在其大著人類學（Anthropology）中下了一個題名，即：『人類學的時代』（Age of Anthropological Science）一語。自然不能說現在是人類學獨霸的時代，一切學問都要讓他但卻也許可以說人類學這種學問正應現代的需要，所以現在是他興起的時代了。

學問的興盛，大都由於時勢的需要與機會的便利；機會不順，學也難成，需要一生，應者四起；雖有少數例外的學者，也不能與時勢抗衡。像人類學這種學問發源何嘗不早，然終遲至近世方能成立爲一種科學，這也不過是由於時勢不要求，機會又不能便利的緣故。號稱『歷史之父』的希臘學者希羅多德（Herodotus）在其九本的大著中有一半是人類學的材料。又如羅馬詩人柳克里細阿（Lucretius）在其哲學詩中討論人類起源文化發生等問題，與現代人類學的目的正相同。又如我國的山海經中人類學材料也很多。人類學的發源是這樣的早。但因這種學問對於古代的一般人還無十分重大的關係，非他們所急於知曉，只不過當做一種趣談而已；即有一二個研究的人也因時機未到，無別種科學做根柢，又難得與異民族接觸的機會，遊談無根，荒唐不經，終難成爲科學。至於近代則因航海術進步，地理學上的『大發見時代』開始，世界交通大爲繁盛，各民族間接觸的機會甚多，種族間的關係日密；於是先進的民族希望知曉異族的狀況——特別是野蠻民族的狀況——以爲應付。經過無數次調查探檢的結果，發現世界上種族的複雜與風俗習慣的歧異：東方的與西方的不同，野蠻的與文明的更有異。對於這種現象自然生出二類問題，便是：

(1)這些種族究竟要怎樣解釋？他們同是『人』爲甚麼有不同的形狀？『人』究竟是甚麼東西？『人』的起源是怎樣的？

(2)各民族的文化爲甚麼不同？是否由於心理原素——知，情，意——根本上有差異？野蠻民族的奇怪風俗與簡陋的生活如何解釋？文化有高下的差異，是否文化有變動——進化？退化？文化若是進化的，文明人的祖先是否也是野蠻人？文明人的祖先的狀況究竟是怎樣的？

這些問題很能影響於實際的種族關係以及現代文化的進退，因此很被近代的人所注意而欲求其解答，於是人類學的研究遂應運而興了。十九世紀以來的大學者如達爾文（Darwin），斯賓塞（Spencer），赫胥黎（T.

H. Huxley)，拉則爾 (Ratzel)，普里察兒 (Prichard)，泰婁 (E. B. Tylor)，波舄斯 (F. Boas) 等都盡力於此，各提出重要的學說，於是人類學遂確實成立爲一種科學。至於近來學問界發生兩種擴張的趨勢：其一是直的擴張，不以有史時代的幾千年爲限，更欲上溯荒古的原始時代；又其一是橫的擴張，不以一地域一民族爲限，而欲綜括全世界全人類。人類學的性質本來便是這樣的，所以也有人說這兩種擴張的趨勢便是受人類學的影響。總之，人類學是極能適合現代的趨勢與需要，無怪他勃然而興，爲學問界放一異彩了。

人類學在現代幾個文明國雖是興盛，但在別的地方他的性質還常被人誤會，他的目的也少有人明瞭；而人類學的系統也有很多種，各有同異，互相衝突，不易使外人了解。茲以綜合的方法，取捨衆說，參以己意，略述於下。

第二章 人類學的定義及其對象

人類學英文作 Anthropology，此外西洋諸國文都與此相同，祇語尾稍有變換。這字的來源是出自希臘文 ανθρωπος + λογος，即 Anthropos + Logos，上一字是「人」，下一字有學問科學的意思，合言之便是指研究人的科學。

由於上述語源的緣故，人類學的定義通常都作『人的科學』(The Science of Man)。這個定義原是正確的，但因爲太簡了，容易使人發生誤會，而以爲人類學的範圍是廣漠無限的，凡屬於人的事情都在研究之列。有很多種科學都是討論人和人事的，如生理學，心理學，歷史，政治，社會，經濟等學科都是照上面講來，豈非將人類學當做這些學科的總稱，而他本身反沒有獨立的地位，反不能成爲一種科學了嗎？

因爲恐人誤會，人類學家們便再想出些較爲詳細明顯的定義來，但他們的定義也很有不相同之處。舊派的人類學家大都把人類學當做專門研究人類軀體的科學，因爲那時人類學範圍極狹，衹可算做動物學的附庸，還不配做一種獨立的科學。例如托皮那（Topinard）在一八七六年著的人類學（Anthropologie）書中說：『人類學是博物學的一分科，爲研究人及人種的學問，』可以代表這派的定義。其後範圍逐漸擴大，性質大爲改變，人類學的地位竟由附庸而蔚爲大國，這些舊定義自然不能適用了，新派的定義，於是代之而興。

新派的定義也有許多種，現在把最近所定最能表現改變性質以後的人類學的定義，選列數條於下：

美國人類學大家韋士勒（Clark Wissler）說：『人類學是研究人的科學，包含所有把人類當做社會的動物（social animal）而加以討論的問題』。在別一文中說：『人類學是一羣由探索人類起源而生的問題之總名。』又說：『我們可以制定人類學的定義爲「人類自然史」（natural history of man），或是一種科學，努力於歷史所不及的地方，期於重新發見人類的起源，及其在洪荒之世，卽所謂「史前時代」（prehistoric era）之繁變的境遇（varying fortune）。』

英國人類學家馬列 (R. R. Marett) 說：『人類學是沈浸於演進的觀念之全部人類史，以在演進中的人類爲主題，研究在某時代某地方的人類肉體與靈魂二方面皆加以研究。』倫敦大學的人類學專家馬林瑙斯奇 (Bronslou Malinowski) 說：『人類學是研究人類及其在各種發展程度中的文化 (culture) 的科學，包括人類的軀體，種族的差異，文明 (civilization)，社會構造，以及對於環境之心靈的反應等問題之研究。』

以上諸定義語氣雖有不同，但都有一個共通之點，便是提出文化的研究：如韋士勒所謂『社會的，』『境遇，』馬列所謂『靈魂』都是。馬林瑙斯奇且明白說出文化這個名詞，而以文明，社會構造，心靈的反應爲文化的具體問題。這是和專限於體質一方面的舊派人類學不同的地方。但一面雖是注重文化，而對於體質的方面也不放棄：如韋士勒所謂『動物，』『自然史，』『人類的起源，』馬列所謂『肉體，』馬林瑙斯奇所謂『人類的軀體，』『種族的差異』都是指體質方面的研究。

所以新派人類學的定義是包括人類與其文化的。

文化是甚麽？爲甚麽人類學家這樣注重文化的研究？據以前的人類學大家泰婁 (E. B. Tylor) 所下的定義，文化乃是『一團複合物』(complex whole) 包含智識，信仰，藝術，道德，法律，風俗，以及其他凡人類因爲社會的成員而獲得的能力及習慣。』韋士勒也說：『文化一名詞是用以指人類的習慣與思想之全部複合物 (total complex)，而這些習慣與思想是由於所出生的羣而得的。』韋士勒更用一個簡單的名辭來解釋文化，這便是所謂『生活型式』(mode of life)一語。據他的意見人類無論文野都有其『生活型式』，所以都是有文化。文化是人類活動的結果，但不是遺傳的，而是積累的。

由於上述的這些定義看來，文化便是人類行爲的總結，是動的即用的方面；而人類的軀體乃是靜的即體的方面，文化與軀體有極密切的關係，合之乃成爲動靜俱全，卽體用兼備的全個人類。若研究人類只偏於軀體一方面而不問其文化，那裏可以算是完全的呢？

克屢伯(Kroeber)在其大著人類學的開篇曾設一個譬喻，大意說：黑人的厚嘴唇與黑臉孔是遺傳的，可以用生物學的原理來說明；但他們也會唱美國的歌，做浸禮會的教徒，雨天也懂得穿外套，這也是遺傳的嗎？若不是，那便不得不求之於別種解釋了。據他的下文，他所謂別種解釋便是指社會環境的解釋，卽文化的解釋。

韋士勒在新國際百科全書(New International Encyclopædia)中又說：『人類的起源有些是地質學的問題，但人類的存在與否與其說是由於遺骸而斷定，毋寧說是常由其『文化的活動』(cultural activities)的遺留物或副產物。譬如由某地層中發見了破石器壞獸骨等物，便當由人類學家審察其物是否人爲的，並推論那種人類所有的文化是怎樣。關於該地層的年代及狀況，應當請問地質學家；至於文化的問題和地質學家全無關係，完全屬於人類學家的領域。

由這樣看來，人類學的研究由體質而推廣到文化是很有理由的了。

我們再轉回來討論人類學的定義。上述的定義都兼含文化與體質兩方面，都是可以採用的，但還嫌各有不甚適當的地方：如韋士勒的第一條稍覺寬泛，恐被誤會與社會科學同意思；第二三兩條都只提出史前時代的研究，其實現代人類學的趨勢是要涉及有史時代和文明民族的研究了。（解釋見下文）馬列的定義也還嫌籠統。只有馬林瑙斯奇的定義較為適當，但還有不完全之處。現在我們就綜括眾說，另外構成一個定義如下：

「人類學是用歷史的眼光研究人類及其文化之科學：包含人類的起源，種族的區分，以及物質生活，社會構造，心靈反應等的原始狀況之研究。換言之，人類學便是一部「人類自然史」，包括史前時代與有史時代，以及野蠻民族與文明民族之研究；但其重點係在史前時代與野蠻民族」。

這個定義裏的字眼應當略加解釋。所以說「用歷史的眼光」是因為人類學原是有歷史性質的，人類學所要考出的原是人類歷史上的事實，所用的方法也是歷史的方法，明其不是用玄想的方法或別種方法。「人類的起源」及「種族的區分」是體質一方面的二大問題。「物質生活」便是馬林瑙斯奇所謂「文明」，他的意思便是指物質生活，所以這裏便改用了較為明瞭。「心靈反應」便是指迷信，魔術，神話，宗教，智識，美的觀念等，很能簡括，所以便沿用了。所謂「自然史」是包括人類的體質與其行為，卽文化，二方面的敍述。所謂「野蠻民族」是指現代的蠻族，「文明民族」則為有史以後的人類。所謂原始狀況及「重點在於史前時代與野蠻民族」，則因為

(1)人類自發生以來至今約有五十萬年，而有史時代最古者不過八千年，祇古人類全部歷史的六十分之一，其餘五十九分卽四十九萬年的長期間，無異於漫漫長夜，有史時代不過其破曉十餘分鐘而已。有史時代的史乘可以說是汗牛充棟了，而史前時代卻全無記載留給我們後來的人類。人類學既是全部人類史，何能不着重於這未明白的六十分之五十九呢？

(2)我們知道人類的文化不是突然發生的，我們又曉得文化的進步是先緩後速的，而有史之初的人類已經有了燦然可觀的文化了。然則有史之初人類所有的文化必是有史以前四十九萬年的漫漫長夜裏，人類在生存競爭中經過無數次的經驗逐漸發生的，我們如要探求文化的根源，若不深入於史前時代那裏可得呢？

(3)現在人類因種族的不同而發生了很多問題，而種族的區分在有史之初便已定了，所以如要了解種族的起源也不得不求之於史前時代。

(4)以上三條都是說史前時代的，以下要說明人類學注重野蠻民族的原因：

人類學家對於野蠻民族的觀念有二種：一是古典派演進論的，以爲現存的蠻族等於文明人的史前的祖宗，他們的文化完全等於史前的文化；他們的文化也有很多種，那便是在演進中的各階段；所以研究現存的蠻族便完全是研究文明民族的史前時代。另一種是現在的批評派的，他們以爲人類的文化是有很多系統的不是一線進來的，不能把各種不同的文化算做在一直線中的各階段，所以現存蠻族的文化並不全是文明民族的史前文化。以上二派都有所偏，我們現在研究蠻族文化的原因：（1）是因爲蠻族的文化既與文明人的不同，而我們通常所曉的不過限於文明民族的文化，如要曉得文化的全體何能不注重蠻族的一方面；（2）蠻族的文化，雖不能全部當作文明民族所曾經的階段，但總不能不說是比較的簡單富於原始性，比較文明民族的文化易於找出人類文化的原始狀態。人類學家很可以將各種蠻族文化的原素綜括出一個大概；這些綜括出來的通則須有伸縮性，能夠容納不很重大的例外。這些通則或原理，雖不可以武斷一切，但也有相當的價值，可用以爲研究人類初期文化的參考，並試爲相當的說明。

至於所謂兼含有史時代與文明民族之研究，則因：

（1）人類學既然是人類的全部自然史，雖是應當偏重史前時代，但也應當略爲涉及有史以後，方才算得完全。

（2）有史時代與史前時代的文化是相聯的，文明民族與野蠻民族的文化也是相關的；不能硬把文化分成兩截，絕對不過問有史時代及文明民族的文化。

（3）有史之初，人類的狀況雖略有記載，究竟也是荒渺難稽，不很明白，與史前時代也差不很多；還須兼用人類學的方法探究他。

(4)所謂有史以來的文明民族的文化也還有與史前時代及野蠻民族無甚差異之處，他們的戰爭，迷信，魔術，宗教，婚姻等事也常見有原始的色彩。所以有時也很可以由文明民族中找出低等的文化來研究，而所謂汗牛充棟的文明典籍中也儘有野蠻的原料為人類學家所欣賞。

第二章　人類學的名稱

如上所說，人類學原來的意義是指人類動物學及人體比較解剖學；但久已擴張範圍，改變性質了。他現在的定義，已經不是按照他的語源或歷史上的原因，而是按照他的對象而定的了。

但人類學這個名詞是在美國與英國方有這種擴大的意義；在歐洲大陸大都仍用狹義的解釋，把人類學當做專門研究人體，特別是骨骼的科學。至於文化的研究，在歐洲大陸並不是沒有，不過不把他歸入人類學範圍內，卻另用『民族學』(Ethnology)一名詞來稱這種研究。所以我們應當先認清這些名詞的意義。現在試將歐洲大陸與英美所用的名詞的異同列一個表於下：

英美　　　　　　　　　　　　　　　歐洲大陸

人類學—廣義—體質人類學‖人類學 狹義
　　　　　　—文化人類學‖民族學

這表裏的意思是說：英美所謂人類學是廣義的，其中分為體質人類學(Physical Anthropology)與文化人類學(Cultural Anthropology)二部分。歐陸所謂人類學是狹義的，等於英美的體質人類學，而其民族學則等於文化人類學。但民族學一名在英美也很盛行，其意義與歐陸無別而與文化人類學可通用。在英美文化人類學又別稱為『社會人類學』(Social Anthropology)，體質人類學又別稱為『人體學』(Somatology)。

茲再將英美的這些別名列為一個表於下：

人類學—體質人類學‖人體學
　　　—文化人類學‖民族學‖社會人類學

歐陸與英美的學者為什麼關於人類學這個名詞會有廣義與狹義的差異，這也有他的歷史上的原因。原來人類學的眞正的研究是始自德國格丁根(Gottingen)地方的布魯門巴氏(Blumenbach)(一七五二——一八四〇年)，他曾創用測量形狀的方法來區分人的頭顱。這種計畫固然前此的先驅者如維沙留斯(Vesalius)，林泥阿斯(Linnaeus)等人都曾想到，但人類頭顱按照形狀與大小的分類還是他最先想到正確的辦法。其後有累齊阿斯（Retzius）創立頭幅指示數（cephalic index），坎帕爾（Camper）發明「面角」（facial angle）最後則法國的人類學大家布洛卡（Broca）和托皮那（Topinard）更加以系統的整理他們這些人都是專門研究人體的解剖學一方面的。

當上述這些人用功於人體解剖學的時候，別的學者們卻開始在整理他們所得到的關於異民族的風俗習慣。這種研究常稱爲民族學。這種學問運動的領袖便是德國的拉策爾（Ratzel），法國的累克呂（Reclus）。這些人的著作專門討論人類的社會生活物質文化人種的分佈；顯然異乎當時所謂人類學。如拉策爾的大著人類歷史（History of Mankind），頭一篇可以算做文化人類學，他卻起一個篇名叫做民族誌原理（Principles of Ethnography），並不說他的書就是人類學。在當時人類學與民族學由其定義而觀，差不多全無共通之點，到了現在，歐陸各國還是這樣。這便是人類學在歐陸常用爲狹義的緣故。

至於英國則因自普里察兒（Prichard）（一七八六——一八四八）出了一部綜合的大著，始把這研究人的學問的二大部門結合起來，成爲一個全體。據他的意見，人的分類應當依照各種性質，如解剖學的性質，心理學的性質，地理的分佈以及民族習慣等。他又以爲動物學上的性質是人的發展之樞紐，所以便用人類學這個名詞做這種綜合的學科的名稱。從此以後，這種意見便成爲英國人類學家的共同觀念；他們以爲人類學的研究應當用綜合的方法，儘所有關於人類起源及其原始的行爲的材料都拿來探索。在這種意見上，美國人是贊同英國的，所以英美同以人類學當做廣義的，包括體質與文化二部分。

這裏應當聲明一句，便是上文說人類學名稱的解釋有歐陸與英美二種，但這不過是說名稱而已；至於人類學（廣義的）的內容，並無英美派與歐陸派的分別，人類學思想的分派，是用根本觀念如進化論傳播論等為標準，不是依照地方的。

第四章　人類學的分科

人類學的分科是一個不容易的問題，從來人類學家們對這問題意見紛歧，互有同異；他們都按照自己的心得建立一個系統，以此分類法至少有三四十種之多。但系統雖是不一，分科的名目總是大體相同，不過在系統中的地位有異就是了。那些分科的名目雖也有些很特別的，如『人類誌』(Anthropography)等；但大都不外是：人類學，人體學，體質人類學，民族學，文化人類學，社會人類學，考古學(archaeology)，史前考古學(prehistoric archaeology)，史前學(prehistory)，民族誌(ethnography)，工藝學(technology)，語言學，宗教學，社會學，心理學，民俗學(Folk-Lore)，神話學(mythology)等名稱，還有再加以形容詞的如一般的(general)，特殊的(special)，本體的(proper)，敘述的(descriptive)，比較的(comparative)，歷史的(historical)

等。他們的系統有的太寬了，把社會學心理學都列在裏面（如 O. T. Mason 等）；有的是門類太瑣碎了，不能簡括。（如 W. D. Wallis 及法國人類學辭典。）

人類學的分類法既是這樣紛雜，那末我們要採用那一種，或完全不用，而另定一種呢？據最近的意見以爲人類學分科的自然趨勢是傾於二分的，卽體質與文化二科；此外的科目都可歸入這二科裏面：如語言，宗教學，工藝學之關於起源的一部分，應當劃入文化人類學內；民俗學，神話學，全部屬於文化人類學；社會學與心理學是人類學以外的科學，但原始社會組織與原人心理的研究，也屬於文化人類學內。至於史前考古學中，關於人類遺骸的研究可以歸入體質人類學；關於原始遺器的考究，可以歸入文化人類學；民族誌中關於記載各民族的膚色，體格，鼻，眼，毛髮等事的，可以倂入體質人類學；關於敍述各民族的生活狀況，風俗習慣的，可以附屬於文化人類學。

所以由學理上看來，人類學是應當分爲二分科的。

但爲研究的便利並顧及從來的習慣起見，人類學的分科不妨擴爲四種，這便是將史前考古學及民族誌仍舊提出來，給他獨立做二分科。因爲若把史前考古學中關於人類遺骸及其遺器的研究硬分二截，劃給體質人類學及文化人類學，恐怕對於原始人類不能通盤觀察而得完全的了解。如把他合在一起研究便無此弊；至於民族誌原是要記載一民族的全相的，更不可把體質與文化分開。在研究的便利上固應如此，在習慣上也是很少分開的。因此這二科也應當獨立起來與上二者合而爲四科。

考古學範圍太寬，不全屬於人類學，所以另用史前考古學的名稱，而史前考古學便是史前學。為求名稱的簡括明顯便用後一個名詞。

茲將人類學的四分科列表於下：

人類學
- 文化人類學＝社會人類學＝民族學
- 體質人類學＝人體學
- 史前學＝史前考古學
- 民族誌

現在我們把文化人類學與體質人類學當做綜括的理論的，重在原理的研究；而史前學與民族誌則為具體的，敍述的，重在事實的敍述。史前學與民族誌貢獻具體的材料於文化人類學與體質人類學，而文化人類學與體質人類學也貢獻說明的原理於史前學與民族誌，所以他們的關係是如下圖：

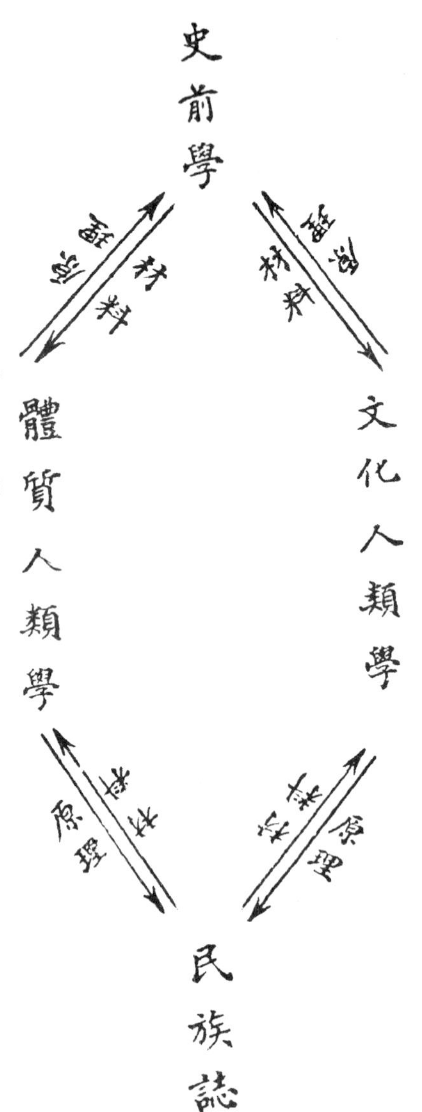

茲將這四分科的定義及其對象略述於下：

(一)文化人類學卽民族學——韋士勒在納爾遜百科全書中說的定義最好，可以採用，他說：『民族學便是「社會生活的自然史」(The Natural History of Social Life)。換言之，便是關於各民族的文化的現狀及其演進的研究。』詳言之便是探討人類的生活狀況，社會組織，倫理觀念宗教魔術，語言，藝術等制度的起源演進及傳播。這種研究始自一個原始民族的探討，終則合衆民族的狀況而歸納出些通則或原理來使我們得藉以推測文化的起源並解釋歷史上的事實及現代社會狀況，然後利用這種智識以促進現代的文化並開導現存的蠻族。

（二）體質人類學——這便是『種族的解剖學』（racial anatomy），應用比較的方法研究各民族的體質特徵，要尋出一定的標準，以審察各民族相互間的遺傳的關係，而發見種族分合的陳迹，並據之以區分人類。所研究的體質特徵例如頭、面、眼、鼻、膚色、毛髮、軀幹、骨骼等的形狀；又如心靈反應、遺傳、適應等現象。

（三）史前學——這便是有史以前的人類及其文化的歷史。一面根據化石的骸骨及別種史前的遺留物（prehistoric remains），一面參考現代蠻族的狀況而推究人類發生的地點及時代，種族的區分及散佈，史前人類的體質、心理、生活狀況、及其年代，原始文化的發生等問題。史前學由於前此的努力已能考出數十萬年以來的人類的歷史，發見了六七大種數十小支在進化程序中的體質互異的史前人類，區分了三大段（始石器，舊石器，新石器）十餘小段的史前文化時期。史前學所用的方法是直接觀察與客觀證實的方法，不是靠臆測想像的。他的材料多數是由地下尋出來，或地面上發見的，如人骨化石、獸骨化石、石器、銅器、陶器、角骨器、住所的遺跡、食餘的廢物、繪畫雕刻的作品等，都由考古學家即史前學家親自找尋出來。到現在，歐洲的西部發見最多，已可構成一部很詳細的史前時代的歷史了。甚麼『舊石器人』（men of old stone age）呀，『穴居人』（cave men）呀，都已經變成一般人的老生常談了。可惜世界上的別處發見還是不多，但其將來的希望之大也就在此。韋士勒在人類學的職業觀（Anthropology as a Career）（按這書是美國國立研究會National Research Council所發刊的）中說：『人類學家們確信人類關於其本身的起源是方在踏入大發見的門閾，他們又信除此以外幾乎沒有更能動人的事業。」

（四）民族誌——民族誌是各民族的敘述（description），詳載各地方的民族的體質特徵，及其物質的與精神的文化。這種記載有由人類學家親身調查而得的，也有由旅行家所記的；材料重在確實，而且應當注意各民族的特點。

第五章 人類學的地位及其與別種科學的關係

這個總括四科統覽人類的科學，因是後起之故，到現在他的地位還常被人誤會，如上所說：有時被視爲一個籠統的名詞，把他當做多種科學的總稱；有時又被當做範圍極小而又不很重要的一種學科，不把他編入動物學內做研究最高靈長類的一個小題目，便把他派入歷史學內當一種談論荒古人類與奇怪風俗的小分科。所以會有這種誤會，便是因爲人類學的發生和這二種科學很有關係。現在我們先把他與各科學的關係討論淸楚，便曉得他的地位。

人類學探索人的發生的問題很與動物學有關係，但其研究各種族的體質特徵便非動物學所顧及，至於人類學的研究文化更和動物學全不相關；所以把人類學算做動物學的一分科，實在是極大誤謬。不過人類學獲益於動物學之處也很不少，如遺傳的定律生物進化論等學說，都能幫助人類學家明瞭人類的本質及其在自然界的地位。

解剖學，生理學，心理學三者，曾被派入人類學範圍內；其實這三者是研究個人的，人類學是研究種族的：他們不能相統屬，但卻互有貢獻。

地質學中的歷史地質學與人類學關係很大，史前人類的年代大都由地質學斷定，人類學家發見了原人遺存物，常須請地質學家察看其地層以為佐證。

歷史學與人類學關係極為密切，所以也很為相近，沒有確切明顯的界限。大體講起來：（1）歷史是關於某個民族的生活的過程的，是較為特殊的研究；人類學是關於全人類的生活的過程的，是較為普遍的研究。（2）歷史注重時地與個人的記載，是較為具體的；人類學祇論團體，不問個人，時地也只記大概，是較為抽象的。（3）歷史的範圍幾於全在有史時代及文明民族；人類學則偏重史前時代及野蠻民族。以上的區分只可說是相對的，歷史與人類學原有很多互相交錯，互相借重的地方，以後且有愈進愈近的趨勢。近來歷史學家很注重史前的情狀，如韋爾斯的世界史綱便從人類學中取了很多材料來說明史前時代，補救以前歷史著作的缺憾，為史學界開一新法門。至於人類學家因為宣言以文化為對象，而文化是貫穿史前與有史時代的，所以也漸趨於兼用有史時代的材料。

社會學與人類學的關係也像歷史學一樣密切，社會學討論人類社會的根本原則，而人類的社會現象其實就是「超有機的現象」(super-organic phenomena)，卽文化的現象 (cultural phenomena)，而人類學所研究的也就是文化的現象。由這樣看來，這二科幾於全同了。所以社會學家與人類學家很多爲同一人（如斯賓塞，沙姆拿，湯麥斯，戈登衞塞等人），而這兩種著作也常相通，社會學中論「社會起源」(social origins) 之處更完全是人類學的材料，（如 Spencer: Principles of Sociology; Sumner; Folkways; Summer & Keller: Science of Society; Thomas: Source Book for Social Origins; Tozzer: Social Origin and Social Continuities; Case: Outlines of Introductory Sociology）而大學中也常將這兩種科學合爲一系。但這兩科究竟還有差異之點，不能不分別清楚。(1)人類學的性質是歷史的，社會學則爲理論的。人類學是實地研究各種制度的原始狀況而尋出相對的原理，社會學則就取這種原理，並廣取別種社會科學所得的原理合併一處，而統論人類社會的全局。(2)社會學詳究人類的「結合」(association)，卽社會的生活；人類學則對此問題不過攷究其原始狀況，此外人類的物質生活心靈生活都要顧到；至於人類的發生與種族的區分全屬於體質方面的，更和社會學無關了。(3)社會學常就文明社會特別是現代社會而論，人類學雖也涉及文明社會，然其研究多關於史前時代及野蠻社會。

宗教學也很與人類學有關係，因爲宗教在原始文化中佔很重要的地位；要懂得原人及蠻人的心理，卽人類心靈活動的根本狀況不得不由原始宗教的探索入手。宗教並不一定是高等的才可算，野蠻人的宗教雖很簡單，但也已經有了宗教的原素；要懂得高等的宗教也不得不尋求根本原素於下等的原始的宗教。人類學中關於原始宗教的研究已經有很好的成績，人類學家專力於此的很是不少，如佛累則（Frazer），泰婁（Tylor）等人都是。

語言學從前曾算做人類學的一部分，現在已經獨立了；但與人類學仍是有密切的關係。人類學常利用語言學來研究民族間的關聯，以及民族心理的表現：語言學也借助於人類學而得悉原始的語言及其傳播。

藝術的起源也是很早的，原人及蠻人都喜歡藝術；史前遺留的繪畫雕刻品以及現代蠻人的裝飾與跳舞，都是藝術家與人類學家共同研究的材料。

又如倫理學如要探索道德觀念的起源，以及各民族道德觀念不同的原因，教育學如要查出最初的教育方法，政治學、經濟學、法律學、如要尋求各該種現象的原始狀況都可求之於人類學；所以都和人類學有關係。

由此觀之，人類學實是一種獨立的重要的科學，有他固有的對象與範圍並不附屬，也不統轄其他科學，而與他們互有貢獻。

第六章　人類學的目的

人類學的目的是甚麼？是否只要像山海經一樣說些怪異的風俗與人種，如所謂黑人鼻孔的開展呀，某種語言中連字成句的接頭語的繁複呀，某處蠻人用指甲戳進木像以殺害仇人的魔術的奇異呀等，不相啣接的雜事，以供普通人茶餘酒後的談資嗎？這決不然。這些雜事不是不當說的，但人類學的論及他們，卻是與通常的閒談不同；是要探索其中的意義，尋出一個合理的解釋來。

人類學尋出這些以及其他無數的解釋來有何用處呢？對於這個問題的答案，便是人類學存在的理由，便是他的目的，也便是他的貢獻。列舉於下：

（一）人類歷史的「還元」——所謂「還元」（reconstruction）便是把已經消滅或毀損的東西，重新構造使他回復原狀；而人類歷史的還元便是要把人類的已經湮沒的過去的行爲考證出來，使我們後來的人能夠曉得原來的情狀。如上文所述人類發生在最少五十萬年前，而人類能自己記錄的時代最多不過八千年，在那其餘的四十九萬年間人類的情狀究竟如何，我們若不靠人類學的研究，把他慢慢的發見出來，如何得知。人類學家得了原人的遺骸遺器，並不像古董家一樣，拿來欣賞欣賞當做好玩的東西；他們是要根據這些實物，推究原人軀體的形狀，人類發生的地方，種族區分的陳迹，器物制度發明的程序，原人心理的狀態等問題：這便是人類歷史的還元。

（二）文化原理的發見——這是要用綜括的方法，探索人類文化所蘊藏的原理，使我們曉得他的性質，而用人爲的方法以促進他分析言之，例如文化以何種條件而發生？文化的發展遵何程序？文化何故有不同的型式？文化的各種要素如社會組織物質生活，宗教藝術語言文字的起源演進各如何？這些問題都是人類學，特別是其中的文化人類學所希望解決的。

（三）種族偏見的消滅——種族偏見（racial prejudice）是世界和平的障礙，這種偏見的發生是由於各種族不能互相了解。一面對於外族懵無所知，或知而不完全，多生誤會；一面衹看見己族有文化或己族的文化特別高明，祇覺得己族的身心得人特厚與衆不同，似乎造物主特別眷顧己族，而世界專爲己族而設；由於這種心理自然夜郎自大起來。於是歧視異族，不講人道，欺侮凌辱侵略殺戮，這都是種族偏見的流毒。若要消滅種族偏見，必須散布人類學的智識。因爲人類學告訴我們：人類的身體與心理在根本上是相同的，無可歧視；而人類的文化不過就是「生活的型式，」各民族都是有的，並且都是適應其特殊環境而生的，對其民族都有實際的價值：外族的人不應當任意蔑視。有些風俗在外人看來是無理的，可笑的，但在那種環境中卻不得不行這種風俗，又如古代的風俗在後代的人看來也很有莫明其妙的，但在當時卻行了很有效。不過風俗也不是根本上絕對好的，換了環境，便失了功效變成「遺存物。」所以文化的價值是相對的。我們如能知道別種民族的文化也有相對的價值，自然會發生相當的敬意，而偏見便因而消滅了。

（四）蠻族的開化——蠻族的文化固然也是適應其環境而生的，也有其相對的價值，似乎不必再講甚麼開化。其實不然。因爲現代各民族接觸日繁，競爭日烈，沒有一種民族能夠永遠閉關自守，維持其環境使不受改變。環境既會改變，舊時的文化中有不能適合新環境的，便要成爲無用甚且有害的「遺存物。」現代的蠻族在這種新世界中，如還要保持舊時適應小環境的一點兒文化，恐怕不能逃過天演淘汰的公例。我們先進的民族，若有不懷種族的偏見的，便應當設法開導他們。開導的第一步便須先懂得他們的狀況，方有頭緒，而關於蠻族的智識卻就是人類學所貢獻的。

（五）文明民族中野蠻遺存物的掃除——文明民族中也有很多的野蠻「遺存物」（savage survivals）如迷信，魔術，裝飾，宗教，氏族等制度中，很可看出原始時代遺下的原素。克洛特（E. Clodd）說：『我們人類做感情的動物已經有幾十萬年了，做理性的動物還不過是昨日纔開始。』佛累則（J. G. Frazer）也說現代人類與原始人類的相似還多於其相異。埃次勒（Q. Eichler）更設一個譬喻說：『文明（civilization）不過是理想主義的一層薄膜罩在百萬年的野蠻上面，揭開了這層薄膜，人類的生活還是差不多與幾千年前一樣。』又說『所謂現代的文明，其實很像「文化的白粉水」（cultural whitewash）刷的一領薄外衣，不過是一種裝飾品，包着人類由長久時間的生存競爭而得的情緒，衝動，本能，迷信，恐怖等在內。這層「文化的外皮」時時都有失掉的危險。』由這樣說來，現代的文明社會中還有很多野蠻的原素；我們應當繼續努力，把他們逐漸掃除，而這種工作也是人類學家所應担任的。掃除的方法，便是把這些遺存物剔了出來，宣布他們的流弊，解釋他們的起源，並搜羅蠻族中與他們相類似的風俗來比較說明；使那些執迷的人倏見他們所珍重護持的寶貝，不過和野蠻人的一樣，他們如要自居爲文明人，便不得不把這些遺存物廢棄了。

（六）國內民族的同化——世界的民族既因體質文化不同而生出種族偏見，由種族偏見而生出鬥爭，那末，要化除鬥爭莫如實行同化了。民族同化了以後不但文化歸於齊一，便是體質的外表的差異也漸漸消滅。現在國際間雖還不易實行這種政策，但國內的民族若不止一種，便須速行同化，以免發生內亂。要實行同化政策，必須對於各該民族的體質與文化先有充分的了解，方易從事。這種智識的供給，也是人類學的任務。

人類學的目的還不止上述的六種，不過這六種是最爲明顯易見的，只此六種也可證明人類學使命的重大了。

人類學總論參考書（以述人類學的性質者爲限）（不以採用多少爲序，因本篇非由編譯而成），

（1）Boas, F.—Anthropology and Modern Life.

（2）Wissler, C.—Anthropo'ogy as a Career.

（3）Marett, R. R.—Anthropology, chap. I.

(4) Kroeber, A. L.—Anthropology, chap. I.

(5) Wallis, W. D.—An Introduction to Anthropology, chap. I.

(6) James, E. Q.—An Introduction to Anthropology, chap. I.

(7) Wissler, C.—An Introduction to Social Anthropology, chap. I.

(8) Rolt—Wheeler—Anthropology.

(9) Haddon, A. C.—History of Anthropology.

(10) Ogburn and Goldenweiser—The Social Sciences; Chap. II-X Anthropology

(11) Rivers, W. H. R.—Reports upon the Present Condition and Future Needs of the Science of Anthropology.

(12) Dieserud, J.—Science of Anthropology.

(13) Boas, F.—Anthropology (in Encyclopedia of Social Sciences)

(14) Wissler, C.—Anthropology (New International Encyclopedia)

(15) „ „ —Anthropology (Encyclopedia Americana)

(16) „ „ —Anthropology (Nelson's Encyclopedia)

(17) Malinowski. B.—Anthropology (Encyclopedia Britannica)

(18) Munro, R.—Anthropology (Encyclopedia of Religion and Ethics)

(19) Wissler, C.—Ethnology (New International Encyclopedia)

(20) Lowie, R. H.—Social Anthropology (Encyclopedia Britannica)

(21) Seligman, C. G.—Applied Anthropology (Encyclopedia Britannica)

(22) Spier, L.—Anthropology (New International Year Book, 1926) Larned History: Anthropology.

(23) 西村眞次——人類學汎論，第一章。

(24) 同　上——文化人類學，第一章。

(25) 同　上——體質人類學，第一章。

(26) 濱田耕作——通論考古學，第一章。

(27) 松村瞭——人類學、ノ部門ニ関スル諸說（人類學雜誌第四十三卷第一號）。

第二篇　文化人類學略史

第一章　文化人類學的先鋒——巴斯典及拉策耳

文化人類學的思想雖起自上古，然眞正的文化人類學家實始自近世的巴斯典（Adolph Bastian）（一八二六——一九〇五）和拉策耳（Friedrich Ratzel）（一八四四——一九〇四）。兩人的研究都應用當時的宏大而散漫的地理學、生物學、及心理學智識，並根據一大堆的旅行家的漫譚，傳教師的記載，以及其他關於異民族的零碎智識或謬說等。他們都是科學家而且又是專門家。他們在德國大學裏受過多方面的訓練，得了許多方法，而且又極熟悉世界及其居民之情狀。他們也有不同的地方。巴斯典近於哲學家，拉策耳則爲自然科學家；巴斯典的心理與性情傾於宗教及抽象的意識學，拉策耳則傾於物質文化及藝術的研究。但從廣義言之，他們都可算是歷史學家，而且都是由地理環境以討論人類的。

巴斯典——一八二六——一九〇五——在巴斯典尤爲更大的旅行家。他曾經過九次的世界大旅行，其間有時遠隔文明世界至許多年之久。他曾遊過美洲、非洲、印度、東亞、南海羣島。遊了一次，以後還再來，每次的旅行都產生許多著作，記載着

關於人類及其文化的事實觀念及學說。

巴斯典旅行愈多次愈信人類根本上是一致的，於是他便發生了所謂「根本觀念」(Elementargedanken)的思想，以爲人類都有相同的根本觀念。但若在巴斯典的著作中尋找這些根本觀念的目錄是沒有的。因爲他只提出根本觀念而已，並不解釋他或區分他。但這卻不必責他因爲他所謂根本觀念其實不過指人類的天性，卽發生人類文化的心理的源泉。除過度的意義以外，我們現在也是信有一種人類的天性，但我們也像巴斯典一樣不能解釋他或分析其內容範圍與限度。換言之，根本觀念是抽象的東西，只在特殊境狀中方有實際的表現。這些境狀便是地理區域，在地理區域中根本觀念便成爲「民族觀念」(Volkergedanken)，這是受過地理要素的影響，以及和他部落及地理區域有歷史上之接觸的。

巴斯典雖空泛地信有文化的並行現象(culture levels)和文化階段(culture stage)，但他從不曾完全贊成演進的學說，尤其是在社會現象方面。文化的傳播與獨立發生的問題在後來的人類學思想中很爲重要，在巴斯典的心中卻不當做緊急或明晰的問題。他說這種問題是沒有的，類同的觀念及其產物會獨立發生於許多地方及部落中，這些觀念及其產物也會由一個部落傳過一個部落，而融合於別地方的文化中。

巴斯典的著作除其卷帙繁多的遊記外，有下列諸種關於文化人類學理論的書：

人類根本觀念(Ethnische Elementargedanken)

民族觀念 (Der Volkergedanken)

歷史上的人類 (Der Mensch in der Geschichte)

拉策耳——拉策耳早年的訓練是地理學的。在他的地理學著作中很早便發生一種興趣：要研究在環境關係中的生命，這便是他的「環境主義」(environmentalism)的起點，他終身都守着這種主義。但若將拉策耳當做後來的意義的環境主義者是錯的。他並不將生命人類及文化當做和物質環境相對的實物，而是將他們視爲環境的結果。動物界，包含人類，是地球發展的最後產物，而文化則爲地理與氣候的終局。

拉策耳關於文化的傳播與獨立發生的問題發生兩岐的意見。精神方面的文化如宗教社會組織或者藝術，這一方面是他比較不大注意的，他承認其能獨立在各地方發生；至於物質文化，這是他所專門研究的，則主張不妥協的傳播論；因此他極重調查，以爲可以發見各處文化在歷史上的接觸和地理上的移動。他曾依此意作物質文化散播的具體的研究，例如板狀盾和非洲弓箭的流傳等問題。他的這種意見不絕地激使他從事不倦的調查。他的這種注重傳播的意見和上述的視文化爲環境產物的意見是不相符的，這一點很可怪。

對於社會演進的觀念，拉策耳像巴斯典一樣也是不着意的，他的不朽的大著人類歷史既不是歷史，也不是演進的研究，而是在各種文化階段的許多民族的很精詳的記述。

拉策耳的重要著作如下：

人類地理學（Anthropogeographie）。

民族學（Volkerkunde）即英譯本人類歷史（History of Mankind）。

其他學者的著作——這是專指在社會演進論發生以前的著作，他們都不專主一種學說。

（1）普里察（J. C. Prichard）（一七八六——一八四八）著人類自然史（The Natural History of Man）。

（2）德穆林（Antoine Desmoulins）著人類種族自然史（Histoire Naturelle des Races Humaines 1826）。

（3）拉摻姆（Latham）著人類分支自然史（Natural History of the Varieties of Man, 1850）；又敍述的民族學（Descriptive Ethnology, 1859）。

（4）威茲（Waitz）著自然民族的人類學（Anthropologie der Naturvolker, 1859—1872）。

（5）繆勒（Friedrich Muller）著普通民族誌（Allge meine Ethnographie, 1873）。

（6）彼克令（Pickering）著人類之種族（Races of Man, 1848）。

（7）諾忒及格利頓（Nott & Gliddon）著世界之土著種族（Indigenous Races of the Earth, 1857）。

第二章　社會演進論派

社會演進論的發生——自很早的時候人們便已有演進（evolution）的觀念，不過那時所謂演進只指無機物及有機物，而不是指社會的事情。社會演進論（social evolutionism）是比較近時的思想。自孔德（Auguste Comte）創始以後，經黑格爾（Hegel）以辨證法發展起來，第一次在斯賓塞的手裏得到精緻堂皇的正式陳述。拉柏拉士（Lap'ace）和康德（Kant）的天文學，李耶（Lyell）的地質學，巴爾（Baer）的胎生學，都助成斯賓塞的意見，至於達爾文的物種由來（Origin of Species）的出現，正好幫他完成生物學的計劃。

在社會學的方面，斯賓塞便覺得遇到困難了，那時材料還不多，尤其是能夠擁護社會演進說的材料。斯賓塞於是廣覽記述的材料，並由於一羣助手的幫助，便蒐集了極多的事實，以應用於其社會學及論理學中。反對派以為他的演進論的概念並不是由歷史材料歸納的得來。在天文學，地質學，生物學，甚或心理學，其演進論至少都有一部分是根於所觀察的現象。但在社會學及歷史便不是這樣，其演進的系統是預先成立，其後方由演進論派的學者將社會現象強塞在這系統裏面。

社會演進論的原則——（1）第一條是心理一致說（theory of psychic unity），這是說人類無論何族在心理方面都是一致的。(2)物質環境也處處大同小異。心力既然相同而物質環境的刺激也無甚差異，於是無論何族便都會自己發生文化，這叫做「獨立發明說」(theory of independent invention)。刺激與反應相同，則其社會演進必循可以比較的甚或完全相同的路徑，這叫做「並行說」(Parallelism)路徑既相同自然可算做一條，故又稱爲「一線發展說」(Unilinear Development)。這三條其實是一樣意思。(3)各族文化都循同一路線，而其現在程度卻很不等，那便是代表一條路線上的各階段(stage)，各階段在次序上是固定的，在時間上卻不一律，有些民族進得快，有些民族進得慢，但他們總都會一段一段進前去，而其前進必是逐漸的，不會越級突進，這便叫做「逐漸進步說」(gradual progressivism)。

社會演進的階段——由於這種意見於是有些學者便規定了社會演進階段的系統。莫爾根(L. H. Morgan)最先規定了野蠻(savagery)，半開化(barbarism)，文明(civilization)三大階段，野蠻與半開化各再區分爲低中高三期，以取火、漁獵、弓箭的發明屬於野蠻階段。以陶器、畜牧、農耕、銅鐵工屬於半開化階段，而陶器的發明更被當做半開化開始的標準。以標音文字的發明爲文明階段開始的標準。以野蠻低期的人類爲已絕滅，現在的人類各按其程度代表自野蠻中期以至於文明階段的文化。莫爾根之後，再經別人將這種系統加以增補，例如薩特蘭(Alexander Sutherland)，海斯(E. C. Hayes)愛爾烏德(E. A. Ellwood)都有大同小異的系統，皆比莫爾根的詳細，茲舉薩特蘭的系統於下，以代表其餘：

（甲）野蠻人（savages）——食物祇賴天產物，集團極小，一生爲生存而奮鬬不息。

（一）下級蒙昧人——體軀矮小，腹大脚細，鼻平，髮鬈，腦量甚小。除圍腰以外無他被服。集成十人至四十人的社會，無一定的住所，徘徊求食於四處。現存者如南非的布須曼人（Bushman）及錫蘭島的吠陀人（Veddahs）。

（二）中級野蠻人——身長已有相當的程度，體格頗佳。雖有被服，然大抵裸體，寢所以屏圍護之。以木石爲武器，集成四五十以上二百人以下的團體而轉徙。無階級，無組織，祇有慣例。例如塔斯馬尼亞人（Tasmanians）及霍屯卓人（Hottentots）。

（三）高級野蠻人——以幕爲屋，雖有被服，然兩性猶常裸體。攜帶石骨銅等所製的武器，合成二百人以至五百人的羣而轉徙。有酋長，有階級，以嚴重的部落慣例維持秩序。例如哀斯基摩人。

（乙）半開化（barbarians）——大部分的食物由人爲的生產法而得，以牧畜農耕爲主業，然祇各家族自給自足，多人的分業協作未發達。唯因生活資料頗豐，稍有餘力以從事於科學及藝術。

（一）下級半開化人——作簡單的家屋，定住而成爲村落。有被服，女子裸體者少。作土器，造獨木舟，以石木骨爲器具。耕作於家的近地，行物物交換。集成千人至五千人的部落，共戴酋長，有基於傳說的法規，稍具今日的社會形態。

(二)中級半開化人——以木及草造成堅牢的住屋，集成市鎮。有較美麗的被服，然尚不禁裸體。有陶器、織物、冶金業等製造。用貨幣，開定期市場，營幼稚商業。多數小部落合成人口十萬的小國家，有小王統治之、有基於慣例的法規。以個人或家族在戰爭上的功業定人民的階級。例如荷馬時代的希臘，凱撒以前的日耳曼人。

(三)高級半開化人——能以石造屋。平時須着衣。紡織爲女子的專業。鐵器的使用甚普通。金屬工業發達。鑄貨幣。有舟，以槳推動之。分業頗繁。簡單的法律及法庭已具。階級世襲。文字始見。在確定的主權下合成五十萬人左右的小國家。例如初期共和的羅馬，白人侵入時代的墨西哥土人及祕魯人。

(丙)文明人(civilized men)——因分業繁，協作盛，生活資料的生產容易，專門技藝發達，社會組織複雜，科學藝術益進步。

(一)下級文明人——以石爲城垣，造成城堡都市。有其餘石造的重要的建築物。耕作用鋤。戰爭成爲特別階級的專業。文字發達，文學發現。始有簡單的成文法，設定正式法庭及裁判制度。例如西藏人，安南人，古埃及人，古巴比倫人。

(二)中級文明人——有磚石砌造的美觀的寺院及富人家屋，有玻璃窗。初有帆船，商工業發達。手鈔的書籍頗多，文字的教育初發見。兵事全爲特別階級的職業。成文法律完成，專門法律家出現。例如貝理克時代的希臘，中世紀的英國。

(三)高級文明人——磚石造成的建築物已屬普通。敷設道路，有運河水車風車。航業已成爲科學的。始用烟囪，通文爲普通必要事，手鈔書甚多，高等文學發達。在強固的中央政府之下集成人口千萬的國家，成文法典書寫而刊布。多數官吏分級任職。例如帝政時代的羅馬人，十五世紀的歐洲英法意諸國，中國（應指清以前）。

(丁)文化人 (cultured men) ——此爲文化發達最高的民族。

(一)下級文化人

(甲)財的生產問題大致解決。

(乙)因廣用自然力以代人力，生產組織方法進步，使多數人有餘暇餘力，於是智的及美的修養發達，普通教育普及。

(丙)武勇及門第的名譽減少，在財產學術技藝政治及其他普通生活上個人的實力之價值，大被注重。

(丁)因教育的普及及印刷術的發達，輿論的喚起及實行甚易，於是民主主義盛行，立憲代議制確立。

(戊)除兵事及經濟以外，國家亦甚注意於科學及藝術的普及與昇高。

(二)中級文化人

(甲)財的分配問題略有圓滿的解決，普通人大抵不愁衣食住。

(乙)高等教育普及。

(丙)戰爭雖時或有之，然不過視同個人間的爭鬧而加以非難。各國並依協定制限的軍備而協力保持世界的和平。

(丁)單純的財富的蓄積不得爲成功，經濟的功業必以發明，組織，及管理等爲準。

(三)高級文化人——現在的文化最高的國祇進及下級文化的地位，中級文化爲今日所希望的境狀，至少亦須數世後方得達到；至於高級文化則爲理想的境地，爲今人理想中的黃金世界，其美備與快樂之狀不是現在所能確實敍述的。所可懸擬的，是那時凡關於疾病及物質上的缺點大抵可望避免，而所有進步也必遍於全世界。但因地理之異，其生活狀況或有不同而且採取地方分工之制而各呈其特別貢獻。

要達到此級至少也在一二千年以後。

以上是將整個文化區分爲階段的，還有文化的每一部分，例如宗教，經濟，社會組織，藝術等方面也各有演進的階段。略舉如下：

經濟方面生產上分爲，(1)狩獵階段，(2)畜牧階段，(3)農業階段。器物的演進上分爲，(1)石器階段，(2)銅器階段，(3)鐵器階段。

社會組織方面：（1）亂婚與游羣（horde），（2）羣婚，（3）母系氏族及個人婚，（4）父系氏族，（5）家族與村落。母系氏族必在父系氏族之前，而母系又必附帶母權。氏族之後方有家族。結婚也必先有亂婚，中經羣婚，最後方有個人結婚。

藝術方面：最先爲寫實體，其後方由習慣化而成爲幾何體。

宗教方面：例如拉卜克（J. Lubbock）所擬：（1）無神主義（atheism），其時只有魔術。（2）自然崇拜或圖騰崇拜。（3）巫覡信仰（shamanism），專靠巫覡爲神與人的媒介。（4）偶像崇拜或神人同形主義（anthropomorphism）。（5）神成爲造物主。（6）宗教方與道德結合。又如斯賓塞以爲各種宗教都是源於鬼魂崇拜即祖先崇拜。

社會演進論派的方法——最主要的方法是比較法，由各時代各地方各民族蒐集許多事實來互相比較。其次應用「遺物」（survivals）的觀念，以爲凡是舊俗都可證明其以前一定盛行一時，成立一個普遍的階段。還有對於起源尤其是最初的起源，也被視爲極重要，以爲文化既是只循一條路線，則其起源必只有一個，而這一個起源一尋到，則其以後的發展都可知道了。演進論者（evolutionists）也常覺有某種要素的攙亂，這些要素之中以文化的傳播（diffusion）爲最重大。演進論者很曉得任何民族都會接受外面傳來的事物與觀念，這種外來的東西很會破壞自然發展的演進系統，但卻以爲他們不過是不規則的侵入者，其價值比不上「內部發生」

的事實，須把他們分別剔除開來，方能曉得進化的眞相。

社會演進論者及其著作——社會演進論派的學者中和斯賓塞平分開創者之名的是泰婁(E. B. Tylor)。斯賓塞的學問是多方面的，泰婁則專精於人類學。泰婁不但在選擇及提出材料上更有批判的精神，並且還有由於熟諳異文化而得的一種眼光。他不學斯賓塞的用演繹法，而專賴證據以立論，其論斷也很爲平允。美國有莫爾根也是演進論派的主要人物，固持進化論的原則，所著古代社會一書系統更爲嚴密，更適於做這派的代表。德國方面有一位溫德氏(Wilkelm Wundt)著十巨册的民族心理一書，詳論語言藝術宗教神話社會組織法律等的發展，其用力不輸於上二人；其意見也很有些異於上述的原則之處，不固守一線進化說，而且曉得傳播的重要。

社會演進派發生後贊成者很多，在思想界中佔有勢力約經兩世之久，不但人類學，便是社會學，政治學，經濟學，法律學及其他社會科學上都有大影響。茲將可以代表這派的人類學者及其著作列舉一二：

(1)斯賓塞(Herbert Spencer, 1820—1903)所著關於社會演進論的爲社會學原理(Principles of Sociology, 1876—1896)，倫理學原理(Principles of Ethics, 1879—1893)，敍述社會學(DescriptiveSociology, 1874—81)，

(2)泰婁(E. B. Tylor, 1832—1917)著原始文化(Primitive Culture, 1871)，人類早期歷史之研

究（Researches into the Early History of Mankind, 1865）、人類學（Anthropology）。

（3）莫爾根（L. H. Morgan）著古代社會（Ancient Society, 1877）又人類家族的血緣與親緣之系統（Systems of Consanguinity and Affinity of the Human Family）。

（4）溫德（Wilhelm Wundt）著民族心理（Völkerpsychologie）。

（5）巴學芬（J. B. Bachofen）著母權論（Das Mutterecht, 1865）。

（6）麥連南（J. F. McLennan）著古史研究（Studies of Ancient History, 1876）。

（7）卜斯忒（A. Post）著古代種族聯盟（Die Geschhlechtsgenossenschaft der Urzeit）、非洲法律（Afrikanische Jurisprudenz）。

（8）勒頓腦（C. Letourneau）著婚姻與家族的演進（Evolution of Marriage and the Family）。

（9）拉卜克（J. Lubbock）著文明起源（Origins of Civilization, 1870）。

（10）佛累則（J. G. Frazer）著金枝（The Golden Bough）、圖騰制及外婚制（Totemism and Exogamy）

（11）蘭格（A. Lang）著風俗與神話（Custom and Myth）、神話儀式與宗教（Myth, Ritual and Religion）。

(12)哈特蘭 (E. S. Hartland) 著神話與儀式 (Myth and Ritual)。

(13)蒲射 (C. Bücher) 著生業的演進 (Industrial Evolution)。

(14)巴浮耳 (H. Balfour) 著裝飾藝術的演進 (The Evolution of Decorative Art)。

(15)哈頓 (A. A. Haddon) 著藝術的演進 (The Evolution of Art)。

此外還有很多，不及詳舉。

社會演進論的批評——古典派社會演進論經後來的批評派和傳播論派的攻擊暴露了些弱點，其假說幾乎全被否認。第一條原則心理一致說還是被保留，但其餘的便都被擯斥了。這些反對派的意見以爲物質的環境異點與同點都有，而且物質環境也不是文化的性質及發展的重要制定者，故不能根據心理與環境便說各族的文化都有並行的現象，而各族現在的文化程度也未必便是在一條路線上的階段。假如將澳洲土人當做第一階段，美洲印第安人當做第二階段，非洲尼革羅人當做第三階段，以爲他們一定是照這種次序演進，美洲人的過去一定全像現在的澳洲人，將來則全像現在的非洲人。如果情形會這樣，然則三處的文化必須全在一條路上；但何以知其在一條路上，則其根據又在於假定各種文化是不同的階段。這樣其實是假說與假說互相證明，正陷於循環論證的謬誤。不但整個文化難以分別爲階段，便是文化的一部分也不能斷定其有一定的階段。例如母系氏族未必先於父系氏族，亂婚也不是最初的社會現象，羣婚也不是以前的普遍制度，家族也不是氏族以後的產物。宗教的演進階段都不確實，不論是拉卜克的六階段，斯賓塞的鬼魂說，涂爾幹（Durkheim）溫德的圖騰階級說，都不成立。藝術方面則幾何體與寫實體沒有先後的次序。經濟方面，狩獵畜牧農業三種生產方法，石銅鐵三種器具的次序，都不是沒有例外。

反對派以爲文化的變遷雖不是一致的，但並行發展的現象有時確曾存在，例如美洲土人在歐人發見以前也由石器時代發展到銅器時代像舊大陸一樣，這種現象似乎全由於並行發展，但批評派另提出「輳合」或「殊途同歸」（convergence）一種程序來說明文化變遷的相同，除並行發展外有時是由於不同的歷程歸結到相同的結果。

演進論的第三條原則逐漸進步說，也被駁斥。反對派以爲文化的全部自然是有進步，或者在某時間某地域或文化的某方面有進步也是實在的事。但若推擬凡文化的變遷都是進步的，而進步是普遍的事實，便太武斷了，若由於這種觀念以爲凡現代的文化無論那一部分都完全勝過以前的文化，便很難說。或者以歐美的文化無論在那方面都是比較亞洲民族及非美澳的原始民族爲進步，也極不易講。還有一點，進步也不是一定逐漸進行的，也有由突變而進步的事實，例如外來文化的影響常生急激的變化。

反對派以爲演進論派的原則既然不對，所用的方法自然也錯了。如比較法是任意將各民族文化的事物拿來湊合爲一個階段，其根據是因爲各民族都循同一條路線，一線演進既不成立，這種比較法自然也是錯的。階段既不確實，遺存物便也不能一律指爲以前普遍行過的證據。各族的文化既不一定循一條路走，然則起源自然不一，而最初起源的追求更無意義。

反對派說文化傳播的事實，也很能破壞演進的系統。演進論派以爲各族的文化全由於獨立發生，他們非不見到傳播的事實，只是不加注意。但實際上文化的傳播卻是永久的無所不在的現象。外來的文化既被接受及融化起來成爲自己文化的一部分，於是對於以後的變遷便也負有一部分的責任。每次的傳播都能使文化現狀錯雜起來，使他更不易用內部的原因解釋其發展。故傳播之接受必能改變了演進系統的原來形狀。對於這種批評演進論派也有反駁。他們說：『外來的文化固然有被接受融化而加入爲自己文化的一部的，但這種結果卻未必是一定的。外來的文化有些是被全盤承受，有些則接受較慢且融化不全，有些則全被拒絕。這種原因在那裏？這是在乎「心理的或文化的預備」(psychic or cultural preparedness)。

一個民族若是已有這種預備，他便能接受外來的文化，若還無預備便不能接受。究竟構成文化的或心理的預備的是甚麼？還不是發展中的各階段麼？如已達到某種文化階段，則一面固能接受某種外來的文化，一面也能自己獨立發生和外來相同的文化。故無論自生或外來的文化所以能加入於文化全體，都須已達到相當的文化階段。由此言之，外來的文化不能改變了演進的系統，故不注意他們實不爲過。』這種反駁也很有理，但反對派又再提出駁論，他們說：『文化的預備確是有的，而其能決定外來文化的接受與拒絕也是真的。但預備與不預備也不過是一種寬汎的限度，在其間特殊的事物或觀念的出現與不出現還有無限的可能性。一個民族雖已有某種預備，但卻不一定會自己發明，即發明也有遲速。其時如適遇到外來的同種發明，必被接受而成爲自己文化的一部分甚或是極重要的貢獻。如果不由外面傳來，則這種發明或者永不會發生或者發生很遲；這樣對於這民族的命運以及他與別民族的關係，他的興起或衰落便很有關係了。」

第三章　傳播論派

巴斯典和拉策耳都知道文化傳播的重要，泰婁雖大體上屬於演進論派，但也曉得有傳播的事實，常承認相似的文化有些是由於傳播而致，對於傳播的事實很公平的討論。眞正的傳播論派又分爲二派：即德國派與英國派。

德國傳播論派——第一個眞正的傳播論者（diffusionist）是德國的格雷那氏（F. Graebner）。他不但創成一條民族學的學說和方法，還成爲一個學派的領袖。屬於這派的有浮伊（W. Foy）安克曼（B. Ankermann），斯密德（W. Schmidt）諸人。格雷那的具體的研究始自一篇論海洋洲的文，登在一九〇五年的民族學雜誌上。其後又有一篇更精詳的論文名美拉尼西亞的弓文化，此外尚有許多文章繼續出現。其理論的原則成爲一本書名民族學方法論（Die Methode der Ethnologie）。

格臘那全盤反對演進論。他以爲各民族文化的相似便不是全部，也有大半可以由歷史上的接觸發生的傳播或「借用」（borrowing）解釋，他否則也是由一個共同的來源傳來的。人類的創作力極不足道，發明本是很罕見的事，而不同的民族有相同的發明，尤爲絕無僅有。故獨立發明說不當輕信，必須在尋不到傳播的痕迹後方可論及發明。因此在他看來民族學的工作便是重新發現各民族的歷史上接觸的事實，並尋覓文化傳播的痕迹。

格臘那以爲要尋覓傳播的痕迹，當先分析文化的類似點（similarities）。分析類似點有二種標準：一是「質的標準，」例如物質的東西的形狀及社會制度或觀念的構造與作用。二是「量的標準」，即指質的類似點的多少。分析完畢，如發見類似是眞確的，便可解釋爲由於傳播，卽是說兩處的文化必是由一方傳播於別一方；至於兩處的距離是無關緊要的。無論是互相隣近，或遠隔幾個大洋，都不能爲傳播的妨礙。

格臘那使用「文化波」（cultural wave）或「文化層」（strata）爲尋覓文化傳播的單位。他所研究的地方以南海羣島（South Sea Is.）和澳洲爲最詳，他還擴大其分析於非洲的文化。斯密德氏也用格臘那的方法研究南美洲的文化。北美洲還未全經他們研究過。

傳播論派既以爲發明不易而各族的文化大都由傳播而來，然則爲文化源頭的民族必定很少。這種源頭的多少，德國派與英國派不同。德國派主多元，英國派主一元。據斯密德說人類最初的文化像最近的矮黑人（Pygmy)的狩獵生活一樣。由此在不同時間及不同地域生出三種文化：

第一種是由於婦女發明種植，其後發生母權政治，有女神及太陰神話。

第二種是由於初步的狩獵法之完成，男子技術發生，行父系制，和圖騰制相連，有男神及太陽神話。

第三種由狩獵而發生畜牧，成爲游牧民族的文化。

以後的歷史都不過是這三種初步文化的傳播及互相影響。由第一二種的混合便發生村落生活，農業與工業的連合，再加以第三種的游牧文化便成爲近東的「原文化」(proto—civilization)

德國傳播論派的重要著作如下：

(1)格臘那著海洋洲的文化圈及文化層 (Kulturkreise und Kulturschichten in Ozeanien) 在民族學雜誌 (Zeitschrift für Ethnologie, 1905) 內；美拉尼西亞的弓文化 (Die Melanische Bogenkultur und ihre Verwandten) 在人類雜誌 (Anthropos 1909) 內；民族學方法論 (Die Methods der Ethnologie)。

(2)格臘那及浮伊合著民族學的意義問題及歷史 (Begriff Aufgaben und Geschichte der Volkerkunds,1908)，也是論文。

(3)安克曼著非洲的文化圈與文化層(Kulturkreise und Kulturschichten in Africa, 1905)論文。

(4)斯密德著南美洲的文化圈及文化層(Kulturkreise und Kulturschichten in Südamerika, 1913)。

英國傳播論派——英國的傳播論派以利維斯(W. H. R. Rivers)爲首，像多數英國人類學家一樣，他的訓練原是心理學家的，其研究人類學初時原是贊成演進論。其後轉喜作特殊問題的研究，參加陶列斯海峽的劍橋人類學探險隊(Cambridge Anthropological Expedition to Torres Straits)應用發生學的方法(ginealogical method)於社會組織的研究很見成功。利維斯在其論托達人(Todas)的小册裏方較有冥想的趨勢，以爲民族學家儘可以自由作歷史的復原，只要能將原不關連的事實解釋得互相連合起來便可。當其從事於美拉尼西亞的較長期調查時深有感於其處文化的複雜，同時他便傾向於格臘那的方法。自此以後便很急速的變成武斷的傳播論者了。

利維斯定了幾條原則，如在兩種文化的相對的程度上「借用」的重要，少數移入人民發生重大的文化影響的可能，在某種境狀中極有用的部分，例如有用的技術，也會遺失等。他便應用這些原則要將現在的文化狀態的過去背景重新復原起來。他用以研究美拉尼西亞，著成美拉尼西亞社會歷史，其第二册純粹是美拉尼西亞的冥想的復原。傳播論被用爲解釋的總原則，但卻不是有歷史的證實的傳播。

格臘那與利維斯頗有異同。利維斯不像格臘那的注意類似點的分析，而不顧地理的遠近。他的那些原則在本身上都很可贊同，不過於實用時太傾於冥想。他的推理比較格臘那也較有判別性，他又能應用心理學的方法這也是格臘那所不及的。他們兩人的同點在乎對於傳播的態度，他們都用此爲解釋的通則，完全不問有無歷史上的實證或特殊狀態的或然性，也不和相反的獨立發生說平心衡量看看。

英國派還有斯密氏 (G. Elliot Smith) 碧利氏 (W. J. Perry) 二人也很有名。傳播論的流於純粹幻想便是由於他們。斯密原是很成功的體質人類學家。可惜在文化人類學這一方面，全用非批判的方法汎論全世界的文化復原。傳播論到此地步已經大顯錯誤了。

英國派的假說是「全埃及論的」(Pan Egyptian) 據說在紀元前二六〇〇年以前，埃及便有一種「古文明」(archaic civilization) 其後傳播四方，重見於別處，但卻都有退步，只是程度不同，世界上的較爲粗樸的文化不是「原始的」而實爲「退化的，」即由埃及的古文明退化下來的。澳洲在未與埃及古文明接觸時沒有魔術及宗教的信仰和行爲，而兩合社會的組織若發見於世界上邊鄙的地方，必可證明埃及影響的存在。故這一派可稱爲一元論的。

英國派的著作如下：

(1) 利維斯著美拉尼西亞社會歷史 (The History of Melanesian Society, 2 Vols)，親族制度與社會組織 (Kinship and Social Organization)，社會組織 (Social Organization)，心理學與民族學 (Psychology and Ethnology)，心理學與政治學 (Psychology and Politics)，以上爲書本。民族學研究之發生

學的方法(The Geneological Method of Ethnological Enquiry)，有用技術之遺失(The Loss of Useful Arts)及其他論文多篇。

(2)斯密著早期文化之遷移(The Migration of Early Culture, 1915)，龍的演進(Evolution of the Dragon)，象與民族學家(Elephants and Ethnologists)，及論文數篇。

(3)碧利著印度尼西亞的巨石文化(The Megalithic Culture of Indonesia)，太陽之子(The Children of the Sun)，文明之生長(The Growth of Civilization)等。

傳播論的批評——這種批評是批評派所加的，他們對於傳播也很看重，但因見傳播論派越過批判的範圍而成立武斷的解釋，故也加以指摘。

批評派對於格朋那的類似標準的分類不大贊成，以爲質的標準實際上永不能純粹客觀地應用，一定不能免去主觀的見解。量的標準分解爲最後的單位，不過仍是質的標準。還有不顧距離的解釋有時也過於牽強。不顧地理的要素便也是不顧歷史上的可能性。所以這一派雖自稱爲「文化歷史派」(Culture Historical School)其實是非歷史的。反之，對於類似點的估定不固定，便是承認歷史地理的要素之存在。文化也不是機械的而是心理的結合物，估定文化的眞相不能專靠客觀地枚舉在並存上或地理分佈上的文化的事物。心理的要素不能一筆抹煞。格朋那又太輕視了人類的發明力，以爲獨立發明是極少見的，其實在各地方不常都有新的發明，新的適應環境的方法嗎。

批評派對於利維斯的學說除贊同其原則的一部分外也很有不滿之處。利維斯不謹慎地應用冥想的方法實在很不合於穩當的歷史的復原。例如有用技術的遺失及少數移民的影響，在理論上很可承認，但若不管地方的及歷史的實證，只靠這些理論來解釋未免牽強。其次他又不肯將別地方的可比較的材料拿來解釋本地的情形，這也是一個缺點。最後一點是假說繁衍太多，或然的程度減少。

第四章 批評派或歷史派

批評派或歷史派（Critical or Historical School）採批評的態度，對於演進論及傳播論都加以批評，自己在積極方面則提出一種歷史的方法，故有這兩種名稱。他們的破壞方面的工作，已見於上二派的批評中，此處只述其建設的方面。

波亞士（Franz Boas）——這一派的領袖是美國的人類學前輩波亞士，故從屬者大都爲美國的學者。波亞士早年受物理學及數學的訓練，其具體研究的能力與批判的精神很適於做人類學思想的工作。他加入人類學界時，這種新科學的基礎已牢固了，原始的材料已蒐集許多，博物院已成立，供給研究的機會，受過科學方法訓練的青年的人類學家，也已準備着出發赴原始民族的地方去實地調查，想要帶回經得起批評的結果。但是在這人類學家的營盤內還沒有秩序或系統。正確的方法和主觀的幻想隨便地應用，其趨向易傾於汎漫的綜論。而對於人類學要求供給材料，以完成社會科學的基礎也逼出了未成熟的結論和匆促的終局。其時人類學還是幼稚，可以容許一個人盡覽其廣漠的範圍。波亞士便是這樣的一個人。他提出了方法和批評。統計學的方法原是應用於優生學的，被波亞士取來應用於神話的研究，將事件和人物做單位以發見神話的分佈及其趨向，覺得很有効。根於包衞耳(Powell)的分類基礎，波亞士又成立了美洲印第安言語的科學。這有二種効果，其一是對於比較語言學有重大的貢獻；其二是成爲美洲的民族學研究的不可少的工具，因爲傳播的問題有時須用語言的分析法，而宗教信仰與儀式等的意義若非由語言也不能盡悉。波亞士最重要的貢獻便是始創歷史的觀念及方法。

波亞士以研爲究一種民族的文化，應當在其有限的歷史地理的家鄉內(historical geographical homes)並須着眼於其對於物質環境，四圍文化，以及文化各方面的許多錯雜的心理連結等的關係。這種意見可再分爲二方面說：其一，研究原始民族的文化是祇就其現在的相互關係而論，每個部落被當做一個單位而論其與別族的關係。其二，文化的變遷被推原於以前的文化，而不是由於種族環境或普通的心理等原因，分述於下。

歷史的方法 (historical method) 與「文化區域」(cultural area)——文化區域便是依文化的異同而區分的地域，波亞士的發生這種觀念是由於整理美國自然史博物館的標本的暗示。他因見各種標本依地域而自相集成爲一羣，遂將北美洲按照其物質文化分爲幾個區域，於是這種概念便發生了。這種概念是根據於物質的標本的，故差不多純粹爲客觀的，雖在選擇及估量上免不得有一點主觀，但卻無傷於其効用。玆依據韋士勒氏（C. Wissler）所說的略釋於下。

人類學的研究單位是一個部落的文化。一個部落的文化便是其「生活樣式」（mode of life）或思想與行爲的團集體。一個部落的文化包含許多單位，這便是「文化特質」（culture-trait）研究者入手時須以一個特質爲單位。這些特質其實也不是簡單的一件事物，他必有許多附帶的東西合成爲一個「文化叢」（culture complex）例如食米的文化叢必附帶些培養收穫保存烹吃等技術以及財產權，法律，社會慣例，宗教禁忌等事結合爲一團，這便可以稱爲「米文化叢」此外如獵頭，圖騰，麥馬，外婚，殺人祭神等都是著名的文化叢。一部落的文化叢常自成一種「型式」，這便叫做「文化型式」（culture type）。同樣的型式常集於同一地域，故可以文化型式爲標準而區分地域爲「文化區域」。例如美洲的每個區域中包含多數部落，這些部落都各有其文化，但其文化都屬同一型式。在一個文化區域內的部落有的在中央，有的在邊境，其文化雖大體相同，但也有差異。在邊境的（marginal area）常和別區域的文化混雜，漸脫離本區文化的性質。在中央的（central area）最可爲本區文化的標準，因爲本區的文化原是從這裏傳出來的，故這裏又稱爲「文化中心」（culture centre）。其餘在中心與邊境之間的，其文化也依次減少標準的性質。故一個文化區域可依其標準的文化特質的多少而分爲「文化帶」(culture zone)。標準的文化特質最多的地方便是中央帶，也即是文化中心，中央的四圍特質較少的爲一個帶，更少的又爲一個帶，最後以邊境爲最外面的帶，其間特質必最少。這樣研究起來便能明悉各地方或民族的文化眞相，若是邊境的，便是由於傳播，若是中心的便是由於獨立發明。反之，若就文化特質的本身而論，也可以曉得他是從何處發生的，向何處傳播（見人與文化）

文化區域的方法用於美洲已有成効，如韋士勒分北美爲九個區域，克婁伯（A. L. Kroeber）更合南北美爲十五區，很爲明晰。非洲也已有近於文化區域的發見。其他原始民族的地方將來也可照此研究起來。至於現代文明民族的文化也有依地方而差異的情形，也很可以應用這種方法區分他，因此文化區域的觀念很受社會學家的注意，將來想必盛用爲研究文明民族的工具。

歷史派的方法更由高登衞塞概括如下；(1)集中探索於有限度的「地理，歷史的」地域，研究其在歷史上經過的深度及其地理上和別部落接觸的廣度。(2)應用客觀的及統計的方法，以追溯文化特質及文化叢的流播，並用心理學的方法，以研究文化特質的連合，相侵與同化，(3)應用型式的概念以描述區域文化，尤其是在於吸收本地的或外來的新文化特質之際。(4)擴大求異的方法，尋出部落內的區別及個體。(5)採用語言學的方法以探索精微的意義。(6)分解文化叢之歷史的及心理的成分。(7)排斥粗陋的古典派的演進論與環境論。(8)應用「傳播」「獨立發展」「並行」「輳合」等概念，但不過作幫助的工具，而不是武斷的假說。

文化定命論（cultural determinism）——這便是上述的第二條的意義，發揮此說最詳者爲克婁伯氏（A. L. Kroeber）在他的二篇著名的論文卽超有機論和宣言十八條中提出。據他所說文化現象是超有機的，超個人的，及超心理的，文化是自治的，歷史事件有決定以後事勢的能力，且是不可免的，個人在歷史上的地位無關緊要，甚或可以完全否認。他在超有機論中說：

「我們俾有四種現象同是實在的：這便是質與力的現象，生命的現象，意識的現象，社會生活或文化的現象。這些現象又可稱爲「無機的」（inorganic）「直接有機的」「或生命的」（directly organic or vital）「心理有機的」或「心靈的」（mentally organic or psychic）以及「文明的」或「超有機的」或「超心靈的」（civilizational or super-organic or super-psychic）」。

再錄其宣言十八條於下：

「（1）歷史的目的在乎知曉社會事實對於文明全體的關係。（2）歷史所研究的材料不是人而是人的工作。（3）文明雖由人類絜帶並由人類而存在，但他卻自成一體，與生命也不同。（4）歷史家應知人有某種心理構造，但不當卽用此解決社會現象。（5）眞的本能存於社會現象的底面及起源，但不能由歷史研究之。（6）人格或個人除用爲例證外無歷史的價值。（7）地理或物質環境是文明所利用的材料，而不是形成或解釋文明的要素。（8）歷史家應主張所有人種都絕對的同等或相同爲文明的負擔者。（9）遺傳在歷史上完全無力。（10）後得的遺傳是生物學上及歷史上的怪事。(11)淘汰以及其他有機的演進都不能影響文明。(12)所謂野蠻人並不是動物與受過科學教育的人的中間物。(13)沒有社會的種類或標準的文化型態或階段。(14)無所謂種族心，只有文明而已。(15)在歷史上沒有像理化科學的定律。(16)歷史只研究爲一定條件的境狀，不研究原因。(17)歷史的原因論便是終局論。(18)總之，生物學的心理學的或自然科學的定命論和方法都和歷史無關，就像歷史的方法之無關於生物學一樣。」

同派的人也不完全贊成其中論點，例如高登衛塞說他贊成其大意而不同意於其過分抹殺個人在歷史上的地位，過度的歷史定命論，以及混視了心理學與生物學。

總之，批評派以爲演進論和傳播論都是要用一種原則汎論全世界的各民族或各地方，全不問他們在歷史上及地理上的特別情形，其方法實在是演繹的主觀的，而不是歸納的客觀的，無怪其結果的武斷與穿鑿。他們有鑑於此，故不敢再作這種汎漫的論調，而只是小心謹愼縮小研究範圍並注意特殊情形而求完全了解一小單位的眞相。由於他們的注意實地調查這種調查報告也增加了很多。

此派的著作——這派的學者除波亞士外大都是新進的人類學家如羅維，高登衛塞，韋士勒，克婁伯等人。最先揭起反演進論的旗幟的是魏士特馬克(E. Westermarck)著人類婚姻史(History of Human Marriage)實爲批評派的前導。

（1）波亞士因注意實地調查，故多有報告的册子而少有理論的著作。除一九一一年出版的一本原始人的心理（Mind of Primitive Man）外，其意見散見於雜誌及報告中。其報告例如北美土人故事的散佈（Dissemination of Tales among the Natives of North America, 1891）印第安神話的生長（The Growth of Indian Mythelogies, 1896）温加華島的瓜球土族（The Kwakiutl of Vancouver Island）阿拉斯加的針匣上飾紋（Decorative Disigns of Alaskan Needlecases）等。

（2）克婁伯（A. L. Kroeber）著阿拉巴鶴族之裝飾的象徵（Decorative Symbolism of Arapaho）加利福尼亞印第安人之宗教（The Religion of the Indians of California）等調查報告。又超有機論（The Super-organic）宣言十八條（Eighteen Professions）等論文。

（3）韋士勒（C. Wissler）著黑足印第安人的物質文化（Material Culture of the Black-foot Indians）平原印第安人的服飾（Costumes of the Plains Indians）等。

（4）維羅（R. H. Lowie）著平原印第安人的年齡結社（Plains Indian Age Society）北美洲的儀式主義（Ceremonialism in North America）文化與民族學（Culture and Ethnology）。

（5）高登塞衞（A. A. Goldenweiser）著北美印第安人的社會組織（The Social Organization of the Indians of North America）等報告。

其他的人也都有很多的調查報告，不復列舉。

批評派最近的趨勢——最近美國人類學界的趨勢又略有改變，茲將高登衛塞的話譯述於下以代表這派的意見。

批評派或歷史派還不是人類學思想的結局，他顯然有其限度。英國及歐陸的人類學家曾批評美國的文化人類學爲無生產。其故因爲批評派確有幾個缺點。其一，這派的貢獻中幾乎全沒有「綜論」(synthesis) 的著作。從事綜論的工作不但需有智識和眼光，還需有勇氣和建設的想像。批評派只盡力於批評的分析，和特殊的具體的調查，怯於從事觀念上的卽較廣闊的及較近思辨的問題；這在人類學本身固是一個缺陷，卽對於別種社會科學也減少其貢獻。

第二種缺點在乎對於「假說」的懷疑態度太過。批評與方法論固是重要，但同時必須有建設性的觀念並存着，方纔用得着批評與方法論，否則便陷於不生產了。

和上一條有關的便是漠視文化的發展方面。反對演進論爲文化發展的定律，並不就是說文化沒有發展。故文化人類學家仍須繼續解釋文字以前的歷史。他當不堅執事實的整齊與呆板，而容許很多的罅隙。這種工作現在已經有人從事，其中一種可以稱爲「新演進論」(neo—evolutionism)

演進歷程的普遍性，整齊性，與漸進性都可否認，換言之，舊演進論的並行，一線發展，獨立發明，逐漸進步諸說都可排斥。但此外是否還有「演進」存在着？有的，只要研究者的目的不要存得過大，演進時間不要算得太促，不要概括文化的全體或其一大部分，而只着眼於單個文化特質或幾個相關連的文化特質（文化叢），那麽還是可以看得出有演進。現在是沒有了不可免的定律，而卻有某種發展的原則或趨勢可以指出。在數學或哲學的發展上，在機械概念及物質發明上，在社會的分擘上，都有頗整齊的趨勢翹出於複雜的歷史經過之中，可以容許某種程度的先見及預測。由此言之，這些趨勢便是稍爲固定的發展路線，他們凝結了錯雜不定的歷史經過，把他弄成較爲固定的形式。

演進論的復活還有賴於「輳合」(convergence)的概念，這是歷史派的人所創設的，用以代替或補助舊派的並行說。並行說以爲凡相類同的事物都是由於相類同的歷程演成的，但世界上像這樣的事實卻很少，有許多相類同的事物卻是由於相異的歷程演成的，這便是輳合或「殊途同歸」。輳合雖與並行不同，但都是一種發展的歷程。其實例如新大陸的陶器加釉的發明與舊大陸的結果相同，但其歷程卻有異，舊大陸加釉於陶器的本體，新大陸的卻先加於器上的裝飾部分，後來方加於全體。又如埃及的銅斧與古秘魯的銅斧也是這樣。

起源的復原或初期發展的研究也再出現，但與以前的不同。現在不像舊時把他當做歷史的事實，放在演進歷程的起頭，以爲說明全歷程之用。現在明言起源是冥想的產物，根於現在的或近時的情形而推論遠古，取概略的形式而容許特殊的變態。

比較方法也有一部分復興。破壞的熱心冷却以後，批評派也覺得由比較的方法而得的眼光也很有助於研究特殊民族或地域的文化，在指導及糾正解釋時是不可少的。比較法在別種科學如解剖學及語言學上已有很光榮的効果，在社會科學上安見他一定不可用。舊演進論派應用比較法的失敗在於選擇材料不謹愼，且要利用靜的事實支持動的概念。現在如以批評的態度且用於適當的目的，則比較法必可爲歷史的及史前的研究的一種重要工具。

還有一種有用的觀念便是社會科學的「相對性」。如所謂偶然論或定命論，演進論與傳播論，甚或最受排斥的進步論，如應用不至太過，且有一定的範圍及明瞭的觀點，便都可以獲得新意義而可以應用於歷史的研究及解釋。故如除去了他們的形而上學的意義，則這些曾經被斥爲空泛的，不自然的或太抽象的觀念，也可以再被取爲整理及了解社會現象之用。

自舊演進論失敗以後心理學的方法也被棄不用，現在卻又有抬頭之勢。如羅維論心理學可以爲民族學解釋文化。又如韋士勒論人類的普遍的根本的「文化模式」和人類的天性有關。又如高登衛塞也從心理方面解釋人類原始文化的物質方面何以比精神方面爲正確。還有精神分析學 (psychoanalysis) 對於文化人類學的貢獻也很大，例如關於魔術，禁忌，亂倫，神話等的解釋都是別開生面的見解。

高登衛塞更概括那時（一九二一年）的趨勢說：『我們所希望的是更多的綜論，更深的心理學的索究，應用語言學及精神分析學的方法並持批評的及相對的態度以立論。』

自彼時以後批評派的人大都改變了態度，跑上上述的途徑；除實地調查特殊問題以外還從事範圍較大的研究，各人大都出了二三冊所謂「綜論」的大著。其範圍雖很廣，但材料的去取大都根據批評派的調查報告。其方法則除歷史的方法以外，語言學的方法，心理學的方法，比較的方法，統計的方法。也都被採用。其原則除少數外大都不拘一種，演進論傳播論文化定命論都被兼容並包，但都只取其相對的意義不像以前的極端。茲將這一類的著作略舉數種於下：

（1）波亞士（F. Boas）著人類學及現代生活（Anthropology and Modern Life, 1928），又原始藝術（Primitive Art, 1927）。

（2）羅維（R. H. Lowie）著原始社會（Primitive Society, 1920），又原始宗教（Primitive Religion, 1924），我們是開化了嗎？（Are We Civilized?）。

（3）高登衛塞（A. A. Goldenweiser）著初期文化（Early Civilization, 1922）。

（4）克婁伯（A. L. Kroeber）著人類學（Anthropology, 1923）。

（5）韋士勒（C. Wissler）著人與文化（Man and Culture, 1923）又社會人類學緒論（An Introduction to Social Anthropology, 1929），又美洲印第安人：新大陸人類學緒論（The American Indian: An Introduction to the Anthropology of the New World, 1922。

(6)托則 (A. M. Tozzer) 著社會起源及社會繼續 (Social Origins and Social Continuities, 1925)。

(7)瓦利士 (W. D. Wallis) 著人類學緒論 (An Introduction to Anthropology, 1926)。

第五章　文化壓力說(以上各說的總評)

以上各派的爭論到現在還是不曾完全結束。但最近卻又有一派異軍突起以另一種方法探察各派的背景，而找出其成立的原因，然後加以批評。這派的文字還少茲將卡爾維頓 (V. F. Calverton) 在美國社會學什誌發表的一篇撮擇如下。

「人類學的生長和演進論的發展密切地連合在一起。兩者如不曾互相幫助便不能有大進步。兩者的發生都表示十九世紀的一種趨勢；卽以現在爲準，而解釋前人的觀念，判斷以前的制度。

「演進的理論起自希臘人，但卻須到了十八世紀方有長足的進展，在達爾文之前的學者如蒲豐(Buffon)哥德 (Goethe) 聖希勒 (Saint-Helaire) 拉馬克 (Lamarck) 等的人的著作中演進的假說相繼發生出來。達爾文和華勒斯 (Wallace) 的同時發見自然淘汰及適者生存的學說，可以證明那時這種觀念的興盛。所有環境中的勢力無論是經濟的或社會的，都促成了這種學說。

「我們爲了解十九世紀西歐的特性是「變遷」的話便不覺得上述的話的奇怪。人類從來不曾在這樣短的時間經過了這樣大的革命。工業革命尤其是西方生活急速轉變的原因。他是促使時代向於新慾望新幻想的原動機。新的發明層出不窮。機器應許人類以一個可駕馭的新世界。人類以新的眼光睥睨世界。沒有一物免被探察。

「人類的精力像這樣由新時代的機器而解放了以後，科學至少在新智識份子，便成爲新的人生哲學了。分析之後，繼以精究；於是沒有一物能脫出侵略者的手。甚至聖經，雖原是西歐文化的神祕中心，也不能免去科學的檢查。近代世界的急變也表現在社會科學和歷史學說裏面運動和變遷的觀念成爲強逼的觀念。這些情形便開闢了接受演進論的路。不但把他當做一種科學原理，而且當做新增加的文化。

「在一八五九年以前，西方文明若是根於聖經的教條；則一八五九年以後，便是演進論的世界。一種學說被採用，必是他對於人的生活，無論是感情或智慧上，能够應付某種重大需要。達爾文的演進論，正好應付新的人生哲學的需要。他不但供給了人類發展的一種新預測，還就西方文明而提出世界進步的新辯護。人類的演進被視爲無限的進步，自低等以至於高等，而近代西方文明則代表演進階段的最上級。不止這樣，達爾文的適者生存的學說，使生存與上進成爲同一意義。因爲所有生物，都爲生存而競爭，故生存的便是優勝的。西方文明既然在各種文明的競爭中得到最成功的生存，那一定是代表人類演進的最高級的了。以此論之，西方文化中的原理與制度自然是人類「德型」（mores）史上最進步的了。故如私有財產制，一夫一婦的家族，平民主義的政體，都被當做人類道德上的大進步。個人主義被視爲文明人駕於野蠻人的特徵，即「分化的」勝於「未分化的」。換言之，達爾文的演進說及其推論，最能辯護十九世紀的歐洲現狀。他和當時的統治階級的哲學完全融合。近代的工商業，已經破壞了附於封建制度和農村習俗的意識學上的辯護，自然新的意識也需有新的辯護。達爾文的學說，正好當這種辯護。演進論使放任主義的經濟學及其競爭的邏輯植根於自然的系統中。他又根據了爲適者生存的必需的鬪爭，而批准了個人主義和階級的區分。他甚至還充當民族主義及當時擴展中的帝國主義的支柱。一言以蔽之，這種學說的態度是「這樣便是這樣，因爲他必定這樣，因爲他必須這樣。」

「人類學的起源，便是在這種文化環境裏頭。使演進論成爲新智識力的那些經濟因子社會因子也同樣使人類學成爲演進論的附屬物。演進論於是成爲人類學的基本結構。自一九二七年泰婁的原始文化出版後，十九世紀人類學的歷史，便是應用演進論以討論人類的過去；應用時必牽連及於十九世紀的「價值」（譯者按似即指文化）而這種價值常即指維多利亞時代的。換言之，那時人類學家的研究原始人類，不是要尋究他們是怎樣的，而是要證明他們所推想的原始人類應有的狀態。他們不自覺其錯用了演進論，以爲十九世紀文明的「價值」既然超過其他「價值」而生存，自然是道德上進步的最高點。於是他們便要在原始生活中尋出最低等的行爲來。他們在不自覺中，把自己的理智高置於原始人類之上。在這裏是整個心理都在活動着不止是科學上的一種錯誤。這種心理，是由於十九世紀巨大的物質進步和將要完成的新意識的武器所養成的。這種心理，使那時的人類學家不能如其眞相地運用事實和解釋他。他們的研究原始人類像猜謎一樣，多方改變事實，以求解決他們急於要尋出普偏的演進定律以解釋人類怎樣由粗陋的原始時代進到精美的十九世紀文明。這些人類演進派的人類學家受了莫爾根的影響，便斷定社會曾經過幾個一定的階段，自低等進到高等，而現代的文明矗立於其頂點。例如以爲婚姻形式，始自亂婚，繼爲羣婚，最後方爲一夫一妻制。莫爾根又着重財產在原始社會的決定力。莫爾根的學說不久以後，便被急進派接受以證明馬克思哲學。十九世紀的急進派思想家幾乎全都引用莫爾根的話以爲最後的權威。恩格斯 (F. Engels) 的家族起源論 (The Origin of the Family) 考茨基 (Kautsky) 的結婚及家族起源 (Entstehung Der Ehe und Familie) 都根據莫爾根的書。普列汗諾夫 (Plechanov) 的論原始藝術與文化也常引用他。甚至現在也還有許多急進派引用莫爾根的書，似乎他至今還是新著。

『雖有麥連南 (Melennan) 以及許多思想家的攻擊，莫爾根的學說還是在十九世紀的人類學中大大發展。其初所引起的敵意，不過是智識上而已。因爲這種學說並無違反維多利亞時代的人生觀之處。利維斯 (Rivers) 說得不錯，他以爲莫爾根的被人反對在於他描寫人類的過去時代大大刺傷了文明人的感情。對野蠻人絕不應當說他們有高等的道德，因爲文明是由原始時代演進來的。雖是如此，莫爾根的學說還是很適合於演進論。

不過由其廣被急進派的接受，並被革命思想家所應用，故使他在十九世紀的心理中，忽然變成「可厭惡的。」覺其「可厭惡的，」不是急進派的心理，而是保守的布爾喬亞的心理。因爲他們最注意保護中等階級的被十九世紀文明所提高的「價值」（文化。）莫爾根的學說如只限於過去，而其演進歷程只限於指明現代爲最後階段，那便沒有什麼可怕。但卻因那些急進派解釋演進爲相對的，而不是絕對的，於是危險便發生了。依此，十九世紀的制度，便不是最後的階段。其中如私有財產，家族等，便不是不會破壞的了。按照演進派的演進歷程，這些制度，都決定會在下次的社會進展時消滅了。

「當演進論表現了他除建設以外還有破壞的可能時，便需有一種新學說以辯護現有「價值」（文化）的永久性。只有如此方能答覆急進派的對於演進論的解釋。于是一班人便開始尋找「絕對的事物，」即那些可以滿足十九世紀心理的絕對的事物。原始共產說最受反對，私有財產被宣布爲一種本能，爲各種社會生活的基礎。宗教亦被解釋爲人人都有的一種衝動，無論文明人或野蠻人都有之，而不是環境的產物。家族也被辯護爲文化的柱石，社會存在的必需物。還不止此，現行的一夫一妻制更被宣布爲人類婚姻的基本形式，甚至動物都被用以證明這說，無論如何曖昧的證據都被採用。依此，一夫一妻制便不是生自某種經濟生活的一種結婚形式，而是人類以及近於人類的哺乳動物的根本的結婚形式。像這樣，十九世紀的制度便從變動和衰落中救出來了。無論演進是向何方向的，私有財產和家族都是不可侵犯的。這些便是絕對的事物，不可變的事物，沒有一種急進的演進或革命能够動搖他。

「階級邏輯在這裏的作用是很明顯的。人類學於是便又被用作擁護中流階級邏輯的支柱了。他為現狀辯護，加以所謂最後的科學的批准。猴子有了一根樹枝便是資本家的比喻，竟可以滿足每個大學二年生，使知道無論何人如有無論怎樣淺小而可用以產生財貨的一物，便是一個資本家。又如一夫一妻制的被「合理化」起來，以為是人類結婚的自然形式，也都是人類學所作的欺騙勾當。

「最可以證明上述的話的是魏士特馬克的著作及其影響。當他的人類婚姻史出現於一八九一年時，他還是科學界的無名小卒。如瓦雷士 (A. R. Wallace) 在其序言中曾說魏士特馬克是「尚未知名的學生」「新來者。」但其後不到十年間這個「新來者」竟成為研究結婚與道德的權威，以他的新邏輯掃倒了前輩的勢力。其第二部著作道德觀念的起源與發展不過再鞏固他既得的勢力而已。他的權威若只限於他的專門科學，其成績也已經很重要了；但事實上他的影響卻擴大及於其他科學，甚至於通俗的世界中，這種成功更不是尋常的事。自十八世紀以來人類學家中沒有一個像他有這種勢力。幾乎每本書籍，講義，或論文凡講到道德或結婚的，自以前到現在都將他的著作當做基本參考書。在大學中更立刻便選他為南針。無人敢侮視他的權威。這部人類婚姻史便成為社會科學的新聖經了。直到二十世紀的二十年代，他的結論方纔被勃里阜 (Robert Briffault) 在其所著母論 (The Mothers) 中加以攻擊。

「但魏士特馬克以前的優勝，比較他現在的失敗尤爲重要。觀於勃里阜對他的正確而致命的批評，覺得他能操縱了四十年的人心實在是不可思議。在那長時期中，他的尊嚴不曾受人指摘，尤其是一種異事。一個人的學說，既然證據是很薄弱謬誤的，何以會這樣廣受贊同？問題既然是很有辯論性的，何以他的結論卻這樣快這樣完全地被人接受？他的證據既然非權威的，何以他忽然變成爲一個權威？

「這個答案須由社會邏輯內找出。魏士特馬克的學說不止反對莫爾根，麥連南，拉卜克（Lubbock）等人而已，他還滿足了那時的「社會智識的」需要。反對莫爾根時，便是破壞急進派的邏輯，因爲那是根據於莫爾根的著作的。又如主張一夫一妻制普徧於最原始的人類，家族在人類以前便存在，人類結婚是由猿類的祖先遺傳下來等說，便是辯護十九世紀文明中的主要制度，供給以絕對的事物。家族於是變成不可搖動的制度，非急進派所能破壞，無論何種社會演進，都不能消滅他。一夫一妻制也不可攻擊，因爲他植根於人類的遠古的過去。

「無疑的，魏士特馬克的學說會被十九世紀的中等階級的智識分子這樣的熱心地接受和頑強地擁護。不贊成的智識份子祇有那些急進派。大學教授們不必再倚賴斯賓塞的話而說「一夫一妻制是男女關係的最後形式」以擡高十九世紀的制度使駕於別時代或別種文明之上了。由於魏士特馬克之力，人類學已經給予一夫一妻說以科學的批准了。

「因爲那些急進派，採用了莫爾根的學說，以爲他們的革命武器，故須加以非難。魏士特馬克的學說於是便被我們的社會科學家全盤接受了。這表示着甚麽呢？這不過表明我們的社會科學家不注意客觀的事實，只喜歡那種辯護現在態度與制度的文章而已。

「現在的人類學家除極少數而無力的以外，幾乎都擁護魏士特馬克的學說，例如馬林瑙斯奇（Malinowski）湯麥史（Thomas）羅維等人無不如此。

『現在我們應該把這關于人類趨勢和制度之起源的舊學說重新加以估價。人類並不像以前所斷定的那樣異於其他動物。人類趨勢不但遠在家族發生以前，而實是始於猿類的遊羣。據密勒（Gerrit Miller）所說「我們很有理由可以相信在現在的人類社會系統之前是一種猿類的亂交的遊羣生活。要了解人，這是人類學的工作，我們應當不規避不掩飾地注目於制馭人類行為的先人類的和原始的衝動和動機。我們如固執着以為他一定照我們意中的「原始的紳士」的樣子行動，那便不對了」。

『由於這些批評可見魏士特馬克的道德觀念的全部上層結構，是沒有事實的基礎的了。那不過滿足意願的思想，放在人類學的建築上面而已。他的廣被接受便由於此。社會科學常易於接受這種辯護的邏輯。在放任主義當權的時候，經濟學家和社會學家便是其不批判的主張者；到了現在，放任主義失勢了，經濟學家和社會學家便反過來批評他甚或不再擁護他。只在一種學說或制度破壞的時候方使他以前的主張者，能夠客觀地觀察他。由於這種理由反魏士特馬克的學說也纔能興起。十九世紀的倫理學和經濟學由世界大戰而促成全盤破壞，致使中等階級的美滿神話動搖起來。絕對的演進概念勢須拋棄，相對的概念則起而代興。自然科學中的相對論的發生，無疑的也有影響於社會科學中的相對論。

「但這也不是說人類學家和社會學家須再回到莫爾根那裏尋求材料和解釋。正相反的，莫爾根的演進學說也不可以辯護，莫爾根並不是不比魏士特馬克的意見更爲近眞，不過我們不能依他說結婚制度在任何部落都一定是由某種階段進到某種階段。亂婚制的存在於幾個部落中，並不能够算做充分的證據以推論全體原始人類的歷史同樣一夫一妻制的存在於幾個部落也不能使魏士特馬克即據以判斷凡人類的祖先都是傾於一夫一妻制。我們殊無充分的證據來正確地追溯兩性關係的發展，在所有原始人羣都是循行幾個明確的演進階段。換言之，可以斷定爲普遍於全部原始生活的事情，實在比不能斷定的爲少。莫爾根的錯誤也便在此。他發見了許多事情在特殊部份是眞的，但卻非普遍地是眞的，他的弱點便由於要把這兩者看成同一。而由於演進派的教條更使他的弱點擴大。

「現在，由於這些人類學學說的分析，可以得到甚麼結論呢？對於這一點我要提出一條學說來解釋他。這條學說便是要說明上述兩派的爭論是表現那些社會力要發展成爲「文化壓力」(cultural compulsives)。環境的勢力能影響學說的形成，但要發現這種環境卻以觀察對於學說的反應比較觀察其起源更爲容易而明顯。換言之，觀察對於魏士特馬克的反應是比較其起源更爲重要，關於莫爾根的學說也是這樣。對於這兩個人的學說的反應成爲活潑生動的事情。其爲現代文化的一部分，不殊於一次的政治選舉或一件科學發明他們學說的正確或錯誤，較之他們所發生的在於他們專門科學及全部社會科學的影響還在其次。這種影響便是反應的結果。反應能將一種學說所蘊藏的社會意義表現出來。

『急進派的握住了莫爾根的學說，不是因爲他代表人類學的最後結論，而是因爲他很適合他們自己的社會演進學說，可以做歷史的說明。他給予普羅列太利亞學說以新的歷史意義。魏士特馬克的學說很適合於中等階級的道德觀念，他給予中等階級的「德型」(morer)以所謂科學的批准。魏氏學說所以被中等階級接受，而被急進的智識份子拒絕，能盛行於大學及大學教授中，而無聲於急進派的中心，便由於此。

『這兩方都可以爲「文化壓力」的說明，階級邏輯是明顯的決定者。魏士特馬克的被中等階級智識份子接受，是因爲他辯護了中等階級的倫理。莫爾根的被急進派的智識份子接受，也是因爲他幫助鞏固普羅階級的地位。一被接受以後，兩人各變成所辯護的階級的權威了。兩人的著作都成爲「文化壓力」，他們的著作都不可以客觀地考察了。像其他的文化潮流一樣，情緒的方面驅逐了智慧的方面。批評只發生於敵人而不見於同伴中。魏氏的勢力較大，不是因爲他的邏輯的優勝，而是因爲中等階級的擁護者大都和大學及其他學術機關有關係。至於擁護莫氏的人則沒有這種機關。魏氏的稱雄是因爲所有中等階級的教育家都擁護他，以此他的學說遂成爲文化壓力，卽中等階級的文化壓力。

「但急進派也不能免去文化壓力的束縛。莫爾根之於急進派，也像魏士特馬克之於中等階級。如有批評莫爾根的便被號爲布爾喬亞，在這裏也有一種文化壓力了。

「文化壓力的被反對祇有到了該種學說及制度開始衰替的時候。中等階級的道德若不曾在世界大戰之後急速的墮落，家族不會經過一種空前的大變遷，魏士特馬克的學說便也不會於近年來受人攻擊。勃里皐對於魏氏的批評卽曾寫出來也只有少數人贊同而不能流行開來。只因爲中等階級的道德學說及經濟學說一般地衰替，方纔預備魏氏學說的沒落。

「總之，除文化壓力以外，沒有別法可以說明帶有社會性質的觀念，如魏氏與莫氏兩人所表現的。用這說我們便可以了解社會機械對於一種學說的興衰所發的作用。觀念的興盛並不是由於其所含的眞理，而是由於他適應別種意旨，特別是階級意旨。這些別種的，更根本的意旨，方能把觀念變成文化壓力，賦以社會的意義。而這些意義是比觀念本身更爲重要的。

「社會史中充滿着這種文化壓力。例如羅梭便也像魏士特馬克和莫爾根一樣。文化壓力代表着心理形式的羣的意旨。所以謂之壓力是因爲他所代表的觀念倚賴着羣的意旨的力量。其內容是更爲感情的而不是智慧的。必須等到構成他的意旨變動了方能破壞他。但這些意旨必需在新的社會方纔失去作用，否則他仍是存在。我們雖要力求客觀，但總不免被這些意旨所左右，故我們不必否認文化壓力，而祇須小心不被他蒙蔽了事實便是。

「我們要鄭重說明的，是說所謂社會思想，無論是急進的或反動的都帶了這種壓力的色彩。凡自誇能避免他的，不過是自欺而循着錯誤的路線而已。

「文化壓力的存在使社會科學裏面不能有客觀性。在社會科學中自稱有客觀性的大都是自己辯護，是一種掩飾壓力要素的不自覺的企圖而已。關於社會現象的解釋和估價，是無人能够客觀的。只有在觀察或採集事實時能够客觀，解釋時卻不能客觀。因爲解釋需要一種心理傾向，一種意願，一種目的。這些心理傾向，意願，目的，都是被文化壓力所制馭的。任何人住在任何社會都是由那個社會浸灌以意識，思想傾向，幻想的偏見。以此他所屬的階級，便能指導他的思想及幻想。

「但文化壓力，對於社會思想是必需的。沒有他，社會思想便沒有統一和完成，變成無意義的了。人類學的價值不在於他彙集了關於原始人民的事實，而在那些事實有關於我們的文明。「爲人類學的人類學」是比較「爲藝術的藝術」更爲荒謬。人類學的學說也同別種社會科學一樣充滿了文化壓力。我們雖曉得文化壓力的存在，卻不能避免他。避免他無殊於說個人的心理比較發生他和制馭他的社會心理還偉大。雖是如此，我們卻也可以拒絕那些較荒謬的地方。換言之，了解社會思想的壓逼性，便可以在文化壓力的範圍內發展較多的伸縮和批判。」

文化人類學略史參考書（以採用多少爲序，括弧中卽爲本篇內採用之章數）

（1）Goldenweiser, A. A.—Four Phases of Anthropological Thought (in Publications of Amer. Socio. Society Vol. 16)（第二、三、四章）

（2）Goldenweiser, A. A.—Cultural Anthropology (in The History and Prospects of the Social Sciences)（第一、二、三、四章）

（3）Goldenweiser, A. A.—Diffusionism and the American School of Historical Ethnology (Amer. Jour. Socio. Vol. 31 No. 1)（第三、四章）

（4）Goldenweiser, A. A.—Early Civilization: Introduction, ch. XIV（第二章）

（5）Lowie, R. H.—Social Anthropology (in Ency. Brit. 13th, ed. Supplement)（第三章）

（6）Lowie, R. H.—Culture and Ethnology（第四章）

（7）Lowie, R. H.—Primitive Society: chap. I（第二、三章）

（8）Wissler, C.— Anthropology (in New Intern. Ency.)（第二章）

(9) Wissler, C.—Ethnology (in New Intern. Ency. Sup.)（第三、四章）

(10) Wissler, C.—Man and Culture（第四章）

(11) Haddon, A. C.—History of Anthropology（第一、二章）

(12) History of Anthropology in New Larned History（第二章）

(13) Smith, G. E. etc.—Culture（第三、四章）

(14) Rivers and Others—Report upon the Present Condition and Future Needs of the Science of Anthropology（第一、二、三章）

(15) Dieserud, J. Science of Anthropology（第一、二章）

(16) Calverton, V. F.—The Making of Man, An Outline of Anthropology: Introduction（第五章）

第三篇　原始物質文化

第一章　經濟的適應

人類赤裸裸的進到這個世界來。他沒有用具也沒有武器。藏身之所只有洞穴，連洞穴都沒有呢，就只有叢樹；有危險的時候呢？就爬上樹頂。他在地上唯一的轉運的器具，就只有他的兩條毛腿，要過水呢？就得涉過或泅過，但還要那種地方是可以這樣做的。他不懂甚麼技術，他的食物是隨地拾取的。他的食物大都是植物，但若有時運氣好，碰着了動物的死體，那纔有肉吃。『自然』的對他不是常常仁愛的，而他的軀體，力量，脚力，感覺，以及天生的武器，都比很多種動物爲劣。

但是，在別方面，他卻也不是沒有充分的預備來和環境競爭的。他的雙手自始卽是最有用的器官，在他的前途有無限的用處。他有說話的能力，卽在還未發展到能够充分表示及範鑄思想的時候，也已經極有實際的効用，並能滿足其情緒。最重要的，尤其是他的腦，他這個腦的複雜的程度是所有陸上海中的動物都無與抗衡的，以腦和軀體的比例觀之，也是比任何動物爲大而且靈，卽如類人猿的腦量已經是很大的了，還是望塵莫及。這個奇異的器官使他能够積存他的經驗以備後來的參考，並且能够把個人的經驗綜括起來創出可驚的簡法，以應付環境。簡言之，人類進入這個世界是帶了相當的探索力與創作力來的。

由於這樣天然的預備人類便能用兩種方法解決他的生活問題。一種是生業（industry）另一種是『超自然主義』（supernaturalism）人類由生業而漸能適應其所在的特殊的環境。當這些適應的方法達到某種複雜及順遂的程度，情形便固定了，結果是在自然境狀與生業程序之間發生一種均勢。這種均勢雖不是完全不動，但大體顯然是固定的，保守的，只有微細的變更，這樣過了很長的時代。對於「自然」的這種生業的適應大抵可以說是滿意的，結果是發生相當的平安舒服與快樂。

但是生業還漏了多種慾望不會滿足，多種問題不會解答，所以「自然」究竟還不會被制服。因此超自然主義便發生了。他使人類與自然有情緒上的符合，他給人類以一種系統使能解釋各種現象，換言之，便是給人類一種世界觀。他又使人類的慾望都得實現因為在超自然主義中意願與觀念都變成客觀的實體了。

我們再轉論生業範圍內的事。經過多少時候的苦痛以後，依照地方的情形，人類便把所有根本的生存問題一一解決了。他們發明了用具，兵器，陷阱，羅網等。於是漁獵和戰鬬便都是他們所會做的事了。發明了生火的方法，他們便能够取暖，驅逐野獸並烹煮食物。烹食的方法或是把熱炭堆在地面小穴中，然後把食物放在炭上，或是把石子放在火內燒熱了，然後投入盛水的器物內。這些盛水的器物很速的發生了許多種，有的是石頭，有的是泥罐，有的是編成的籃或者還有木造的箱。所居住的，現在是天幕，茅屋，土屋，木屋，或雪屋了。在水上的轉運是用筏，牛皮艇，獨木艇，眞的小舟。在陸上則除使狗以外還不曉得利用別種動物時已經發明橇了。狗是人類最早的伴侶，能替人類守門，拖運並做狩獵的先鋒。獸的毛皮則充爲衣料天幕以及他種用途。總之人類最初的發明，是不勝枚舉的，現在可以不必一一提出。

原人對於客觀界的認識也應當說說。漁獵以及野生物產採集使他們對於動植物的形狀性質與習慣的認識，有不斷的進步。他們的利用動植物以爲衣服食物與住所，使他們對於動物的解剖學的要素以及植物的性質如耐久性，拒水性，韌性，硬度等能有更進的智識。對於動物生活的諳熟且更進一步，而禁止屠殺乳獸的規律因之發生，狩獵時期也定在各該種動物繁殖最多的季候。後來發生的大事業，卽種植與畜牧二者，不用說是人類對於自然界的這二大部分的動靜兩種性質已經有了很爲擴大的智識方能發明的了。

還有一種智識的增加，便是在工業上將詳細的見聞極小心的利用。材料用過了後他的性質便明瞭了，於是這種智識便見之於適當的應用。如用木材建築時，便能依其年齡與性質選擇以用於特殊物件，或特殊部分。在編筐籃時較軟的材料便用於應軟的地方，至於底面或邊緣應當稍強固的地方便揀較爲強韌的充用。皮的刮削，鞣熟與縫合，都應用很多的智識。至於烹煮自然也是這樣的，例如美國人類學家波亞斯 (Boas) 所調查的瓜球土 (Kuakiuth) 印第安人的烹煮法便很能表現這種現象。還有紡織，雕刻，石器的剝削，金屬物的鎔鑄等精細的手續都是這樣。

製造毒藥的技術可見之於最低的民族中，如布須曼人（Bushmen）及非洲中部的「矮民」（pygmy）等，他們所以能够保存他們比較低等的文化，經過很長的時間，便是受他們的毒箭之賜。幾種植物的治療作用也已經在原始時代發見，所以各處的『巫師』（doctor-magician）的法術常佐以眞的藥劑學，並且巫師與藥劑師也很常爲同一人。

在具體的，客觀的，實用的，智識及其應用，原始人類是幾乎與現代人一樣，但在批判的思想與清醒的觀念，他們是不會有的。他們看是直的，聽是直的，他們用穩當的手以創成工具，並用之以製造實用的及裝飾的物件，他們很有常識聰敏，和熟練的動作，以對付動物植物和人類。但是他們的思想不是直的，最少也可以說在解釋事物擬定假說時是不直的。他們的世界觀不過就是『超自然主義』。現象的解釋是原始思想中極重要的一部分，爲什麼他們那種常識聰明與靈敏卻不應用於這方面？這個問題的解答是原始心理研究的任務，這裏不必多說。（見本書宗教篇）

簡言之，原始的智識系統是極爲實用的系統（pragmatic system）。他是半自動的，直見之於行爲；而不就本身加以思慮。繪畫的技術是要根據很多互相比較的事物然後抽出抽象的概念的，所以初時還不能發生，還有證實假說的習慣也是非實用的，所以也未成立。

第二章　發明

物質文化的起源都是由於發明(invention)。例如在漁獵，轉運，造屋，造舟，製陶器，編筐籃，紡織，鞣皮以及家具兵器的創設及運用都可以證明原始心理的發明力。

所謂發明在客觀方面講，便是事物及程序的新結合，以獲到所生的結果。由心理方面言之，發明便是在思想上利用已經發見的事物與程序的性質，以發生客觀的新事物。

發見(discovery)及發見的利用，即發明，是齊驅並進的，但不常能覺察得出，尤以原始社會為然。要使這一點明白應當把原始工業中可稱為發明的提出來說說便曉得。用磨擦的動作而生火是一種發明，磨擦是利用兩塊木頭的相鋸作用，或者用一根木棒插入一塊木板的孔內旋轉，而旋轉是由於兩手掌夾住木棒而為急速往復的轉動。伊羅葛印第安人(Iroquois)和其他部落的「唧筒鑽」以及挨斯基摩人的「弓鑽」是再進一步的發明，能使旋轉得以繼續而速率得以增加。小舟和獨木艇有許多要素是發明，例如長而狹的形狀，龍骨，槳，短橈的加寬與接柄，帆的吃風的原理等。此外的發明例如魚鈎，差不多處處都曉得用以釣魚。箭鏃及長矛添一倒鈎以增加效率。擲標槍的應用槓杆的原理，以增加力量和準確。挨斯基摩人的複合杈應用球窩關節的方法，上面並有分離點；他們還有複合弓附帶些骨頭，有的用以增加勁度，有的增加靱性。箭上附加鳥羽及螺旋形物也見於很多部落。槓杆的應用在上述瓜球土印第安人的便是一個例。陷阱陷機的弛放法也是一種發明。拗曲並綴合木片的方法在北美西北海岸的土人中也是常見的。用捶擊浸水曝乾等方法將樹皮製成衣料也是一種發明。所有這些發明都是很古的，至於畜養動物和栽種植物的發明等，都是後來的事。

「發明」這個名詞常祇用以指實物或方法，但却應當擴張意義兼指專用手的動作。例如製陶器，編籃，雕木等工作都用一定的動作方能快捷而正確。這些動作常是極爲複雜，不易學習。這些複雜的動作，波亞斯 (Boas) 稱之爲「動作習慣」(motor habit) 應當算做發明；發明是純粹動的方面的發明。手和所作的實物若暫時假定爲自動的機械，那末手的動作就是「動力原理」的運用。所做的工作若是新的，則手的動作常做得不好。工夫的進步由於動作習慣的成立。動作習慣的成立由於在工作程序中由思考或自動的逐漸發見「動的適應」的方法。這種「動的適應」(dynamic adjustment) 便是發明。就使結果是純粹「動的」，也可以說是發明，例如兵器的舞弄或划槳等。

「動作習慣」像別的事物一樣，也會固定成爲技術。工業中的青年要學習便須由長輩教授。但各工人根於個人的經驗都會發明新適應，而所謂大技師不過就是這種技術較多的人，換言之，即能將「動的發明」加入於其「動作習慣」的就是了。

這些發明，不論是靜的或動的，不是「發見」也是「發見」所引起的。由摩擦而生火的發明必是其先曾經偶然由磨擦而發見了火。後來方有意地利用這種方法；在偶然的發見中卽已暗示了用什麼方法可以發火，例如將兩塊木板相鋸，或將木棒插入另一木板的孔內旋轉。小舟必是曾經很長久的，非愼慮的試行錯誤法的程序，在其間乃逐漸發見某種形狀最能增加速率及平穩。複合的杈一定是偶然並且屢次由於不完好的長矛的暗示，因爲杈的分離節的發明，除屢次看見長矛的斷折的暗示以外，還有什麼可說明？此外別種發明也都是這樣。別種事物的影響例如宗教的或魔術的事物或者也會發生實際的發明和發見，如溫德（Wundt）所說的：因見飛鳥而聯想到飛箭，遂將鳥羽附加於箭尾，使他也能像鳥一樣的善飛；這在心理上或者是可能的，但這種解釋卻全爲冥想而不能證實。像這樣用外界的事物來說明發明與發見的常趨於過度，其實實際的客觀的程序已經足以解釋了。

發明雖然有時不過是發見的重演，但他的本身總不能不說是有意的。在較爲複雜的發明，有的是由多種發明結合的。但這多種的發明必是逐一獲得，其間或各隔了長久的時期方能再進一步。雖是這樣，可是原始人類能夠利用及聯合所發見的事物以生出發明，這一點不能不佩服他們的聰慧與創作力。

但是我們同時也很易於把原始的發明所表現的心力推崇太過。因爲每種新步驟都是很微細，不過是由於錯誤或缺點的顯露，因而稍加改良，或者由於偶然發見新方法，因而採取以增加效率。我們沒有證據可以說原始時代曾有專門創出這些發明的個人，那時的人的發明力自然也有不齊，像現在一樣，但他們運用這種能力的範圍是有限制的。

現代的發明家是有很充分的預備的。例如機械的發明家，他曾受了機械學的訓練，使他省費許多無效的動作，他曉得機器的全部性質，他有良好的工具。像這樣，現代的科學工業與社會組織使發明很易實現。至於原始時代供給發明與發見的條件便很不完備。原始的發明家對於他的工作的性質還懂得不完全。可以應用的智識還是有限，學理上的了解更可以說是沒有；他所經過的試行錯誤的程序是不規則的，偶然的，不曾受思攷的制馭。因此，現代發明家在實驗室裏由數星期的努力而完畢的工作，在原始時代恐怕要延長幾百年，經過多數人的努力，失敗，絕望，與零碎的成功，然後方能獲到可以滿意的結果。

第三章　原始物質文化之地理的分佈

根本上的經濟的適應，在無論那一地方都發生了器具，武器，衣服，住所，轉運具。但若指特殊的一種器物或方法，則分布的地域便縮小而不普遍了。經濟的狀況器物的發明，有的是分布於極廣大而連接的區域，有的則較小或不連接，有的則祇限於一個小區域內。

試看以下的實例：弓箭除澳洲以外差不多徧佈於一切原始民族，但弓的特殊種類，箭鏃的形狀，箭上附加羽毛的方法（若是有的）放箭的方法等，都處處不同。天幕是很多地方都有的，但如特殊的天幕如「底比」(Tipi)只見於美國平原帶及其附近。同樣如伊羅葛人的樹皮屋，阿麻哈印第安人(Omaha)的土屋，美國西南部印第安人的用曝乾的磚造成的「貝勃羅屋」(Pueblo)，美國西北部印第安人的三角頂的屋，挨斯基摩人的雪屋，英屬哥倫比亞土人的「半地下屋」都有其特殊的區域，但也有些重疊交錯。非洲土人的茅屋也有同樣的情形。還有幾種住所是很罕有的，並且都限於特殊地域，如接連的屋祇見於美拉尼西亞羣島北部和新幾內亞；造在樹上的「樹屋」祇見於菲律賓的幾個部落，及非洲察特湖(Lake Tchad)畔的土人。

水上的轉運也是這樣。在美洲便有加利福尼亞的「把爾沙」筏(balsa)，東部與西部的各不相同的兩種樹皮艇，村居的印第安人的牛皮艇，西北部的大獨木艇(dugouts)。挨斯基摩人的豹皮艇(kayak)和婦女用的艇。在南海(South Sea)區域內則有澳洲的粗製樹皮艇，美拉尼西亞帶木架的獨木艇（這一種帶架艇子只分布於印度尼西亞，別處沒有，）所羅門島(Solomon)的木板砌邊的獨木艇，還有波里尼西亞的巨大精巧的戰鬥用獨木艇。

還有衣服的分布也是同樣。如在非洲，皮和毛所製的衣服幾於徧布全洲只除了中間剛果河流域一大片地及薩哈拉(Sahara)以北的地方等處。樹皮製的衣服則在剛果河流域和馬達加斯加島，棕梠纖維做的衣服則在馬達加斯加島全部及其他一二小地方，有些地方，他們的分布相重疊。又如美洲西部土人衣服的形狀是大體相同的，但較細的差異却很多，各處都有特殊的型式。

以外還有很多的例可以說明原始生活狀况的地理的分布。觀於這種情形，可見物質文化中的單個物件或工業技術能够單獨傳播，和別種文化情狀甚至和別種物件都不相關連。這種單獨的傳播要怎樣解釋呢？

還有一種趨勢很可以看得出，便是物件以及製造和使用那種物件的方法常合爲一起，在一個地域內。例如在北美洲所定的『文化區域』(culture area)顯然是由其物質的特徵而定。

我們如應用『經濟的適應』的原理便可以解釋上述的問題。當一個部落進入新的物質環境，他就用多種的物質文化的事物與程序來適應他。適應的方法是不止一種，不是物質境狀所制定的。但當一種適應的方法成功了後，均衡的卽穩固的局勢成立，這一種適應法便不易搖動。人們對於物質文化便生了一種厭嫌變動或改良的態度，不論那些變動是內生的或外來的。還有一層，這種適應的方法常趨於向外流傳，方向是沿比較相同的環境去。但除了比較相同的區域以外便不再擴充，只有其中的單獨的事物自自由由的再向外傳播去。

第四章　取火法

火與原始人類——現在世界上的民族未曾見有不曉得用火的，而據我們現在所能知道的最遠古的人類也已經有了用火的痕跡。但在初時人類必定有無火的時代，在那時候人類不但不曉得生火，並且不曉得利用自發的火。

人類的認識火並知曉他的作用，必定是由於自然發生的火。自然物有時也會生起火來，例如由火山口噴出來的鎔岩液飛墜於近處的樹木上，而使之燃燒起來，又如有的地方夏天亢旱的時候樹木枯燥自相摩擦，也會生火，而雷電轟擊樹木也是生火的一個原因。這種自然發生的火當然會引起原始人類的注意，而使之驚愕駭懼。他們或者以火爲一種饑餓的怪物，伸出紅色的舌尖，舐他所要吞食的東西，他們或者還崇拜他而把『食料』供奉他，其後人類漸漸認識火的用處，他們由火而覺溫暖，由火而免去夜間的恐怖，於是他們便很珍視火，時時供給他燃料使他長在，如因不小心而致火熄，則以爲大不幸。現在世界上還有些民族，很罕的自己生火，只把火長燃着。如北澳洲的土人，有的自己火熄了，便跑到別部落去乞火，有的則在遷移的時候把燃着的火都帶了走。在原始民族火也是一種贈品，可以表示歡迎之意。塔斯馬尼亞的土人初見歐人上陸時曾燃火把以迎接他們。

火對於人類的用處非常的多。我們只要試想無火的時候人類有怎樣的苦處。他們只能生吃不能熟食，沒有法子弄倒大樹，沒有法子把獨木鑿成小舟，冷天不能禦寒，黑夜裏無法抵抗咆哮的猛獸與作祟的精靈。有了火以後，種種的不便都解決了。有人說火的最大的用處是在祛除野獸與精靈，據說澳洲土人以爲黑暗的夜間最爲可怕，如不燃火，精靈們便要圍攏來，因此他們住屋的前面和裏邊都要通宵燃着火。

發火的方法——原始人類曉得看管自發的火以後，便逐漸發明生火的方法。生火的方法在現在的文明人所用的化學方法以前，有二種方法：

(一)摩擦法 (by friction)

(二)撞擊法 (by percussion)

現在的蠻人所用的還是這兩法。這兩法中有人說是摩擦法先發明。摩擦法便是把兩塊木材互相摩擦，使他發熱而生火。美國華盛頓曾有一位浩瓦爾特氏 (Walter Hough) 實驗摩擦生火。竟練成很嫻熟的工夫，各民族所用的摩擦法也有精粗的差異。其間可以看出進步的次序。有一種極簡單的方法行於波里尼西亞羣島中，別處不曾見。其方法是備一根小木棒，約十八吋長，一端削成略尖，又備另一塊較大的木頭，上開一凹溝放在地上，然後將木棒的尖端放在另一塊木頭溝內，兩手拿木棒急速的來回摩擦，不久便生了充足的熱，發出火星，而火便燃成了。和上述的方法差不多的還有一種鋸擦生火的方法 (sawing) 行於昔時的暹羅人中，其法是將一根竹刻一個缺，又將另一根竹削成與那個缺相合的形狀，然後將後一根摩擦前一根的缺上，來來往往的鋸，鋸到熱了便生出火來。更進一步的是鑽木的方法 (drilling) 流行更廣，如澳洲，塔斯馬尼亞，蘇門答臘，堪察加，印度，非洲西部及南部，加那里羣島的關斯人 (Guanches)，挨斯基摩人，南北美印第安人，古墨西哥土人等都有這法，我國傳說也說燧人氏教民鑽木取火。其法例如澳洲土人取二塊乾燥的木材，其一做木鑽，約八九吋長，又其一做平板，兩掌夾住木鑽。將尖端抵住平板，自上而下很急速的旋轉起來，兩掌落到下面又再移到上面，重新旋下，以增加壓力，這樣

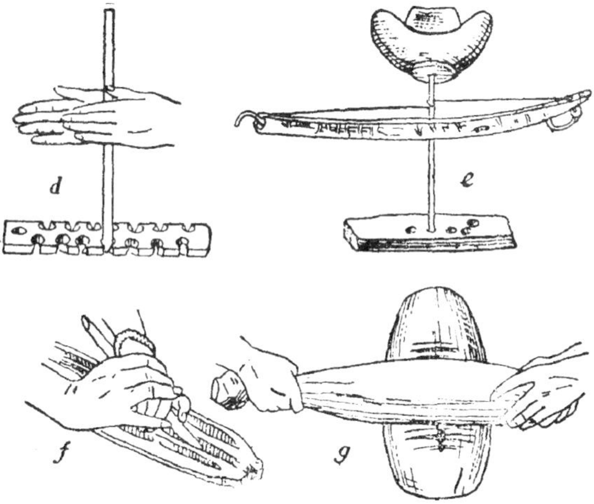

取火器四種

d 手　鑽（非洲）　*e* 弓　鑽（挨斯基摩）

f 摩擦器（海洋洲）　*g* 鋸擦器（澳洲）

（出自 British Museum - Hand-book to Ethnographical）

反覆做去，不上二分鐘，便生出火來。有些地方的民族，把上述的方法加以改良，因為用上述的方法常致手生水泡，便改用一條帶子纏在木鑽上，兩手各執帶子的一端，把帶子左拖一回，右拖一回，使木鑽隨之旋轉，另一個人則拿一塊木頭壓在木鑽上，以免木鑽歪斜。這種方法能夠轉得更快更勻正，曾行於玻羅門人挨斯基摩人阿留特島人中（Aleutians）。但這法須用兩個人合作，還不方便，有些挨斯基摩人便再進一步，祇用一塊木做的東西，用齒嚙着，抵住木鑽的上頭，便代了另一個人的職務，但這法震動牙床和頭腦太利害了，所以還不很好。別的挨斯基摩人更進步了，他們不再用兩手拿帶子，卻把帶子縛在硬弓的兩端，一手拿住弓的一端，便可以很急速地旋動木鑽，另一手則拿一塊木頭壓住木鑽的上端，用這法便不怕掌上生泡和牙根震動了。這便是所謂發火弓。摩擦的方法發展最高是的

「唧筒鑽」(pump-drill) 行於北美伊羅葛印第安人中。做法是將木鑽通過一塊有孔的狹長形木板，把帶子的兩端縛在木板的兩端，中間則縛在木鑽的上頭。於是把木鑽轉動，則帶子便纏繞其上，把木板壓下則帶子漸漸鬆脫，而木鑽又再隨之旋轉，帶子鬆脫完了，木鑽旋轉不卽停，又把帶子纏繞上去。像這樣旋轉不息，生火自然更快。爲要使木鑽的旋轉更加均勻，也有附加一塊厚木盤於木鑽的下部以增加重量的。

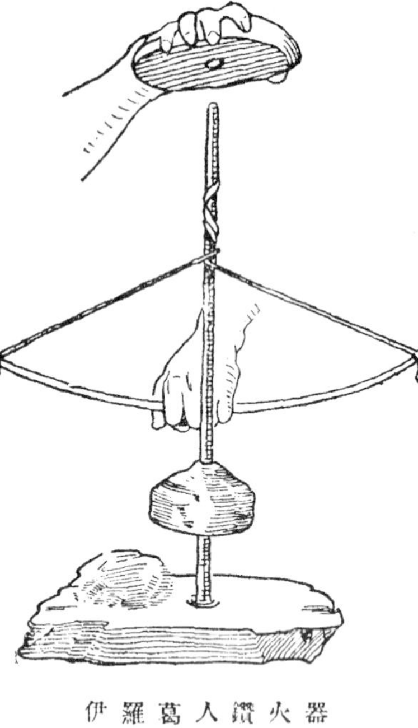

伊羅葛人鑽火器
(由 Marshall, L.C.—Story of Human Progress)

生火的第二種方法是撞擊法。菲基人用燧石和硫化礦石 (pyrites) 相擊以生火。硫化礦石並曾用於許多北美印第安人及古希臘人中。"pyrites" 一字便是源於希臘文的，其意爲火石。後來有了鋼方用鋼與燧石相擊。這法通行於很多民族中，文明民族前此不久也還用他。

第五章　飲食

人類最初的需要便是食衣住，而三者之中尤以食物爲第一，因爲人類也像動物或植物一樣，不進食便不能維持生命，不但如此，食物還能影響於個人的性情品行，團體的幸福，種族的繁殖等。

食物的種類——地上的生物大至象鯨，小至人類頭髮裏的寄生蟲，都無不爲原始民族拿來吞吃。除了正當的食物如鳥獸魚貝穀物果菜等以外，文明民族所厭惡的東西，在原始民族也常把他當做珍味。澳洲土人的美味是一種由膠樹內捉出的蠐螬，長自三至六吋，厚約半吋。塔斯馬尼亞人喜吃毛蟲，安達曼島人則喜嚼一種甲蟲的幼蟲。蝗蟲在非洲及南美是很普通的食物。澳洲土人則連一種大蠅都拿來吃，據說『婦女們把這種東西捉在手裏，摘去他的翅和脚，然後把他送在口裏活吞下去』。安達曼島人也喜吃甲蟲，常捉集許多頭用樹葉包起來慢慢的吃。堯族人（Yaos）把白蟻烤炙來吃，說是像咖啡一樣。馬來半島土人吃鼠，蛇，猴，鱷魚等物。非洲布須曼人民的食物單有蟻，蝗，毛蟲，蟒蛇，蜥蜴等。英屬中非洲的土人喜吃牛羊胃內半消化的草。挨斯基摩人也喜歡吃馴鹿胃內的東西，他們又把血液煮滾了，當做極珍美的菜湯，有時把胃內半消化的穀物和血拌煮。英屬新幾內亞土人嗜狗肉，無論死的活的都拿來吃。在原始民族觀之，沒有一種動物是太腌臢或有毒而不可食的。植物也是這樣，適於爲食物的植物在原始民族不能常得，便連草根樹皮等都拿來充飢，北美土人常吃松樹樅樹的內層皮。馬來半島的沙蓋人（Sakai）和矮黑人（negrito）吃多種有毒的植物根和球塊，能設法消滅其毒性。泥土也是原始民族的食物。自澳洲以至美洲，很多處人都有吃土的風俗。吃土大約是由於其中有鹽質。

飲食的方法——其初人類的飲食的方法自然是生吃，便是有火以後有時也還是生吃，植物不必說，便是動物也可以生吃下去。他們捕獲了動物，小的如昆蟲等物便整個吞下，大的如野獸則剖腹分屍，一塊一塊血淋淋的塞在口裏大嚼。如挨斯基摩人的名字原意便是『吃生肉者』。人類曉得熟食以後自然好得多了，不但食物較爲可口，消化器官的精力也可以節省許多。

原始的熟食的方法有二種：一是烘燒（roasting）二是烹煮（boiling）。最先發生的方法自然是烘燒。把肉類放在火內燒，或埋在熱灰內烘的方法，是很普通的。塔斯馬尼亞人把整個袋鼠或老鼠等放在燃着的火爐上，毛燒去了，便拖出來用石刀把他剖割整理，再放在火內直燒到熟，那些灰便當做鹽。澳洲土人更聰明，把鴨子全身敷了泥土，然後在火內燒，燒夠了便把變成堅硬的泥殼敲破，連鴨毛一起剝起來棄掉，裏面的肉卻正好吃。塔希提人（Tahitians）還有更妙的法子，他們先在地上開一小穴，把石頭鋪穴底，然後在穴內燒火，石頭燒熱了，便把灰燼都取出來，鋪些椰子葉在石頭上，將樹葉包裹要燒的肉安置石頭上，然後蓋以熱灰及熱石頭，最上面再蓋以土；這樣烘熟的肉據說味道很可口。

用水烹煮食物的方法是較遲的發明，南美火國人和非洲布須曼人據說不久以前還不曉得這法。但這法的發明卻還在陶器之前，最早的烹煮器大都是獸皮樹皮或木製的，北美印第安人有一種亞辛那奔族（Assinaboins）其意爲『石烹者』（stone boilers），這名便是由他們烹煮食物的方法而得。他們宰了一頭牛，便在地面上挖一個窩，把牛皮舖於上面，使他凹下可承水，然後入水其中，並置牛肉於內；另外在旁邊生一個烈火將一塊一塊的石頭燒得滾熱，然後投入水內，到了水沸肉熟爲止。這種石烹的方法也很通行於別族中。

食物保存法——人類初時的生活是盛宴與饑餓相遞換的。他獵獲了動物以後，大家都攏來生吞活剝，儘量飽吃，裝得滿肚，吃夠了覺得脹悶，便躺下任他消化，消化完了又再起來吃，直到食物完了方纔離開。像這樣享了一次的盛宴以後，須能夠繼續獲得食物，否則便要挨餓。他們不曉得，並且也沒有方法儲藏一次吃不盡的食物，以供後來的需要。

保存食物的方法後來逐漸發明，現在原始民族也多有曉得的。在北極地方的挨斯基摩人把肉懸起來使他凝凍。在熱帶地方的土人則常把肉切成一條一條，放在烈日下晒，晒乾了變成極堅硬不易嚼，但南美洲和南非洲的土人都很喜歡他。新西蘭島人常晒海扇和龍蝦，他們先用石塊把他搾扁，然後放日頭下曬，或給風吹乾，瓜求土族印第安人（Kuakiuth Indians）的保存魚蛤烏賊也用這法。燻乾的方法也是很普通的，在新南威蘭士土人所捕食的蛾類常燻乾以保藏他。伊羅葛人把魚和肉都燻乾，將樹皮包成一束一束，懸掛起來，或埋在近火爐的地下。原始民族保存食品的方法以製造乾牛肉餅（pemmican）爲最巧妙，這是北美產牛區域的印第安人所發明的；他們先用石槌把乾牛肉搗碎，包起來，外面再淋以熱油，可以保存很久。

食人俗（cannibalism）——如上所述原始人類的求食眞是兇得很，『上窮碧落下及黃泉，』所有動植礦物甚至至微極穢的都無不拿來嘗嘗他的味道，他們食物的範圍是這樣無限制的，所以他們同類之中也難免相食起來。食人的風俗現在還存於這個世界的一小部分，至於過去則曾廣佈於許多地方，後來才逐漸消滅。這種風俗固然極爲可怖，但若試探他的原因卻也離奇有趣，略述如下：

（一）需要：人類在饑荒或戰爭時逼於需要而食人肉，這是勢所必至的事情，號稱文明的民族也還有這樣的。如撒克遜人在三十年戰爭之末，曾變成食人者（cannibals）；又如在西西里的墨西拿（Messina）之圍，俘虜曾被殺食並發賣，其價視種族而異。現在的原始民族如非支（Fiji）島人，新喀利多尼亞（New Caledonia）人，新西蘭人，非洲的加非爾人（Kaffirs），澳洲人，南美火國人（Tierra Del Fuego），北美伊羅葛印第安人，哀斯基摩人等有需要時便食人肉。

（二）饕餮：人類逼於需要而食同類的肉，這是何等不幸的事，但也有其他食人的民族他們並不是逼於需要而出此。他們的食人卻是專爲貪嘗人肉的滋味。如非洲的沮魯人（Zulu）潞人（Fans）龐龐人（Niamniams）夏威夷人新西蘭人等都是這樣。在一二〇〇年埃及大饑，發生食人的事。人民爭出獵「人」，特別喜歡獵小孩，以爲烘炙的小孩肉特別好呢。這種風俗鬧到極爲猖獗，於是政府便制定嚴酷的法律極力禁遏，犯者加以焚斃的慘刑，但還是不能使人民懼怕，而犯者焚斃了以後其屍身也隨即被人搶去煮吃。古時墨西哥的亞茲得人（Aztecs）每把所要吃的人先養肥了，然後宰吃，他們出戰的目的常有單爲擒俘虜來做食物的。這種嗜吃人肉的風俗不久以前尚行於波里尼西亞全部，南美洲的一部，北美洲的西北海岸諸地。

（三）殺敵：在野蠻人中殺吃敵人的事並不爲奇，這事有兩種觀念，一是簡單的復仇，一是希望獲得敵人的精氣。第二種的觀念許多民族都有，例如北美洲的胡龍人（Hurons）如見所殺的敵人很勇敢，便把他的心取來烘烤，割成小塊給男的兒童及青年吃，以爲可以獲得死者的勇氣。許多非洲的部落和南海羣島（South Islands）的土人也是因爲這種動機而食人。

（四）宗教的行爲：新西蘭的毛利人（Maoris）把殺死的人烹煮了，祭他們的神然後自食。瑪盃撒羣島的土人（Marquesus）先將所要殺的人絞死以免出血，然後挖心生吃，眼睛給戰士吃，其餘的屍體用葉包起來放在波里尼西亞式的鍋中煮。脚手和肋骨呈給酋長吃，臀部和好塊則保留給高等僧侶，以前塔希提（Tahiti）僧侶每次殺人祭神必先將死人眼睛呈獻酋長，酋長辭卻再呈獻於神，他們以爲神最喜歡吃人肉。人類所奉的神常以自己爲標準而想像出來，塔希提人以爲神嗜吃人肉或者以前的塔希提人曾有過吃人肉的風俗。古時墨西哥的亞茲得人的吃人肉或者和宗教也有關係。

（五）孝道：在蘇門答臘的峇塔人（Battas）是很爲高等的民族，已經有文字及書籍了，不意卻也有食人的風俗，並且可爲兩種特別的好例。其一是爲孝道的食人。他們以隆重的儀式，懇摯的孝心，吃他們的老年父母的肉。這種盛宴的舉行每擇於香櫞繁多而鹽價便宜的時候。在擇定的一天，例應被吃的老人便爬上一株樹，其親人和朋友則麕集其下。大家齊敲樹幹擊節唱輓歌，大意說：「看呀！時候到了，果實熟了，要由樹上掉下來了」，於是老人便由樹上落下來，他的最近的親人便把他宰了，大衆同吃。

（六）法律手續：峇塔人吃人的第二例是爲執行法律的。有數種犯人如姦淫者強盜謀叛者都由人民吃去。犯人縛在柱上，手足展開，像個十字架。行刑號令一下，觀客一擁而前，亂刀齊下把屍體一塊一塊的碎割了去，血肉淋漓的放在可可香櫞和鹽做成的醬內蘸了一下，拿起來大嚼。

上述的這六種動機可用以解釋普通的食人的風俗。這種風俗還有兩種奇怪的特點不可不說一說。其一是食人的民族的文化常比其隣近民族爲高。如上舉的非洲的廉廉人的文化居非洲上等的地位，而他們的食人風俗也最爲可怖。在蘇門答臘食人的不是下等部落而卻是有文字有書籍以及其他高等文化的巴塔族。在美洲有食人風俗的亞玆得及墨西哥中美的數部落也是文化較高等的民族。新西蘭人的文化在波里尼西亞算是優等的，而非支人也翹出於米拉尼西亞之中。這種怪現象有許多民族學者提出說明，但大都不很切，只有一說贊同的人較多，是以爲這些民族從前或者是直接由狩獵時代進入農耕時代，中間不曾經過畜牧時代，所以發生食人肉的要求。第二種特點是食人肉的民族也必食狗肉。在以狩獵爲生的民族，狗是很重要的幫手，自然不願宰吃，若既進入農耕時代則狗的用處也減少了，所以不惜宰來充做食物。由於上述的理由我們或者可以說凡嗜吃狗肉的民族，現在雖無食人的風俗，前此或者有過也未可知。

食人肉的風俗發生了後很不容易消滅，這種兇暴的慾啖有時還會重燃起來，所以現在的野蠻人或文明人中有時還會再演這種慘劇。要想鏟除這種劣根性，不可不注意於人類精神的提高。報紙近載我國某處發生食人肉的風俗。我國近來饑荒洊至，民間思想又極荒唐，正是這種可怖的風俗發現的原因；若非以提高精神鏟除蠻性爲根本解決的辦法，恐怕全國處處都有發生這事的可能，這是何等可怕的事呀！

第六章　衣服

衣服發生的學說——人類何故穿著衣服？對於這個問題的答案或者可以說：由於羞恥之念故把肉體遮蔽起來；這便是『禮貌說』（modesty）我們如要求更進一層的答案，也可說是爲保護身體抵禦氣候的侵略及外敵的攻擊；這便是『護身說』（protection）但我們如再推下去也可答是爲要裝飾外觀以炫耀於衆；這便是『裝飾說』（adornment）。這三說都有人主張過。據常識言之，原始民族衣服雖少，然大都有遮蔽生殖器的東西。拉策耳（Ratzel）也贊成禮貌說，他說各民族中女人穿衣服常多於男子，可以爲這說的證據。羅維（Lowie）則反對這說以爲人類幷沒有一種喜歡遮蓋生殖器的本能，這說根本不能成立。穆勒利耳（Muller－Lyer）也說禮貌的觀念不是穿衣服的原因，而是穿衣服的結果。護身說的理由很明顯，愛爾烏德（C. A. Ellwood）說：

『便是熱帶土人也把獸皮挂在肩上以抵禦日光和大雨，而考古學上最初發見衣服的時候是在舊石器時代亞歇連期(Acheulian Period)之末彼時正當第四冰期要到天氣剛在變冷的時候』。衣服的起源有些地方確是爲護身的緣故，所以這說可作爲一部分的說明。裝飾說的贊成者最多。穆勒利耳說：『穿衣服的最初原因是好裝飾的虛榮心』。羅維說：『裝飾的願望比較其他二種動機的合併還更有力』。由事實觀之，確可證明此說，如霍屯督的女子在股房繫着羊皮條帶多至數百條，笨重幾不能行，赫勒羅（Herero）的女子頭上戴着皮冠，重約二十磅，夏威夷土人的鳥羽外套也是全爲美觀而穿的。由此觀之，以上三說中禮貌說最爲膚淺，護身說與裝飾說可合併以解釋衣服的起源。

衣服的材料——人類一面窮索食物於自然界以充他們的口腹，一面又竭力搜括可以供他們穿戴於身體上的東西。人類的衣料眞是形形色色種類繁多。從動物界取來的有鳥皮，獸皮，魚皮，爬蟲皮，鳥羽，獸毛等，從植物界取來的則如樹葉，果實，花朵，樹皮，纖維等：都拿來設法利用。獸類的皮或者是人類衣服最初的原料，因爲原始人類，大都以狩獵爲生，故易得獸皮，不論是由於裝飾或由於護身，都會引他們利用獸皮爲衣服。在熱帶地方則多有用樹葉或樹皮以爲衣服的，如現在非洲土人還有只曉得把樹皮搗軟做衣服穿，而此外沒有別種衣料的。波里尼西亞土人有一種叫做『達巴』（Tapa）的衣服，是由一種樹皮製成，製法也是把他搗薄，然後加以彩色的印紋。歐洲新石器時代人也曾用樹皮做衣服。以樹葉爲衣服的也常見於原始民族中，如印度有一種人叫做『穿樹葉者』

(Leaf Wearer)。人類能夠編筐籃以後，各種植物纖維也被利用以編織為衣料。在歐洲新石器時代早期便曉得利用麻了。此外還有幾種奇怪的衣料，如哀斯基摩人將梟鳥的帶羽的皮做成美麗的衣服，而蝦夷人則有魚皮所做的衣服，亞留特人（Aleuts）則用海狗的腸做成不透水的短衣。觀此可以曉得原始民族衣服的奇怪，并可推想他們尋求衣服的苦心。

鳥羽常為人類所珍愛。南美洲的野人喜歡插一枝艷色的鳥羽於鼻上或頰上，而文明民族的婦女也喜歡戴一簇或一枝鳥羽於帽上。可見人類心理的相同。鳥羽也有做成全件衣服的。如舊時夏威夷島人善能用紅黃二色的鳥羽製成頭盔及外套。南美洲的印第安人也有鳥羽做成的帷裙頭巾等物。古秘魯人也有這種技能。

衣服的派別——有人把衣服分為二類，一是北方式，一是南方式。北方式多半是由於保護身體的目的而發生，例如北歐民族所穿的便是。這一種衣服便是束身的短衣和緊貼的褲子或裙子，這種衣服的發生或者是由於古時纏皮於身上的風俗所變成。南方式的衣服是寬博的，包含兩部分而成，一是廣袖寬身的短衣，一是闊的褲子或裙子。這種衣服曾見於古埃及人希臘人羅馬人中國人日本人波斯人中。這種衣服或者是由於裝飾用的頸帶和腰帶所變成。推想其故或者當人類有了布以後便漸漸改用布的衣服，其式樣則直接受前此皮服的影響。在歐洲中古時代兩式的衣服曾競爭了一次。當北方蠻人攻進南方的羅馬帝國後，那時的南方人民本來完全穿着南方式的衣服，但其中的平民們因為便於操作的緣故便採取了北方式，只有婦女和僧侶們仍舊保存舊時南方式的衣服直至於今日。

第七章　原始的住所

住所的種類——在很多地方，自然界已經爲人類預備了住所，例如南非洲的布須曼人便住在天然的石洞內。洞穴自來便是人類適宜的住所。在法國史前時代有無數洞穴爲人類所居住，現在只將洞口的堆積物打開便可以窺見史前人類的生活狀況，像這樣的洞穴已經發現不少了。

現在挨斯基摩人的坑屋（gallery huts）很像史前人類的洞穴。這種坑屋原料是土石或冰雪的堅塊。其中必有一條很低很難通行的隧道，直透一個較大的房間，這種屋子雖不算好，卻很與環境相合。

自然界並不永遠供給住所於人類，所以人類大多數有自造的住所。不過有些極爲簡單的；茲分述於下。人爲的屋子似乎發生於歐洲舊石器時代的後期，這是由於遺留的繪畫而推知的。

芽屋有圓形的與方形的二種。方形的茅屋是由遮風的屏障發展而成，圓形的則係模倣洞穴的形狀。

圓形茅屋（circular huts）以非洲土人的爲最好的模範。這種茅屋是用乾草樹枝樹葉及蓆造成，房子或多或少或大或小，或甚粗陋，或則很精緻，可以爲長久的住所，也可以爲一晚的臨時寄宿處。其構造是用細柱爲間

非　洲　土　人　的　茅　屋

(採自 National Geographic Magazine Vol. 47)

架，然後覆以蓆及其他原料。不用時可以拿起來捆載搬移到別地去。霍屯督人的村落便是由這種茅屋合成，其狀如環，把牛圈在裏面。

新幾尼亞島人的樹居

(採自 Buschan—Illustrierte Völkerkunde)

圓頂屋 (dome—shaped huts) 也可算圓形茅屋的一種，以細柱爲間架構成，如北美洲的沙乏人 (Sacs) 和福克斯人 (Foxes) 的冬屋便是這樣。其法將細柱子用繩或皮條縛住，外覆以蓆。

方形茅屋則以北美伊羅葛印第安人的爲最有名。這種屋也是先以柱爲間架然後蓋以樹皮，形長方有垂直的牆壁，兩頭都有門，屋內分成小房屋，內住很多人，但都是同血統的。

天幕 (tents) 也是原始民族的巧妙的屋子。是游獵或游牧民族所發明的。在美國的平原印第安人 (Plains Indians) 很多用天幕，其構造法是用柱子支成圓錐形的骨架，其上覆以縫好的皮。上面開一個孔以通烟，又附以烟囱蓋，可以隨風向移轉。全個天幕可以在幾分鐘內拆散捆縛給狗及驢搬運到別地方去。用皮及氈做成的天幕也通用於亞洲北部的游牧民族，不過形式與印第安人的不同就是了。

印第安人夜間的天幕

(採自 National Geographic Magazine Vol. 47)

最簡單的茅屋有極低的，使人不能直立，於是便有兩種方法來改良他，一是提高屋蓋，一是深掘地面。在史谷坦(Shikotan)的土人便用後一法。他們把地面掘成一坑，然後在其周圍造牆，並在其上面加一個屋蓋。這似乎是古代「坑居人」(pit－dwellers)的遺俗。如日本的土蜘蛛族也很像這樣。日本的倭奴民族還有增加屋高的一種方法，便是先造屋蓋然後將他舉起放在柱上，其下用牆把他低住。

湖居屋 (lake－dwelling) 也是一種奇異的住所。在史前時代瑞士的居民建造村落於湖上，其下用木樁插水中爲基礎。這種人便叫做「湖居人」(lake－dwellers)。他們自新石器時代經過銅器時代直至鐵器時代

瑞士史前人的湖居屋

此係模型在美國自然史博物館內

(採自 Eichler - Customs of Mankind)

的初期還存在。其村落常很大一個，遺址常有千萬根木樁。其木樁或深插湖底，或用土石架住，木樁之上先鋪以地板，然後建築屋子。將木柱植立用樹的枝條橫編柱上，並塗以很厚的泥土，屋蓋用草葺成。關於其外形頗多爭論，或說是圓的，或說是方的，然大抵以長方的爲近似。湖居不是全屬于過去的事情，現在有些地方還有。在委內瑞拉及新幾尼亞都有造於水上的鄉鎮，菲律賓摩洛人（Moro）的屋子也建於水上，

原始人的屋有造在樹上的便是所謂『樹屋』(Tree huts)。在馬來半島便有這種樹屋。其屋離地約自三十至五十呎，築於大樹的低枝上。樹幹上斫成許多缺，人由此攀爬上下。但也有用梯的，人不在時便收藏起來。其屋形狀像蜂窩一樣。作法係將樹的小枝條縛連末端，然後拗曲，中間空虛能容人。屋的高約四至六呎。入口是一個小孔，很不容易進出。這種樹屋的發生是因爲他較平地的屋爲平安。有樹屋的地方大都是猛獸猖獗的危地，所以土人們不得不避居樹上。

新幾尼亞人的湖居

(採自 V rneau—Les Origines de L'humanitl)

現在離開茅屋，轉論正式的屋宇，便是有石或磚造成的牆的。石牆的起源也很古遠，很多低等民族也有這種建築，石牆的原料或選用天然的石塊，大抵是平的，或用人工擊成適用的形狀。其積科時或為乾壘，不加粘濕之物；或則用泥土或水泥鋪塞，以增加牢固的程度。石少的地方水泥便多用，所以有的牆是用水泥土混和砂石造成的。墨西哥古代的建築便是這樣。在埃及和美國西南部則有很好的細砂泥，是建築的最好原料。如科羅拉多（Colorado），新墨西哥，亞利遜那（Arizona），南加利福尼亞平民的屋子都是用日曬磚造成的，在這樣乾燥的地方日曬磚所造的牆很能經得數年之久。

關於住所的慣習——關於原始民族的住所問題有一事很為有趣，那便是一家的人都各有一定的地位而不混佔。印第安人的風俗凡進入人家的屋，不得隨便坐立；每個男女甚至小孩都有其行立坐臥的特殊地位，客人也不得隨便亂坐。這種風俗的發生大約是由於房屋太小的緣故。

現在大都市的文明人漸有依季候而移居的趨勢，凡財力充裕的都備了二種房屋，一供冬天禦寒，一供夏季避暑。但這種風俗卻不是高等文明的特徵。堪察加的印第安人也有冬夏二種屋子，互相毗連，但結構卻絕不相同，一種是半在地下，一種則幾於在天空。剎克人（Sacs）與福克斯人（Foxes）夏天住在長方形的大屋，上覆以樹皮，兩端開窗。有高高的屋蓋，有地板可倒臥，離地很遠。在冬天則住在蓋蓆的圓頂的，只有一個窗的小屋，大家擁擠在一塊。

人類住所受自然環境的影響最爲明顯。古迦堤人的房屋是用木塊與樹枝構成，然後塗以泥土的，亞述人則用石頭造成。這是因爲迦堤人住在低濕的澤地而亞述人則住在多石的地方。美國西南部很少木材，但卻有很好的泥土和乾燥的天氣，所以曬乾的磚便爲主要的材料。在格陵蘭的坑屋是土石造成的，因爲木少，在其西方的挨斯基摩人則更以雪塊爲造屋的材料。簡言之，住所的材料形式與性質都受自然環境的影響。

由於人類的造屋也可看出模做的勢力。挨斯基摩人的坑屋或者是受古代穴居的影響，古埃及人的石柱原是模倣在濕地建屋時用蘆葦等物支屋的樣子。

第八章　狩獵

狩獵的發生——狩獵是人類最古的職業，舊石器時代麥達稜尼安期穴居人的箭鏃和杈頭可以證明那時候的人便是狩獵民族。原始人類的食物很多出自動物界，但人類的搏鬬能力卻比不上許多別的動物，腿力的迅速，膂力的強大，爪牙的銳利都不及他們。以這樣弱小的身體卻很早便須和比他們爲優的毒蟲猛獸爭勝，豈不危險。他們又不像我們現在的人類自覺在別方面較別動物爲優，反之，他們對於別種動物的觀念只有畏懼和崇仰。他們只覺得動物較自己爲強大或狡猾。他們是逼不得已而與動物爭鬬的，不意後來竟漸漸制勝了他們。到現在

是非洲的矮民族都能用強弓毒箭射擊巨象，而挨斯基摩人也能很勇敢的攻襲海馬與巨熊。其初人類自然是以

石器時代尼安達他耳人

(Neanduthal Man)

(採自 Chapin—Introduction to the Study of Social Evolution)

空拳赤足和動物肉搏，或者在鬬時隨手拾起樹枝石頭打去，這便是最初的武器了。後來他們一面思索，一面實驗，

石器時代人鬥獸

(Chapin—Intro. to Social Evolution)

逐漸改良他們的兵器，最後則極低等的民族都有了很充足的武備來和猛獸抗衡。他們實在把狩獵的技術發展得太完備了，所以剩了很少的缺點給後來的人類改進。所以狩獵實可以稱爲原始民族的技術。

研究野蠻人的狩獵生活可以幫助我們曉得人類是怎樣的適應其環境。野蠻人在現在文明的世界中怎麼還能保留其土地維持其生存，這似乎是一個疑問，但如一探他們的環境便可解答這個問題。因爲世界上有些地方，在文明人不適於居住的，在野蠻人卻當做樂土而不覺得可厭。例如挨斯基摩人的居住於格陵蘭，他們的住所，衣服，舟楫，兵器，行爲，思想等等，概括言之便是全個生活，完全與這個冰天雪地的環境相合。野蠻人事事物物都適合於他們的環境，所以便不以爲苦而反以爲樂，要叫他們遷居文明的地方，他們也未必能適意呢。

狩獵的方法——原始的狩獵方法有四種。（1）煅煉自己的感官與身手，（2）使用兵器和獵具，（3）利用助獵的家畜，（4）了解動物的性質與習慣。

旅行家們常說原始民族的狩獵技能極爲靈敏。他們能認識其地每種動物的足跡叫聲和習慣。他們能夠以迅雷不及掩耳的手段襲擊動物使他們逃遁不及。他們能夠寂無聲息，偷偷走近動物身邊，很容易的把他捉住。他們能夠由樹上的爪迹而追尋到動物的所在，他們能夠潛行水中，頭上頂了些草，泅近鴨羣，從水中一隻一隻的拖下去，絕不驚覺其餘的鴨。這種方法有很多處蠻族都曉的，古墨西哥人常把大葫蘆放在水上，任他飄來飄去，使野鴨見慣而不怕，以後要捉野鴨時便把葫蘆剖開，頂在頭上泅近野鴨。埃及人亞茲得人（Aztecs）也曉得這法。

石器時代穴居人攻穴熊

(採自 Eichler—Customs of Mankind)

利用動物爲倀以誘其同類的方法也很常用。如暹羅土人的捕鳥機上常並置一隻被獲的鳥以誘引其類。毛利人藏身於密葉之中手執一隻鸚鵡利用他的鳴聲以誘集羣鳥。薩滿伊人(Samoyed)則用牝的長角鹿以誘引雄的，有人說長角鹿的馴養，最初是由於爲倀的效用。爲倀的動物尙有鴨，天鵝，鹿，野牛，象等。類此的方法還有利用動物的引導而獲得其巢穴的。如澳洲人將毛羽粘於蜜蜂身上，縱使

西非洲土人射鳥

(採自 Klaatsch—Werdegang der Menschheit)

安達曼島人(Andamanese)射魚

(採自 Elliot—Romance of Savage Life)

石器時代穴居獵人及其家族

(Charles R. Knight 所繪)

飛去，然後跟他到蜂窩以取他的蜜；布須曼人拔去「蜜鳥」(honey bird) 的尾羽然後跟尋他的巢窩。由驅趕 (drive) 的方法常可以獲得大羣動物；其法是誘引野獸到一個特設的圍場內使他能進不能出，如拉伯人之獵鹿，北美土人之獵水牛，都用這法。誘引還有穿了野獸的皮裝做他們的同類的，有用火嚇他們的，還有埋伏於最後地點以殺傷他們的。

原始人的狩獵器具很是不少。末端彎曲的樹枝 (curved stick) 是下等民族最通行的兵器，古代人類也有這種物，或者這便是最早的兵器，古埃及人曾用此以打鳥，現在美國西南部的印第安人也用此以打野兔，印度也有，澳洲土人也用此以打鳥獸，並鉤出岩石隙內的蜥蜴。野蠻人能夠使用各種樹枝，不論是銳的，鈍的，輕的，重的，手握的，或投擲的。野蠻人又會使用石頭：圓的，尖的，獨用的，接柄的，都能運用如意。他們又再進一步而發明陷阱，陷機等物。網不但廣用以撈魚，並且用以捕鳥。古代地中海邊民族常使用他。在非洲的烏干達 (Uganda) 和葡屬西非洲兩處土人能以餌誘飛鳥使落地啄食，然後撒網捕他。澳洲土人則能由一道溪澗的兩邊樹上張網以捕獲鴿子鴨子及其他水禽。西伯利亞土人並且用網以捕小獸。陷阱(pit-falls)少見於新大陸，但卻通用於舊大陸。其法大都是開挖一坑，上蓋草木橫於野獸所必經的路上。還有置餌於陷阱內以誘野獸的，常見之於亞洲東南部和非洲。獵機(traps)有很多種，例如暗弩(cross-bow)包括木塊弓箭，和十字形的滑機而成，常見於蝦夷人和西伯利亞土人中。陷機(dead—fall)是最廣用的獵機，其構造是用活門木頭或其他重物將動物打入機內，使他受傷或致死。還有圈套(snare)也是傳佈很廣的，大部用於小動物。飛繩(lasso)是獵人當場明用的武器，能夠套捉野獸，拉伯人印第安人都能使用他。

原人攻猛獁

(採自 Elliot—Romance of Savage Life)

助獵的動物最常用者為鷹及狗，此外尚有雪貂鸕鶿豹及獅。豹及獅曾為古希伯來人及巴比侖人所用，豹又曾被用於古波斯人。

狩獵民族的例——蝦夷民族(Ainu)極愛行獵，他們有很多巧妙的獵機。例如暗箭是獵鹿和熊的利器。其法用繩一條一頭縛於柱上或樹上橫於野獸所必經的路另一頭則縛連一個發機物扣住了硬弓利箭野獸們一牽動了繩子便鬆脫了發機物，放出暗箭正中在野獸身上。他們還有像捕鼠機的一種獵具，是一個長箱上有活蓋用緊張的弓撐開箱內放餌；野獸要吃餌時必須將半身探入箱內，而後半身反在上面，餌一被觸，便鬆脫了弓弦，箱蓋立刻壓下，將野獸關起來了。蝦夷人的獵熊很有趣味。參加獵熊的

馬來半島土人的獵象
(採自 Elliot—Romance of Savage Life)

人數很多，帶有半宗教的性質。在出發以前例須由老輩舉一個聚會以祈神幫助。他們請求山神指引正確的獸蹤，水神保佑他們平安渡過水流，泉神供給他們飲料，火神幫助他們烹煮食物烘乾衣服保護身體等等。他們在途中每停一處也必求該地方的神靈保佑。在初春的時候大雪凝固可以行走，獵人們便帶了獵狗出發熊的穴口，因爲雪稍變色，並有呼吸的氣，可以辨認得出。熊穴發見了後，便先行祈禱，

南美海岸土人之狩獵

(採自 Elliot - Romance of Savage Life)

清去積雪，拿長桿刺進穴內。獵狗們也曉得撩撥熊要激他出來。還有火和煙也一齊用來進攻。最後如熊還不肯出來，獵人便自己進洞去，因爲他們信熊在洞內必不噬人。熊見人來發怒，抓來放在背後，獵人乘機從他背後戳了一刀，熊負痛衝出洞外，外面的獵人急將毒箭一齊向他射去，熊受傷狂怒，咆哮向人，在這個時候最爲危險。後來熊死了，獵人們便坐下。對熊表示敬仰的意。並行額手的禮。然後剝去了皮，割去受毒的地方，剖分餘肉，把熊頭裝飾起來，說句多謝。獵隊回家後便舉行一次大宴會。

挨斯基摩人也精於狩獵。這裏衹舉他們的兩種精巧的獵法。他們將利刀搽了鹿血，豎立在雪上，狼來舐血，便受傷而死。他們又將一條鯨骨約二呎長，捲成一團，用筋肉紮起來，在骨的兩端都縛了一塊金屬片。將這一團物放在一塊肉內，狼見了，吞食下去，筋肉消了鯨骨便挺直刺破狼的胃。

第九章　畜牧

人類食物的供給由不定規的狀況而至於固定有序的情形，是文化進步的一大徵候。狩獵時代食物是不定規的。到了曉得畜牧與農耕生活便穩固得多了。人類一面由看護植物而獲得食料，一面又由照顧動物而增加口福，畜牧與農耕都是起於原始時代，有很多地方畜牧生活較農耕爲早，但由人類全體觀之卻不是一定要經過畜牧時代然後進入農耕時代。歐洲在新石器時代已經能馴畜狗牛猪山羊綿羊等物，其遺骨曾發見了很多。

畜牧發生的原因——畜牧發生的原因很多。各民族未必皆一律。約述如下：

（1）拉則爾（Ratzel）說畜牧是起於豢養稚獸的風俗。梅遜（Mason）也說最初的畜牧不過是豢養幼稚動物，如小狼小羊或小牛等物常被獵人帶回家裏飼養。這種功勞多半是婦女的，因爲男人常須擔任狩獵及其他外務，而看護小獸的慈心也以婦女們較爲豐富。如在夏威夷男人們在外面撈魚，女人們則在家築魚塘畜魚；又如在亞洲南部，波里尼西亞，澳洲，蝦夷人中都可以看出此事。

（2）有時獵人將受傷而未死的野獸帶回家裏，因不急於需食使暫且留養不即宰殺。這種事情在野蠻人中是很常見的。這或者也是畜牧的一種起因。

（3）獵人看見某種野獸有時不卽動手獵捉，卻跟他的蹤迹留爲別日之用。如北美西部平原的土人，有時全村的人都跟野牛移動。跟隨野獸並不就是畜牧，不過由此再進一步便是團統牲畜的游牧生活了。古埃及人似乎也有跟隨野獸的事情。有人說澳洲種犬「丁戈」（Dingo）的進入澳洲，與其說是澳洲人帶他進去，毋寧說是澳洲人跟他。

（4）澤豐斯（Jevons）以爲圖騰制是畜牧的起源，因爲被人所崇拜和保護的動物漸漸和人類狎熟，便成爲馴養的動物了。

(5)葛爾通(Francis Galton)以爲畜牧是源於玩戲或宗教意義，因爲現在還有許多原始民族如此。古時的帝王也常搜求多數動物以爲觀覽游戲之資。葛爾通以爲各種動物都曾經過豢養或且不止一回了，但是還有許多動物終不肯馴，這是由於其性質不合畜養的緣故。

易於馴畜的動物的性質——據葛爾通所列舉的是：(1)生存力堅強不易致死。(2)喜歡親近人類。(3)希望安適，這是很重大的動機，因爲能使他們離開不穩的山野走近人類的住所。(4)有利於人類，這在人類一方面是很重要的，因爲動物長大後失去小時可玩愛的性質，若非有實用，便要被棄而不再畜養了。(5)能隨便繁殖，不因受拘束而有差異。(6)易於看護。

畜牧的效果——(1)畜牧的第一種目的便是充做食物，因爲肉卵及乳都是人類所喜吃的東西。(2)供給衣服器物的材料，如毛羽及皮可做主要衣料，而骨角也有用處。(3)負重載遠也是很重要的效果，如狗馬牛驢駱駝等。(4)供給動力以旋動磨盤等重物。(5)幫助狩獵是最奇異的一種功用，不但狗馬甚至馴象都能盡心替主人捉獲同類，而猛鷙的獅豹和鷹都肯供人類的驅策。(6)家養動物又能夠影響於人類的心理，如使鹿的民族較使狗的民族爲溫和，而畜馬的民族也較富於勇敢的精神。

馴畜動物的限度——動物之中有很早便受馴養的，有至今還不馴的，如馬在古代便成家畜，而班馬則至今還不肯受人類的羈勒。所以人類此後是否還能增加新的家畜像過去一樣，也是一個疑問。有人說這似乎是不能了，因爲本性易馴的野獸都已經馴養完了。德摩忒厄(De Mortillet)巡聖希勒（Geoffrey Saint—Hilaire）的話說「我們欄中所有的畜類，在三百年來不曾增加一種新的。只要把現在所有的家畜列成一單，便曉得給斯納（Gesner）貝倫（Belon）（一五五〇——一五九九年）在十六世紀便能夠列成同樣的單，不少一個名字。」

各種動物馴養的起源——最早被馴養的野獸是狗。現在世界上的狗種類很多，究竟最初被馴養的狗是一種或多種，關於這點頗多爭論。或着最初被馴的狗不止一種，馴狗的也不止一民族，其地也不止一處。據達爾文說狗的祖先有狼族的有豹族的還有已滅種的。養狗的風俗最爲普遍，全世界各民族都有，凡有人類的地方便有這種忠誠的畜類在人的身旁。在冰天雪地的北方他便爲人拖撬，在狩獵的民族中他能幫助獵獸，在墨西哥的阿兹得人（Aztecs）則養得肥胖充做食物。在美洲未發見時便有狗，挨斯基摩人，北美印第安人，墨西哥人，西印度人，南美洲人都用狗獵獸。航海家初發見波里利西亞諸島時便見有狗，在新西蘭狗幾乎是唯一的哺乳動物。在最原始的澳洲，其人民文化極低，但也已經有土產的狗。

別種動物的馴養似乎都是婦女的功勞，惟於狗是男子所馴養的，男人出獵時或者常有野狗跟在後面因爲他們也是獵食動物的肉食類。禽獸被獵人打傷時野狗追上要吃。獵人把他趕開，將所要的物拾起來，不要的則給狗吃。久之獵人與野狗便漸狎熟而發生感情，願意互相幫助。野狗之中有特別勇敢靈敏喜歡近人的，便常於夜間跑近人的住所。最後則馴熟無猜，遂與人類同住一處而不再向四處亂跑因而成爲家畜了。考古學上也證明狗是最先馴養的畜類。丹麥的「食餘遺址」(kitchen—middens) 曾有狗骨及其他動物的骨，據專家的考察，別種動物都是野生捕獲的，只有狗是馴養的，因爲別種動物的骨小的都不見了，大的則有被狗嚼嚙的痕迹。

關於馬的馴養有很多人研究，在法國幾千年前馬曾充爲人類的食物。法國索留特累遺址 (Solutre) 中馬骨堆積甚多，表明馬是主要的食物。但據摩忒厄氏 (Mortillet) 的考究，那時的馬還不是家畜而是野生捕獲的。在古埃及則考究所及的時代便已有用馬的事，在中國也很早就畜馬，大約馬的馴養始於亞洲西部，其後漸向東西傳播。

黃牛和水牛在原始的生業上都很重要。南非洲土人畜牛甚多。印度托達人 (Toda) 的生活幾於全靠他們的水牛，他們並不食牛的肉，但牛乳卻爲大宗食料。阿富汗的卡斐人 (Koffirs) 也以牧牛爲業，牧牛的人能夠用言語和叫號管束他們，要使他們前行停立搾乳等事都有其特殊叫號，牛都能應聲從命。古埃及人極重視牛，且視之爲神。

冰鹿的馴畜不甚久，在新石器時代還沒有，但最少在一千五百年前已經馴養過了。自拉伯蘭 (Lapland) 至堪察加亘於亞洲北部有很多馴養的冰鹿。冰鹿除在冰天雪地上拖橇以外，還供給畜他的民族以皮肉筋等物。冰鹿也與宗教儀式有關係，有祭日便殺以爲犧牲。有人說冰鹿的橇發生於狗橇之後，是用以代狗橇的。

貓被人類畜養後，到現在野性還未全馴，或者最初的畜養是始於古埃及。在埃及的紀念物及木乃伊上都有貓的圖形。猪也很早便被馴養，其初的種類不一，歐洲種較大，亞洲種較小。猪羊在原始生活中居較不重要的位置。驢在埃及很早便被畜用，此外在巴勒斯坦，希臘，意大利等地古時便都有了。象和駱駝不是最原始民族所養的動物。猴在蘇門答臘被養以服役，能上樹代人摘果。

第十章　種植

種植發生的時地——種植的發生是人類生活的一個大轉機，因爲這是人類制服自然的好方法。但種植不是容易懂得的。澳洲土人大多還不曉得種植，自然界給他們的一點兒貧薄的食物，他們儘有儘吃，不肯留待別日，吃了便跑去別處。布須曼人及霍屯督人也不知道種植，他們只能用附加石環的一種掘挖器掘起植物的根，並不曉得栽種種子令他發生新的根。

種植的發生遠在史前時代。在法國的後期舊石器時代洞穴中所留圖畫中據說有表現穀穗的，但農業的存在，在新石器時代以前尚未有確證。到了銅器時代農業很發達了，特別以瑞士湖居人爲盛，在此遺址中曾發見三種的麥。在黃河流域，底格里斯（Tigris）幼發拉的（Euphrates）兩河流域，和尼羅河流域，自有記載以來便已入農業時代。農業大約在紀元前一萬年發生於埃及和美索不達迷亞(Mesopotamia),由此西傳至地中海沿岸,東行至印度中國。印度農業起於紀元前九千年前,中國尙未能定,日本係由中國傳去。在紀元前一千年前大洋洲或尙未有農業,其中波里尼西亞諸島在紀元後五百年還未有人類,農業自然更遲纔有。東亞的米,地中海岸的麥,以及大洋洲的球根植物,或者都是獨立發明的。

種植發明的揣測——種植的發明大抵是婦女的功勞。人類自有火以後便發生男女間的分工:男子出外從事狩獵與戰爭,女子則在家守火,並於近地尋覓植物的果實根莖皮葉等充做食物。婦女們尋覓果實根莖久了,或漸認識某種植物出產較豐,恐怕鹵莽的獵人把他毀損或鳥獸們將未熟的果實吃去,她們便略加以照顧,或在周圍植立樹枝以圍護他,或將旁邊的植物砍去使不致遮蔽陽光。有些離家較遠的嫩株或被移栽於家中,以省卻別日的麻煩,後來或者漸曉得把種子入土內使之發生新的植物,於是眞的農業便發明了。

農業雖始自婦女,並且起於很早的時代,但卻在很久以後男人們也參加了方能大大發展。漁獵與牧畜的民族有時也從事小規模的種植,但卻不當做主要的職業。

原始的農具——最初的農具是挖土杖和鋤,後來方有犂,是由鋤再改成的。挖土杖是一直杖,末端尖削,原始人常用以掘挖草根等物。挖草根和挖土栽種植物是同類的工作,所以挖土杖便充爲最初的農具。這種杖的末端若漸改良而成爲扁平形便成爲鏟了。鋤是由斧變成的。例如新喀利多尼亞土人的尖木鋤也當武器也當農具,非洲土人的鐵斧轉過鋒也便是鋤了。我國古書也有「刀耕」的話便是指此。犂的發生的程序例如古埃及的，大略如下：起初將鋤加重，一個人拖了走，把所經土壤挖成一溝，次之再加了一個手握的柄以便利拖犂的人，最後連拖犂的工作都叫牛來代替，將繩子縛連人握的柄上和牛的軛上。

種植法——原始人民很少能整理土壤以便種植的，大都只擇本來適用的地方而已。但也有些例外的，如英屬圭亞那（Guiana）土人很能夠整理土壤，曉得「火耨」即放火燒草木爲肥料的方法。新西蘭土人把硬土和軟土相攙雜，使其便於種植。大西洋岸印第安人以魚，特別是青魚，爲肥料，或者還用貝殼。英屬中非洲土人也把灰塵垃圾倒在田土內。灌溉祇行於農業已發達的地方。灌溉最發達的地方是兩河流域和尼羅河流域。

人類的改變植物——人類實在也可以說是一個造物主，有很多奇異的事物通常歸於造物主的能力的實是由於人力所做成。自然界終是吝嗇的，他固然肯賜予人類，但卻祇給勤勞的工作者。原始人類所受於自然界的果實根莖皮葉種子等，假如給我們現代的人恐怕以爲不值得接受。根及其球塊小而硬，味苦，有時且有毒莖太韌，果實則纖小而味澀。這些本來不適於口腹的東西經過人類培養種植以後都隨人的意變成很爲完美的食物。例如甘藍菜初時或只有葉稍可充食，經過培養以後，其頭也漸漸擴大成爲一種美味。薯在野生的時候球根很小，又苦又韌，古祕魯人把他拿來用心栽培，佛勤尼亞（Virginia）土人也拿去栽種，後來又傳入英國，果然終如人願漸漸變苦爲甘，並擴大其形體，如將現在的與原來的相較恐怕不易信其爲同一物，又如葡萄經過栽種後眞是其實纍纍與野生的大不相同。人工栽成的蘋果又大又甜，較之野生的相去霄壤。又如培養過的醋莓也增加了幾倍的重量。最可異的是桃，很遠以前大約在亞洲西部，還是一種野生的植物，其肉甚薄幾乎無汁，味又很苦，熟的時候自己裂開，露出中心的種子，這便是自然的恩物了，人類把他拿來改良了，遂變成肉厚汁多，異常可口的美味，由此可見達爾文進化論中所謂「人爲淘汰」與種植的發明是很有關係的了。

關於農業的風俗——原始民族其初多輕視農業。據赫羅多德（Herodolus）所記載，上古的圖拉先人（Thracians）以耕耘爲最低賤的勾當而刼掠爲最高貴的事業，凡狩獵或游牧民族大都具這種觀念。印度人中也有以從事農業爲厲禁的，甚至托達人（Todas）也以耕種爲不屑做的事。頓河哥刹克人（Don Cossacks）完全是游牧的民族，更以死刑禁遏耕作，因爲耕作有礙于狩獵和畜牧。游牧民族便是逼不得已而從事農業還是不甚願意。

農業的地位既被認爲重大以後，則又備受尊崇，因而發生出幾種宗教的儀式來。如歐洲鄉人信有所謂「山野及穀物的精靈」(spirits of wild and of corn)用種種儀式以祈求穀物的長成。中美的馬耶人(Mayas)說農業的神名爲巴南毋（Balam）是一個長頭的老人，初次收穫的東西應當先祭獻他，否則必降禍。其他民族信有農耕的神的甚多，而供獻初穫物的風俗也很常見。我國爲重農之國，這種風俗更爲發達。

第十一章　石器

緒論——我國古時有『軒轅神農赫胥之時以石爲兵』的話，古希臘人也推測原始人類祇用石爲獵獸的武器。這種臆說到了近世「史前考古學」勃興，史前遺迹發現，遂得完全證實。

十八世紀之初，德國境內發現了很多史前遺迹；到了一七五〇年埃卡爾度斯（Eccardus）遂發表他的意見說：人類在原始時代祇用石爲兵器和工具，其後方有青銅器，最後方有鐵器。法國英國瑞士丹麥等國境內也陸續發見了很多處石器時代遺址，尋得無數的石器。這些石器時代的遺址都只有石的兵刃及器具，不見一片金屬器，而且有些遺址中只見斲削而成的粗劣石器，有些則有再加琢磨的精緻石器。因此丹麥的考古學家湯毋生氏（C. J. Thomsen）便確定了石銅鐵三個時代而其後丹麥的瓦爾塞（J. J. A. Worsaae）與英國的拉卜克（J. Lubbock）再分爲四個時代即：

（1）舊石器時代（palaeolithic age）或粗製石器時代（rough stone age）：祇有擊剝而成的粗製石器不曉得再加琢磨。

（2）新石器時代（neolithic age）或琢磨石器時代（polished stone age）：此時代方有美麗精緻的石器

用。為飾物的金以外還未有其他金屬物。

(3)銅器時代(bronze age)：青銅始用為武器及其他利器。

(4)鐵器時代(iron age)：鐵代青銅而為刀斧等物，青銅則用為飾物及刀柄等。

舊石器時代石器

(採自 Verneau—Les Origines de L'humaniti)

拉卜克在他的大著史前時代(Prehistoric Times)中列舉了各地博物館所藏石器的浩大的數目，然後嘆說在他同時的學者中還有不信『人類曾經過一個單用石器的時代』的，因此他便把懷疑派的語調倒轉來鄭重的斷定說：『以前確曾有一個時代，「那時人類的蒙昧程度甚至於只有石頭樹枝(應當加說骨和角)為他們的器具，以維持他們的生活」。而考古家也確已「發見了這種證據」』

人類既能斲削石頭以便應用，自然也曉得利用其他易得的東西如樹木骨角貝殼等物。不過這些東西較易銷滅，而石頭較能經久，所以石器便成為主要的遺物。

人類最初如見有天然石塊有適合所用的自然便選來應用，而不耐煩加以斲削。人類所以要製造石器便是因為需要一定形式的器具以供一定的目的。如只為鎚擊壓碎之用只需隨便拿一大塊石頭便夠了但如要做劙剖刮削切割穿洞等工作，他便不能常得到適合需要的石塊，於此便須用人工製造石器了。第一步自然只揀有近似所要的狀態的石塊略加修改，由這種手續而成的石器形狀各異，沒有一定的型式，但略能表現同樣的功用。這種石器初發見時有疑為自然的石塊的爭論很久，到後來纔信為舊石器以前的產物，名之為「始石器」(eolith)，而其時代則為「始石器時代」(eolithic age)由此在拉卜克所分的四時代以前便增加了一個史古的時代了。

新石器時代石器

(採自同上書)

人類製造石器久了，便漸曉得對稱與定型的好處，一面技術也逐漸進步，最後竟產生了極優美的石器，表現了人類在這一方面的最高等的工夫，爲人類歷史上所僅見。

石器的原料——各種石頭只要硬度適宜的便可用爲石器的原料，如燧石，石英，石板石，火山石，水晶，玉，黑曜石，青砥石，黑硅石，雪花岩石，閃綠岩石等。石器的原料雖多但多數不能有按規則的破裂，不適於製造細微的石器，所以歐洲的原始人多選用其中最佳的一種卽燧石爲主要的原料，而其餘的則當做補充的原料。燧石的佳處在其堅度與破裂的慣式。一塊好燧石如由熟手施工，必可以得到隨意所欲的形狀。擊成薄片的時候其邊鋒的銳利爲別種石所不能及。其平滑有光澤的面也是美觀可喜的，使人樂於摩握。

燧石的自然狀態是一塊不規則形狀的結殼岩球，自小沙礫狀以至於四五十磅的巨塊。破裂之後其內的石色是黑的居多。但若受外界的影響則燧石的形狀顏色便都生變化，所以燧石有種種不同的形狀體積與顏色。其色似乎無所不有，自原來的黑色，琥珀色，灰色，以至於黃色，紅色，橙色，青色，藍色，甚至純白色都有。便是一塊燧石也常具不止一種的顏色。

一塊燧石可以由敲擊而得一片一片的薄片，這便叫做「裂片」（flake），被敲去了很多裂片只剩中央一團多角形的石塊便名爲「中心」（core）。燧石多的地方遺留的中心常很大，燧石少的地方則敲了又敲，只剩一塊很小的中心；所以由中心的大小可以推測當時燧石產量的多少。燧石如被尖銳的器物敲擊而成裂片時，其裂片上必發現一個凸起的貝殼狀紋名「爲撞擊泡紋」(bubb of percussion)，而同時中心上也現一個凹陷的貝殼狀紋名爲「螺旋的裂面」(conchoidal fracture)以前曾以這種紋爲人工的證據現在則知道天然的破裂也有這種紋，所以便不能用爲區別人爲與天然的標準了。

石氣的變色是由於一種化學作用，叫做「變色作用」(patination)的影響。變色作用發生的原因是暴露於空氣中或與別種礦物相接觸。石氣的外皮受了影響因而分解變質，所以變了顏色。變色的外皮的厚度不一律。或祇一薄層，或則深入裏面。小石片且有全體都變的。

變色作用不論是由於曝露或接觸，其經過的時間，現在還無正確的智識，因此石器的變色不能當作斷定年代的絕對標準。石器的變色最快的或者由於與白堊的接觸，其所變的色是白的。燧石的變成赭色黃色鏽色橙色的，大抵是由於與別種礦質相混雜，慢慢的受了影響，很常是在沙礫堆積層裏，且常是很久遠的；至於藍的，藍白的，灰的，或有斑點的，大抵是由於暴露在地面上受氣候的影響而成。十分確定的原理是沒有的，所以我們如要推測一塊石器的年代，觀察其變色雖也有一點效用，但不如注意其形狀，較能準確。

石器的種類——各時代各地方的石器形狀罕有完全相同的，但因其效用相同，或者更因傳播的緣故，其型式大都很相類似。所以爲研究的便利上便把相似的石器合爲一類，其下再分爲細目，茲把最普通的種類列述於下：

(一)舊石器時代石斧(stnoe axes)，石斧在石器中佔極重要的位置。世界上各處的原始人類都曾有過石斧，而石器時代的遺物也以此爲最普通。

在舊石器時代祇有斲削而成的石斧(chipped stone axes)別名「拳斧」(coupe-de-p:ing)有些是將「裂片」的兩邊加以修削而製成，但多數是從「中心」製就。其形狀通常是梨形的，一端漸狹，邊緣由剝去裂片而傾斜。所以中部厚而邊鋒銳利。有些成橢圓形的別名爲「橢圓斧」(ovales)在，穆斯忒期後段(Mousterian)還有一種心臟形的小石斧剝削很工整。

(二)刮刀(scrapers)，歐洲如英法丹麥瑞士等處都曾發見，現在的蠻族如挨斯基摩人也有這種石器，其形狀與歐洲史前的相像。刮刀的用處便是刮去皮上的油以便爲衣料或別種用處。刮刀可以分成四式。

(甲)邊鋒刮刀(Mousterian side scraper)，將大塊的裂片擇其一邊琢成凸出而鋒利的形狀，這一種很宜於刮皮之用。

(乙)末鋒的刮刀(scraper on the ends of blades)，這也是由細心斲削而成，其刮鋒在刀末，自後期舊石器時代以後各時代都有。

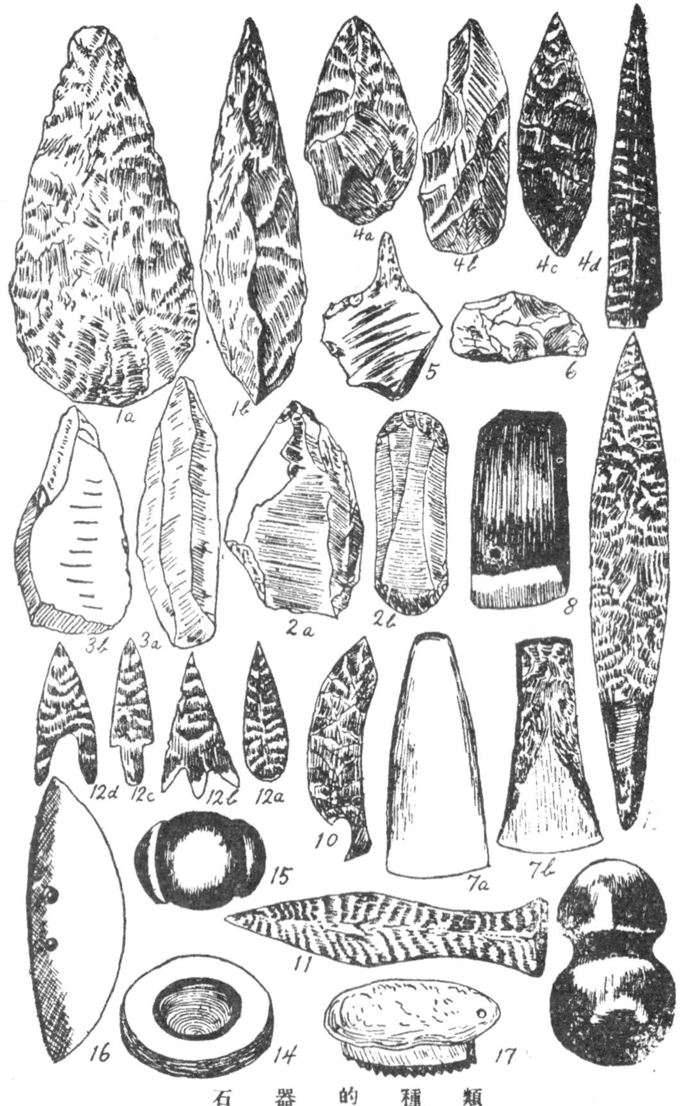

石　器　的　種　類

1 舊石器時代石斧,a 正面,b 旁面。 2 a 邊鋒刮刀,2 b 末鋒刮刀。 3 a 旋釘器式刻刀,3 b 彎鑿式刻刀。 4 尖形器,a 穆斯忒式,b 奧利擘式,c 桂葉形,d 柳葉形。 5 錐。 6 鷹嘴形石器。 7 新石器時代石斧。 8 錛。 9 鎚。 10 刀。 11 匕首。 12 箭鏃。 13 槍頭。 14 工具石。 15 沈網石。 16 鐮。 17 鋸。
(1,2b,4a,4b,5,7,10,11,13,17 由 J. ue Morgan L'humanite Prehistorique. 2a, 3a 由 Burkitt—Our Forerunners. 3 b 由 Burkitt—Prehistory 4 c,4 d 由 Mac' urdy—Human Origins. 6 由 Wells—Outline of History 8,15 由編者的台灣番族之原始文化. 12 由 Vulliamy—Our Forerunners. 14 由 Avebury—Prehistoric Tim.s. 16 由濱田耕作《通論考古學》)

(丙)裂片的刮刀（scraper on flakes），大約如上一種但因是由裂片改造，所以形狀較不規則。

(丁)中心刮刀(core scrapers)，將一塊中心擊成兩半，便成爲兩個刮刀。因爲擊破的一面是平的而另一面是凸狀，故其邊緣也很銳利可以刮物。

(三)刻刀（gravers），刻刀端際稍尖，其特徵在有一個平面，名爲「刻刀平面」（graver lacets）這個平面是由於製造時從尖端擊了一下全部縱裂而成。刻刀可分二式，每式中各有許多種類。

(甲)旋釘器式刻刀（screw-driver graver），這是刻刀鋒平直像螺釘扭旋器樣的。

(乙)彎鑿形的刻刀(gouge graver)，這是刻刀鋒彎曲像彎鑿的。

(四)尖形器（points），舊石器時代的尖形器便是用爲槍尖等物的，也有很多種，可以分爲：

(甲)穆斯忒式尖形器（Mousterian points），作杏仁形，一面平，一端尖銳，由裂片製成。

(乙)奧利攣式尖形器（Aurignacian points），像一把小刀，末端尖薄。

(丙)索留特累期桂葉形與柳葉形尖形器（Solutrean laurel-leaf and willow-leaf points），形像樹葉一樣很薄，兩端常皆尖。桂葉式兩面都修琢，柳葉式，一面祇是裂面不加修琢。

(五)石錐或鑽孔器（awls or borers），石錐常由裂片製成，其尖端大小不一。石錐雖甚不利，但卻很堅硬。

(六)鷹嘴形器（rostro—carinates），這種石器的形狀，很像倒覆的船首，龍骨翻在上面，前端尖銳而且彎曲像鷹嘴。下面是平的。上面有隆起的脊。這種石器的用處是很特殊的。時代也很古，所以還不大明瞭。

第二部　新石器

(七)新石器時代石斧形狀較近後來的金屬斧，有很狹長的，但也有短的。一端是闊的薄嘴，一端則較狹小或且甚尖銳。中部不特別加厚，兩端以外厚度都頗均勻。自一吋長的雛形小斧以至於一呎半的沈重大斧都有。最大最佳的作品出自丹麥的遺址，拉卜克說他藏有一塊是白燧石製成的，長十三吋，厚一吋半，闊三吋半。這種斧可以手握但有的則是曾經裝在柄上，因爲斧面有被木柄磨擦的痕，而且發見時還有木柄尙在原位的。斧鋒缺折了常再加修削，以致斧的長度因之漸減。這種石斧的近鋒一部因常再被削磨與原來的形狀不同，很可以看得出。石斧還有一種穿孔裝柄的，這種有孔的石斧大都屬於燧石以外的石質，因爲燧石的性質不易穿孔。其他多種硬石都可以用骨錐或角錐磨擦砂和水於其上而穿成一孔。

(八)石錛(adze)，石錛形略如斧，但鋒口只有一面斜削，另一面是垂直的，厚度不大，全體無甚差異。這種石器臺灣及南洋羣島很多，中國也有。

(九)石鎚(hammers)，各種石頭只要硬度充足可以琢磨的，都可用以製石鎚。石鎚上常穿洞以裝柄。石鎚的形狀有如艇子形的，有一端尖銳而別端平闊的，有一端灣曲的，有斧與鎚合成的。

（十）石刀（stone knives），石刀形式不一，通常爲狹長形，一邊有薄鋒可割物。埃及發見的一種名「彌沙威葉」（Messawiyeh）的石刀形狹長且略彎像豌豆的形狀，有的且有一個刀根，這種是上等的產品。石塊上敲下的裂片邊緣犀利的常卽用爲石刀，或祇略加改削，所以裂片常可歸入石刀一類。

（十一）石匕首（stone dagger），石匕首或短劍常係高等技術的產品，形狀很像後來的銅匕首。石匕首以丹麥出的爲最佳，兩邊很對稱，全體都很精緻；在歐洲可謂無與比倫。此外只有埃及所出的能夠和他抗衡，一個考古學家說：『我們只要注視這種石器的波紋的面，整齊的邊鋒，優美的輪廓，便不能不發生一種感想，覺得是在鑑賞一種高等技術的表現。這種技術是別個時代所沒有的，而現代的文明人也不能單用石或骨的工具製成這種東西。史前時代的丹麥人與埃及人固明明是所謂野蠻民族；然則人類的一種高等技術不得不讓史前的野蠻民族去專美了』。

（十二）石箭鏃（arrow-heads），收藏家常特別歡迎石箭鏃。最佳的產品確實很美觀，形式精緻又很對稱。德祉烈氏（Dechelette）分石箭鏃爲三種，哇連米氏（Vulliamy）增加了一種，共四種：

（甲）箭根（tang）及倒鉤（barb）都沒有的。

（乙）箭根及倒鉤都有的。

（丙）只有箭根，沒有倒鉤的。

(丁)只有倒鉤，沒有箭根的。

拉卜克氏則分箭鏃爲六類，不如四分法的淸楚。其實詳論起來，箭鏃最少有二十種以上，但過於詳細的分類也無甚用處，反不如簡括的好。箭根是要插在箭幹一端的孔內，而倒鉤是要給繩子纏縛於幹上的。箭鏃小的不過一英寸長，大的約三四英寸。大的並可做標槍頭或長矛頭。箭在冰鹿期卽後期舊石器時代便有了。如索留特累期(Solutrern)的柳葉式及桂葉式尖形器便是做箭鏃及標槍頭的。不過效力最大的有倒鉤的箭頭卻是在新石器時代方纔發生。箭鏃形式的差異自然由於造箭的民族不同，但箭的本身的功用一定也有關係。有倒鉤的箭鏃比較無倒鉤的利害，用時也有輕重的不同，例如戰鬥與狩獵所用的箭必定有不同。

(十三)石槍頭(spear-head)，石槍頭形狀大小都不一律。有的不過如大箭鏃，有的卻很大。有的很粗劣，有的則甚精緻，拉卜克氏說他藏的一個有十二英寸長，一英寸半闊，技術很可驚嘆。

(十四)工具石(tool-stone)有一種橢圓形的別名(Tilhuggorsteens)歐洲曾發現過其形如卵，有的在一面或兩面有一個窩窿，有些考古學家說這是用食指和拇指夾住以斲造石器的。工具石還有一種長圓形如人指的。

(十五)沉網石(net-sinking stone)，是石器時代用以繫於魚網上使之下沉的。編者所拾的臺灣的一種形橢圓而扁，兩端各有一凹溝以便繫線。上舉的工具石其窩窿有穿透的，故有人說恐也是沉網石。又有一種小石環也是用以沉網的。

（十六）石鋸，器的一邊作鋸齒狀。

（十七）石鐮，有一種形略如半月狀，一邊薄為鋒口，一邊厚為鐮背，北歐及高麗中國均曾發見。又有一種由數小塊集合以嵌於別物上的。此外還有石鑿，石盆，石盤，石鏟，石環，石鋤，石輪，石杵等。

石器製造法——我們初見精緻的石器常驚於其技術的巧妙而不曉得他們用什麼方法製成。其後考古學家們一面由原始石器的本身加以考究，一面復參考現代蠻人的石器製造法，因而推想出一個大略，如伯爾吉忒氏（Burkitt）在其大著史前學（Prehistory）裏曾舉出三種方法，即撞擊法（percussion）壓榨法（pressure flaking）加熱法（thermal fracture）。還有梅遜氏（Mason）所發表的五法更為詳細。其後復有納爾遜氏（N. C. Nelson）在一九一二年就北美耶希族印第安人（Yahi Indians）的一個遺民名伊西（Ishi）的石器製作法加以研究，發表三種方法，與梅遜氏所說很相同。現在根據梅遜氏的五法並參考上述二家所說編述於下。

（一）擊碎（knapping）或破裂（fracture），這二個名辭實是同指一種工作，所以合在一處說。其法有二：

（甲）撞擊法（percussion）：用石鎚或圓形石器撞擊做原料的石塊，擊時大都一手拿器具一手拿原料。

（乙）加熱法（thermal fracture）：原料中像燧石一類是不易傳熱的只有溫度的急激變化能使他破碎。

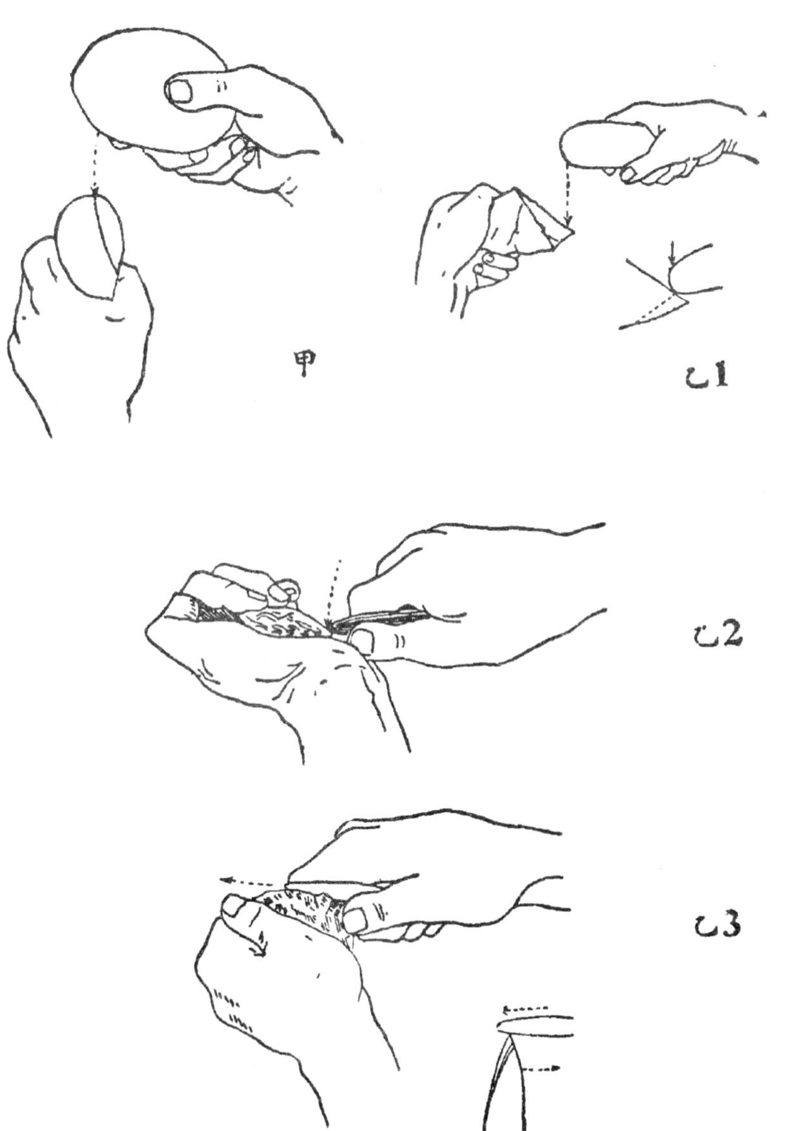

石　器　製　造　法

甲：撞擊法；　　乙：削剝法三種

所以如先把燧石加熱，然後滴水於其上，則其處立卽破裂。這法在現代蠻人中很通行，但在史前原人卻很罕用。

(二)削剝(chipping)，用小石槌，碎石片，或尖銳的角器骨器等把經過第一種手續的石塊再加斲削，把石塊的邊緣一片一片的剝去，直至達到所要的形狀。這種工作多用壓力，可以分爲三種：

(甲)壓力自上而下的。這是將工具靠在工作物上，用力壓下以剝去裂片。

(乙)壓力自下而上的。這是把在下的工作物向上挺。

(丙)壓力平行向前的。工具平行將尖端抵住工作物的邊際，用力向前擠去，所抵住的邊際便被剝去一片。

(三)截斷(cutting)，用鑿形的錐在工作物兩面各開一溝，直至有相當的深度。然後拿起來投擲，或加以壓力便成兩段。最後石鋸發明更易於爲力了。石錐與石鋸自然都是用頂堅硬的石做成的。

(四)穿孔(boring)。穿孔有二法：

(甲)砂水摩擦法：石鎚上的洞大約是用砂與水磨擦而成。其法將砂和一點水放在石器上要穿孔的地方，然後用兩手夾一根木棒，棒端抵住石上的砂，用力將棒急速旋轉，則該處被砂磨蝕而漸凹陷，磨擦常由兩面，每面各穿一半，這叫做「對穿」(counter sinking)。

(乙)石錐鑽鑿法。將石錐的尖端抵住要穿孔的地方來回旋轉，久之也可穿成一孔。石錐穿的孔與金屬錐穿的孔可以辨別得出因爲石錐的脚不很整齊，所穿的孔必有横紋，金屬所穿的孔便很光滑。

（五）磋磨（polishing）這便是將工作物在砥石上磨擦或者幷用珊瑚或赭土等物置於其間以增加磨擦力。這是最後的一步。自新石器時代發明了這一法後，遂產生了無數精緻美觀的石器。

製造小件石器自然可以一個人獨造。但如大件石器大約是要兩人合作，一個按定工作物於砧上一個則拿工具斲擊。

自然物與人工物的鑑別法——天然石塊形狀有的很像人工作成的。使人不易鑑別。因此較爲粗製的石器使人不敢輕於斷定是否人爲的。但實際上原始人類當需要器具時如見有適合所需的天然石塊自然也樂於隨手取用，而不耐煩另製石器。天然石塊會被人採用的常略被修改，其邊緣常再被磨削。這種會被人類採用幷略受改削的石塊，其數必極多，但現在卻不容易鑑別得出。

初學者或參觀人常問人工物（artefact）（卽由人類有意製成的石器）與僅由偶然的自然作用而成的石塊，將如何加以鑑別？對於此問只能答覆如下：

由高等人工製成的精緻石器是無疑問的，卽在外行的人都能够認識人工明顯的石器，如新石器時代及舊器後期的石箭鏃斧斧石匕首等物。對於早期的舊石器時代的石器須略具練習過的觀察力方能無誤。至於舊石器以前卽原始石器的東西，或任何時代的較曖昧的石器，則須有很長久的接觸與很嫻熟的智識方能鑑別得來。

僅只紙上的描寫舉出幾種特徵，還是不夠的。總而言之，要認識石器的眞特性沒有別法，只能就實地研究而得，而眼看還不够還應當用手搬弄觸摸方能懂得充分。

石器型式與時代的鑑定法——粗略的鑑定法，可分石器爲始石器（eolith）舊石器（palaeolith）新石器（Neolith）三種。但卽在這種寬泛的範圍內還是有錯誤之虞。石器的較詳的鑑定有兩法：一是按照其時代，一是按照其功用。又有兼用兩法的，如所謂「歇連期的拳斧」（Chellean hand-axe）奧利蓽期的刮刀（scraper of Aurignac age）等便是。

按照石器的功用而製定的名稱比較按照時代的遠爲可靠而且較合實際。例如鑑定某個石器爲屬於「刮刀類」，大抵不致有甚麼錯誤。但如要指稱他爲舊石器時代的或新石器時代的刮刀，便常生疑點。石器的功用也是由推想的，所以由此而擬定的名稱也不過用以指某種特殊形狀的石器是用於某種特殊的工作就是了。

人類作成的石器自然也有很多在普通專名之外，無類可歸的，其數量並且很多，爲攷古學家們所不及料。不完全及破損的石器也很常見，但與上述的不同，其中有些可以推測其原狀而可歸於其類。

石器每一類中常有幾式經過很長時期，并且通行於很大地域；有些則形狀遠爲特別，祇在短促的時期中爲一定地方所特有，且大抵是用於特殊目的，爲我們現在所不知道。這種一定時地的產物可稱爲那種文化的「模範石器」（type fossils），或「地方型」（local type），例如一種屬彎鑿式的特殊刻刀，名爲「鈎狀刻刀」

(beaked graver) 的只見於奧利納期 (Aurignacian period) 的中葉，如有新發現的遺址多藏這種石器的，便可以假定他是奧利孽期的遺址了。

石器的時代，雖有不易於鑑定的，但也有可以確斷其屬於某時代的。其鑑定的標準如下：

(1)具有某時代特有的形式而別時代所沒有的，大抵是屬於那時代。

(2)發見於不曾翻亂的地質的堆積層裏，而其堆積層的時代知與考古學上的某時期相等的，則可以推測其屬於該時期。

(3)出自不曾擾動的葬地之內，而其葬地的時代是已知的，則其石器的時代也隨以知曉。

(4)埋藏於某種堆積層裏與某種已經明瞭的遺物相接近的，也可由此已知的遺物的時代而推論未知的石器的時代。

嚴格言之，要斷定石器的時代很難有絕對的正確。石器不同時代而形式卻絕相類似的很多。所以時代的鑑定總是比形式的鑑定為難。

石器由地面拾得的，應當由其本身尋出鑑定的根據。因為土壤的變易，水流的移動，地質的剝蝕，人為的影響等，都能使古物混亂錯雜不易辨認其出處。而現代的鉅大工程更常把一地方的砂礫土壤運撤別地去，這更為考古學的障礙。有時舊石器時代與新石器時代的產物同在一塊田地內翻出；而原來易於鑑定的遺址也因恐受外界人為的影響而不敢輕於判斷了。

石器分布的地方——關於石器分布的地方。并沒有十分準確的標準；不過有些相對的通例可以略述于下。舊石器時代的石器分布的地方比較新石器的為小，新石器幾乎隨處可以發見。換言之，凡現在氣候地土適於人類居住的地方，都有發見石器的希望。在產白堊的地方及其附近，燧石做的石器常很多，而且在地面上都可以找到。舊石器的遺物有時也可發見於此種地方。但燧石常被帶到別處去，而本來不能有石器地方也可以拾得到。較古的舊石器常有大批發見於古代河流堆積中及高階段的河谷的砂礫中，又常現於砂礫坑，白堊坑，採礦坑以及別種工程上的開掘地。自穆斯忒期以後人類常把石器藏於所居住的洞穴內，在那種洞穴內的下層常可發見舊石器時代的大批遺物，上面的層次則有以後時代的堆積物。有時在同一個洞內各時代的文化遺物一層一層相繼堆積，中間各隔以碎石或石灰沈澱物，這種洞穴表現時代極為明瞭。是考古學上極好的遺址。

石器只在一種所謂「工場」(workshops or factories) 的遺址和洞穴堆積層裏方能得到極多數。工場遺址自早期舊石器層便有。在英國裴德福郡 (Bedfordshire) 的加定頓 (Caddington) 曾發見了早期舊石器工場一所，其中有已完成的石器，未用的原料，無數的裂片等，蘊埋於磚土之下。新石器的工場常近地面，常有小而且薄的碎石片散布於外。

石器的效用——在我們慣於使用金屬器的現代人看來，似乎很難了解石器的效用：但若加以考究便曉得石器不是鈍器。瑞士石器時代的遺址存有許多木椿。其上尚可見石斧砍劈的痕迹。丹麥的遺址有些樹木也有石斧的劈痕，而且有一二處石斧尚存於其處。在古時石斧的用於戰事也是確實的，因爲古代酋長的墳墓中常見有石斧和匕首並置其中。一八〇九年在蘇格蘭發見一個墳，其中屍骸的一臂被石斧砍得差不多與肩脫離，尚有石斧的碎片在內，其石不像該地所出，像是外來的。此外身邊還有一個燧石的球，一個燧石箭鏃。這都是史前的證據。再看現存原始民族的也是這樣。北美土人的石斧即所謂"Tomahawk"的，不止是戰鬥的利器，且可用以工作。突隣吉人(Tlingits)用石刀雕成的木響器，有些很爲精緻，無異用白人的工具所製成的。押特人(Ahts)製獨木艇時喜歡用他們的石錛子，而不喜用白人的鋼鑿。美洲西北蠻族不必用火，單用石斧便能砍倒杉樹，然後再用角鑿與石槌開成獨木艇。波里尼西亞人能够製木板，其法先將木塊烘火使爆裂，用楔子塞進去敲去一片的木，然後用石錛削成平板，這些平板便可用以製造屋子和艇子。南海羣島人用石器製成的艇子，有至一百呎長的，艇底祇用一塊大木板，和兩邊密切接連，並用麵包菓樹的膠塗塞罅隙。

原始石器中如斧，鎚，箭鏃，匕首，矛頭等的用度尚易於明白，此外有很多種只能加以臆測。那些薄邊的尖銳的或彎曲的石器大抵是各有幾種用處，例如修削木捧，割剖獸肉，攻擊野獸，有時用以對付同類，或於有禦寒的必要時刮削獸皮以爲衣服等事。

除生活上的效用以外，還有在儀式上的用處。石器之用於儀式上至少始自舊石器時代的中葉。葬埋是各種儀式中最早發生的，而冰鹿期的人類的葬埋便用了許多石器，如粧飾品和石器等以為殉葬物。死人的屍體則用大石圍護。而供葬儀用的石器有時且特別製成很為怪異的形狀。

石器對於人類文化之影響——人類製造石器，反之石器也能影響於人類。第一，石器使人類社羣間有和平的公約。野蠻人的社羣間常有敵意，個人不敢隨便走到別羣的地方，但因石器的原料的需要，便公認採尋石器的人可以到別羣的地方不受傷害。如李拍氏（Lippert）所說澳洲有些地方出產良好的石

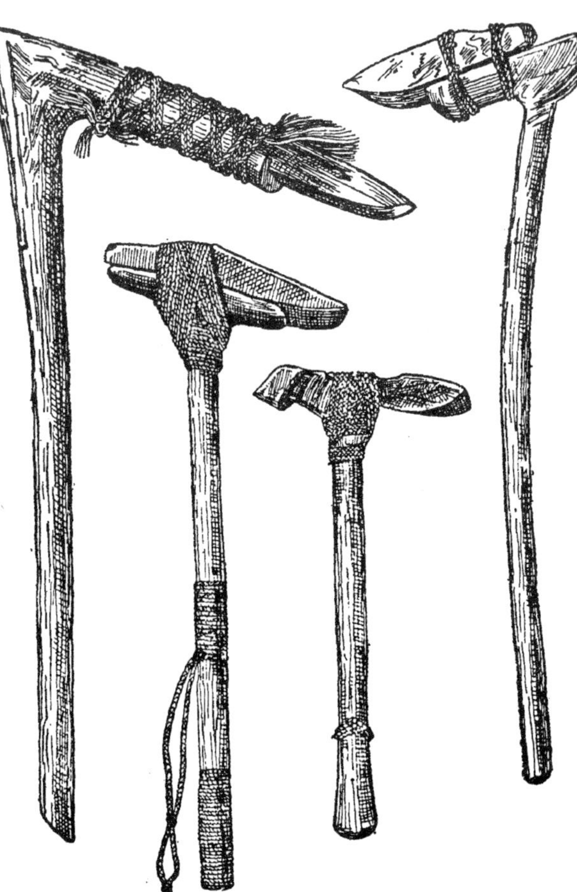

太平洋島中土著所用之石器

（採自 Wallis—Intro. to Anthropology）

器原料，這些礦產似乎不屬於其地的部落而公開給別地的人民，凡來採取這種石塊的沿途不受傷害。

石器又引起交易的發生。需要石器原料的人不能常到別地方去採取，而原料卻常被交易移轉，一手過一手，一地過一地。在美洲印第安人的石器原料常由交易而得；而法國史前時代大普列西倪（Grand Pressigny）地方所出的黃色優等燧石也被搬移而遍佈於歐洲西部及中部。其石所製的石器曾發見於很多遺址。

石器又引起分工制度。因為石器的製造是一種不容易的技術，不是個個人都能有同樣的程度的，有些人能够製得特別快捷與工巧，於是便成為石器製造家，他可以在家製造石器以供別人的用。不會做石器的人從事打獵而成為獵人，或從事石器及原料等物的交易而成為商人。

世界上很多地方的人對於史前遺留的石器常有迷信的觀念，以前在歐洲西部的人偶然從土內翻出石斧，常以為是雷霆的東西由天上降下的，而獲得並保存這種物的人便可受其保佑。例如德國的農人叫石斧做雷鑿(donner—kule)以為藏在家裏可避雷擊，且可蔭及全村，暴風雨至時他會流汗，而獲得時必在落地後的第九日。俄國農人也這樣，他們造屋時將石斧埋於門限之下，以為可避暴風，如屋已先造便收藏起來，每遇暴風雷雨將至，便拿出來放在桌上，以辟除災害。英國康瓦爾（Cornwall）的人民將石斧放在水中，將水燒沸，以為可以治風濕症，勃里坦尼（Brittany）的人民則把石斧置井中以為可使水清而泉不竭。德意志的人民以為石斧可治人畜的病，增加牛乳的產量，助婦女的分娩等。石箭鏃也常被視為有神祕的魔力。在蘇格蘭愛爾蘭等地的人叫石箭鏃爲「妖箭」(elf darts)，以爲是妖怪的兵器。他們以爲這種東西要尋時是尋不到的，所以可異。他們常加以銀飾佩在身上，以爲可以抵抗妖怪的攻襲，牛如生病，便以爲是被妖箭所傷，須請一個神巫來吸出妖箭。

阿拉斯加的土人在白人初到時，還正在石器時代的全盛期，他們有石斧石鎚石錛石刀石鑿等物。現在他們漸漸學習使用白種人的利器，漸漸捨棄舊時的利器，於是這種石器便置而不用。但如要從事重大的事項，他們還仍舊拿起舊時的石器來用。其原因便是以爲這種古舊石器曾經過祖先的手做過無數事業，其上有神秘的力量和幸運可以使人成功。更奇的便是當男人們在外使用這種石器時，其妻在家不敢開口說話，恐怕破了法力。

石器的應用也有存留很久的。新的金屬器發生後，石器自然退讓了，但還有保守性較重的人堅守舊式的石器而不肯改換。例如宗教中的僧侶，當俗人已改用金屬以後也還常保留石器以用於宗教上。古時猶太教徒用石刀於割禮，即在今日猶太人猶常用燧石或玻璃片而不用金屬刀。古埃及人要保存的屍體是用石刀剖開的。古猶太人加於罪人的刑罰，最酷的是宗教刑即「投石」。古阿剌伯人的血誓也是用石器的，一個人立於衆人之中，用石器割剖他們的手心，將血敷上七塊石頭，同時宣念神名，便成盟約。

關於原始石器的智識已經敘述一個概略，我們或者可以說自有人類以來，最早和人類有關係，而且是實用的，美觀的，幷且神祕的人工物，不得不首推石器了。

第十二章　金屬物

銅器——人類在製造石器搜索原料的時候，一定很早便發見有某種「石塊」特別沈重或堅硬，或且有美麗的光澤。這種「石塊」因其美觀或便被採用爲妝飾品。人類最初曉得的金屬物便是這種自然狀態的金銀銅等。這種自然狀態的金屬物便叫做自然金屬，至於和別種物質混合的名爲礦物。自然金屬可以拿起來便用，所以被人類採用較早，至於礦物須經鎔煉，所以要等人智大進的時候方能夠應用。自然金屬大都柔軟可捶薄，且有美麗的色澤。最普通的便是銅，世界上有幾處產生多量自然銅的地方例如美國的蘇必利爾湖區域便是。自然銅可以用石器捶成各種樣式。其被採用不是由實用而是由美觀。在蘇必利爾湖區域的銅器多爲妝飾物很少是兵器和器具，在古代瑞士湖居人的遺址所發見的銅器也是這樣。

在北美洲的古印第安人中有最原始的用銅方法，瞿星氏（Cushing）說明了很詳細。其法是先加熱於銅塊；然後用石器捶擊；再燒再擊，漸漸成薄片然後由薄片裁出所要的形狀以製造妝飾物。還有捶得更薄的則用以包裝木石骨等物。立體的銅塊則打成箭簇，矛頭，小刀，手斧，珠子等。用角骨的工具可以雕成紋樣，最後則用石器剷磨不平的面使他光滑。由於蘇必利爾湖區域的發見，還可以曉得最初採銅的方法。其法先將土掀起，然後用木鏟爬開；看見岩石了便用火把他灑燒熱然後水於其上，石便爆裂了，再把石塊敲碎，將自然銅掃集取出。

史前人類除捶擊自然銅以外還發明鎔鑄的方法。最初大約是由於含有銅質的鑛塊偶然被火燒熱，火熄後

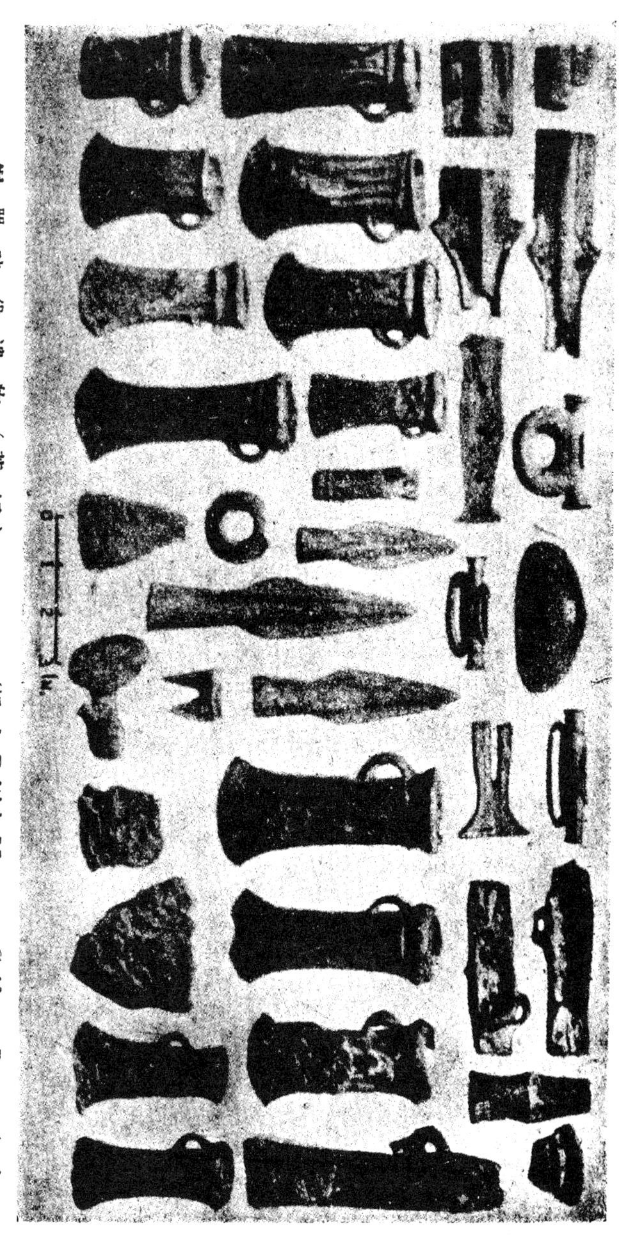

銅器時代遺物（英國）

（採自 British Museum-Guide to Bronze Age）

土灰飛散而銅遂出現。這樣鎔出的銅依其地而成形，有時或者很像某種器物；人類由於這種暗示乃漸曉鎔鑄的方法。其初尚不過用平面無蓋的模鑄實體物，後來乃進至能以泥爲模心而鑄空心器。純銅（copper）太軟不適於做利器，後來人類發明了青銅（bronze）纔算達到眞正的銅器時代。青銅是將純銅與錫鎔化混合而成。青銅器是史前人類最滿意的東西，因爲他較純銅爲堅硬，適於做利器，而其鈍缺的鋒口又可再捶薄，遠勝於石器。青銅的發明大約是因爲人類燒礦採銅時其地適有錫偶然與銅鎔合——人類把他拿來應用，覺得硬度比純銅爲高，於是遂曉得製造這種合金的法。

銅器時代以埃及和西亞爲最早，純銅在七千年前，青銅則在六千年前，中國約在五千餘年前，歐洲東南部在五千年前，歐洲北部在四千餘年前，美洲始於二千餘年前。

銅器時代的產品在丹麥發展得最爲完全，在斯干的納維亞最爲美麗。其物也像別處一樣多爲妝飾品，如平安針樣的飾針，紐，指環，腕環，臂環，膝環，腿環，頸圈，圓盤等，都很複雜。又有器具如鉗，鑿，剃刀，小刀等物。兵器則有箭鏃，槍頭，匕首，劍等物，其形式大都模倣以前的石器。還有大喇叭旋曲得很美觀，這種東西自初造至今已有數千年，因爲樣式很爲精巧，所以現代的人重新倣製爲軍樂器。

鐵器——鐵鑛像紅土一樣，不易看出是金屬，並且鎔化比銅難，所以鐵器時代比銅器時代爲後。鐵器時代也是以埃及和西亞爲最早，約在五千餘年前。

石銅鐵三個時代的聯續在歐洲西部是很整齊的，但在別的地方便不一律。在非洲的尼革羅人種並沒有銅器時代，他們自石器時代直接進入鐵器時代，但這大約是由外面傳入的，現在原始民族中尼革羅人是眞的冶金學家，而他們的土地也含有很大量易於鎔鑄的鐵鑛。冶鑄的方法很簡單，各部落的鎔爐各不相同，滂哥族(Bongos)用泥造成，高約五呎分爲三層，上下層都置柴炭，中層置鑛塊；底有四孔以漏下鎔液，並用風箱通進空氣，風箱是用兩塊陶碗或木碗，外包以皮而製成。除此以外還有一塊圓石做的鎚以及小鑿木鉗。用這些原始的工具他們都能够造出很可與歐洲鐵器相比較的產品。其物大都是剃刀，雙尖的小刀，鏟，箭鏃，槍頭，矛頭，鏢刀等。非洲所出的槍頭很多有藝術價值，其形有狹長的，闊的或幾於圓的；其鋒有平滑簡單的，或作鋸齒形的，又有附加可怕的倒鈎的。尖端製得很爲完美，製法有將植物葉做模範的，一一摹擬，至於極像。

第十三章　陶器

無陶器的民族——器皿自始便是人類所需要的東西。人類最初所用以盛水的只有自己的手，這是何等不方便的事！現在還有幾種民族沒有陶器或泥器。安達曼島人，一部分的澳洲土人，毛利人(Maoris)，火國人(Fuegians)，巴他俄拿人(Patagonians)，波里尼西亞人都沒有陶器。所用以代陶器的東西很多：安達曼島人用貝殼或竹為器皿，澳洲土人以獸皮及樹皮為器皿，毛利人用葫蘆，塔希提人(Tahitian)有磨光的木碟，有可可實的殼刮薄做成的盃，火國人則用山毛櫸皮。甚至不很合用的東西如卵殼或胃都被用為水瓶。布須曼婦女常用網裝駝鳥卵殼盛水，她們又用各種動物皮為器皿，自蜥蜴的小皮以至於山羊的大皮都各有用處。

陶器發明的揣測——此外有陶器的原始民族很多，有不能自製的也常得使用陶器，因為有些民族能製造很多的陶器除自用以外，還可輸出供別族用。製造陶器的民族中或家家自製，或則祇有幾家或一階級以製陶為專業。據梅遜(O. T. Moson)的研究，原始社會中婦女在陶業上為主要分子，而陶器的發明便是婦女的功績云。

埃及史前陶器

(採自 Obermaier Der mensch der Vorzeit)

陶器的發明或者由於下述的原因。現在南美洲的土人常將泥土塗於炊器上約一指厚，以防其燒焦。葫蘆如有泥的外衣，也很能耐火。阿里遜那(Arizona)的哈哇蘇拜人(Havasupai)用敷泥的編物煎炒植物種子和蟋蟀等物。這種敷泥的東西用久了，其上的泥漸被火力燒硬，後來如偶與裏面的器皿脫離，這外層的泥自然也成爲一個器皿了。陶器的起源或者便由於這種手續。有很多古陶器顯然是由泥土塗於筐籃等編物裏面，然後將泥土燒硬並將編物燒燬而成的；有的則由鋼製成，而祕魯的坩堝則由布敷泥而成。

歐洲史前陶器（德法）

（採自 British Museum—Guide to Iron Age）

陶器製造法——主要的方法是：

（一）嵌型法（moulding）：以陶土敷貼於模型的裏或外，型或爲特做的，或爲別種器物如筐籃或匏器等。陶土敷於這些易於燒燬的器物上面，等到將器物燒燬，陶器便成功了。嵌型法製成的陶器，其外面或裏面必印有模型的紋樣，泥土在裏面則其紋樣必在陶器的外面。反之則在裏面。史前時代的陶器常有這種紋樣。

（二）手揑法（modelling）：將一塊泥土揑成陶器，有時或用簡單工具。如挨斯基摩人貝勃羅印第安人（Pueblo）都用此法製造陶器。

(三)螺捲法 (coiling)：這是將陶土搓揑爲長條，然後把他旋捲疊高成爲器皿形。這種方法或者是由旋繩編物的暗示而得。

初時的陶器都是很不均勻的，後來有了陶輪 (potters wheel) 便能把陶器旋擦勻整。陶輪有很多種，有的不過爲一塊圓盤，有的是裂輻的輪，有的是雙個同輻的輪；其用法有用手的，有用足的，有用一個幫手的。

陶器的裝飾法很多，略舉如下：(1)刮磨。(2)燻烟。(3)敷搽樹脂或他種植物液。(4)以手指繩緣或他物捺印，或刻劃花紋，又有加色素於所作紋溝內的。(5)以陶土製附加塊或動物形人形粘置其上。(6)嵌入別物。(7)上釉。(8)繪畫。(9)用嵌型法及螺捲法而成的陶器表面上的紋樣常卽留爲飾紋。

陶器在入火以前先置日光中晒乾，或置風頭吹乾。燒法或隨便在地上燒，或在地面上特設的地方燒，或置土穴中，或置陶爐內。陶器最後的顏色視乎所含的鐵質和表面所搽的流質物而定，其色大都爲紅及黑二種。

陶器的形式及飾樣——陶器的形式有三(一)實用的(useful shapes)或兼帶裝飾。(二)美觀的 (aesthetic) 或兼帶實用。(三)怪異的 (grotesque) 或兼帶實用與美觀的意。陶器的形式有三種起原(一)由偶發的原因，例如泥土偶受菓實石塊等的壓入或者便暗示陶盃的製造。(二)由發明。這是很不常見的。(三)由摹倣。陶器初發生時常摹倣以前非陶器的器皿。匏是最常被摹倣的，此外如貝殼，椰子殼，駝鳥卵殼，動物皮胃所做的器皿，人工作成的筐籃等，都是陶器的模型。

陶器的飾樣有表意的（ideographic）和非表意的（non-ideographic）兩種。表意的易於明白不必討論。非表意的大抵由兩種起源：即由偶然的暗示及由天然物或人工物。由天然物是因爲未有陶器的器皿上常有附帶的天然飾樣，例如軟體動物的殼大都有旋紋，匏器有瓣紋等。陶器初發明時常摹倣非陶器的器皿的形狀，遂連這種附帶的天然飾樣都摹製於陶器上。由於人工物的是因爲人工做的器物上常有邊耳柄脚等附件，也被倣製於陶器上，但卻已失去原狀幾於不可認識了。又如嵌網或筐囊而成的陶器上常有網或筐囊的紋樣，爲陶器上極常見的飾樣。非表意的飾樣有從表意的飾樣變成的，因爲表意的飾樣經時久了便漸失去原意而成爲純粹裝飾的，而原來寫實飾樣久之亦變爲幾何形了；如臺灣番族陶器上的螺旋紋起初是蛇形，有首尾的分別，後來便變成簡單的螺旋紋，首尾都一樣大了。

第十四章　武器

武器沿革的推測——人類最初所用的武器便是隨手拾起的樹枝與石頭。這兩種粗陋的武器後來經過很多的變遷，漸漸合於一定的用處。樹枝的用處有二；一是橫擊，一是直刺。由於橫擊的目的漸漸發生各種戰斧及戰棒；由於直刺的目的發生各種矛箭及直刺的劍。一端有大結節因而較爲沈重的棒杖特便於擊破顱骨之用，這種武器在有些民族中特為發展。這種棒杖有較短的，不適於手提，則用於投擲。南非洲的土人便有這種武器。

棒杖有尖銳的末端的，特宜於直刺之用。這種棒杖如長度很足可以手提而應用的，便是長矛；如較短小可以擲射的，便是標槍或箭了。野蠻民族還有用另一根棒杖投擲這種標槍的，如澳洲土人，挨斯基摩人，古墨西哥土人都會這樣。還有別種擲標槍的方法便是用繩索的圈，以增加發射力。許多民族都曉得用繩與有彈性的棒杖發射小標槍，這便是所謂弓箭。以上都是棒杖發展的歷史。

原始武器的第二種即石頭也有很有趣的發展史。石頭也有二種用處：一是握在手裏，一是投擲遠處。用繩紮縛在柄上則所及的範圍便較遠，但還在用者的手中。由這種方法而成的最初是槌，斲成薄鋒便成斧。投擲的石頭也被斲成銳利而較有效力。其後不再用手擲而用棒或繩，或眞的投擲器（sling）。現在的槍彈也不過是用較為複雜的投擲器發射金屬的彈子而已。

各種武器有單由棒杖演進的，有單由石頭演進的，也有由兩者合演而成的。此外還有較為奇異的武器不能溯源於上述二種最原始的武器。

攻擊的武器——武器可分為攻擊的（offensive）與防衛的（defensive）二種。摩忒厄氏（Adrien de Mortillet）依武器的效用分攻擊的武器為三種，再依其用法而各分為三類，表列於下：

	擂擊的 (for dealing blows)	直刺的 (pointed)	剝割的 (cutting)
手提的	棍棒	劍及匕首	短刀
裝柄的	長槌	槍矛	斧及長刀
投擲的	飛石	標槍及箭	飛刀

這個表雖不是完全的，但卻能把各種武器概括成少數種類，使讀者可以將其餘的類推。玆將其中幾種較為特別的說明於下：

棒在上文已說了一點。棒在太平洋諸島中發展最為完全。如波里尼西亞人馬奎沙島人（Marquesas）曼該人（Mangaians）等的棒都做得很精美。材料是選用最堅硬最沈重的優等木質，頭柄很光滑，也很長，末端特別精緻，常加以很好的雕刻，其圖樣有些是象徵的，含有義意。另有一種則很短，作長方形，也有雕刻，係南美洲的圭亞那土人的棒。還有一種有大頭的短棒，則見於非洲，名為「克利」（kerry），可以手提也可以擲遠。

長槌便是將石頭或銅鐵塊裝在柄上的一種武器。這種武器發生很早，在西歐新石器時代的人便曾用石頭裝在柄上，美洲的印第安人有很多用這種武器的，如蕭克斯人（Sioux）還用精製的石頭裝在長柄上。石子隨便可以拿起來投擲，但人類的手不是良好的投擲器，所以在多種民族，並且很早便發明了投擲器。最簡單的投擲

器是一根木棒，一端的近處有一孔，可以置石於內。用者手握別端，用力摔去，石子便脫出射向遠處。古代猶太君主

印第安戰士及其武器

(採自 Luschan - Illustrierte Volkerkunde)

大衛(David)據說曾用飛石彈死一個巨人，大約便是用這種投擲器。現在巴勒斯坦的牧人還用一種較進步的

投擲器，其法用二條繩索縛連一個可藏石子的東西，將石子安置其中，手握繩索的兩端，急速旋轉，然後弛放一端，使石子飛射出去。

關於槍矛有很多有趣的事可說。矛的尖頭有很沈重的，有較輕鬆的，依其效用而不同。尖端有和柄同一根的，有另用骨角石等嵌上的，有插在柄端的綁在旁邊的。尖端有簡單的，有作鋸齒形的，或具倒鈎的，倒鈎所以增加傷害力，並使傷者難於拔出。尖端有緊縛於柄上的，也有故意使刺進時易於破折，致難拔出的。尖端有單只一個的，也有數個向數方面張開的。挨斯基摩人製一種獵鳥的小槍，除一個尖端以外，還在幹上附加了二三根尖叉；擲向鳥羣時，前端的尖鋒雖不中，矛邊的邊叉也會刺住一隻。臺灣番族有一種脫頭獵槍，中在野獸身上時頭會脫離，但還由一條繩與幹相連，因幹的拖累使野獸難於逃脫。

上文曾說標槍的投擲有加用一根短棒幫助發射力的，這種棒叫做投擲棒（throwing-stick）或擲槍器（spear—thower）。這種短棒的長度自十二吋至二十吋不等，一端有釘或別物抵住槍柄的後端，手握棒的另一端，將標槍平靠在棒的上面，用力急速的一擲，槍便飛出去了。這種擲槍器在挨斯基摩人墨西哥的阿茲忒人（aztecs）中都極盛行，阿茲忒人稱為「押拉突」（Atlatl）。在法國史前時代的洞穴遺址內也發見這種武器。

弓箭在歐洲史前時代便發明了。西班牙亞爾培拉（Alpera）的一個洞穴內，發見舊石器末期馬格達連尼安期（Magdalenian period）遺留的壁畫中，有獵人持弓箭的狀，可以證明彼時已經有弓箭了。弓有四種（一）

常式弓單由一根桿製成。(二)複合弓由二塊以上材料製成。如韃靼的弓，用時須倒扳以增加勁勢，很多是由幾塊木料及角以膠汁及腱連結而成。(三)彈弓（pellet bow）不用箭而用彈丸爲射出物。有一種弓弦是雙的，其中點有網狀物爲置彈的地方。(四)弩（cross bow）附加橫木於弓上，安箭於其上，使發射準確，這是很進步的利器了。我國西南的苗猺等族便常用弩。箭桿的加羽也是後來方有。箭鏃在史前時代便有石製的，其狀有四種。（見石器章）

非洲剛果土人的飛刀
(採自 British Museum—Handbook to Ethnographical Collections)

有一種很奇異的原始武器叫做「波拉斯」（bolas）可譯爲「流星綵」，以美洲的爲著。這是將二三個圓石球包一層外皮，縛連在繩索的末端，繩索的上端則結連在一起。這種東西常用以捉牛。獵者騎在馬上，握住繩的上端，把其餘的部分拋在空中旋轉，繩索打在牛的身上，石球使轉個不停，將牛腿纏了又纏，二三個石球把牛的腿都纏住，而牛便跑不動了，挨斯基摩人也有這種武器，但石子形較小。數較多是用以捉鳥的。

飛刀（missile knives）在非洲最多。其地鐵工很精，能够將一片鐵打成幾把小刀，柄相連在一起，刀鋒分向各方。用時擲向敵人，穩有一刀中在身上。印度的釋克族人（Sikhs）用一種武器與此略同，是一個鐵環，形寬而薄，外緣鋒利，用時向敵人拋去，在空中急速的旋轉，中在身上其傷非小。

魚杈（harpoon）見於挨斯基摩人中，是一種巧妙的獵具。因爲是用於水上，所以另有其他作用，爲陸上器具所不必有的。杈頭另附尖鏃，形頗長，尖鏃與杈頭的接連很巧妙，一中了動物的身上尖鏃便與杈頭脫離，杈浮水面可以再拾起。尖鏃又結連一條繩，繩末縛一個氣泡或裝空氣的皮球。動物中了杈便泅沒，但因有氣球浮在水上，可以很容易的拖獲。擲杈時也用投擲棒。

野蠻人還有一種精巧的武器，便是吹箭銃（blow-gun）。這是一個長而且直的空管，大都是竹或別種物植管所製成，由其中射出的物是小箭。箭的後端縛連一個軟塞，軟塞爲綿或其他所製成，大小適宜，不鬆不緊，略能發生一點壓力於管內。在亞洲東南部和南美洲所用的箭尖常蘸毒液。用時小箭放在管中，將管舉在唇前，前端向所要射的鳥獸，快捷而不十分用力的一吹，輕輕把箭送出無聲無息的飛向前去。這種吹箭銃能夠在百碼的距離打野兔，且能穿入其體內。

澳洲土人有一種極奇怪的兵器，可稱爲「飛去來棒」（boomerang）。其形不直而灣，棒面扁平。使用時，向空擲去，在空中描一曲線，如打不着目的物會再飛回擲者近處。打中時其力極大，而且進行是曲線的，更使被擊者不易閃避。有人說在古時別地方也多有這種物，如丹麥的石器時代遺物中有類此的木棒，埃及的壁畫有兵士拿

澳洲人的戰爭

(採自 Elliot–Romance of Savage Life)

此物的像，埃及古墓中也發見木製的這種棒。

原始的武器中還有利用自然物的，其種類也很多，如獸類的銳牙利爪與長角，魚類介殼類的刺等都拿來使用。如中非的土人用山羊角做長矛頭，寒帶人將海馬獠牙接柄做鶴嘴鋤狀的兵器，「鋸嘴魚」(sau-fish)的長嘴骨因兩邊有鋸齒常被新幾內亞土人利用為武器，其用略如槊及鋸。

防衛的武器 (defensive weapons) ——著名的原始兵器研究者庇得利維尔斯(A. L. F. Pitt-Rivers)分防衛的兵器為四種如下：

(一)皮革。厚皮動物的皮革猶如人類的甲冑，如犀牛河馬都是全身披挂的壯士，所以人類在發明皮衣以後不久便曉得用更厚的皮革做甲冑。原始民族，如挨斯基摩人便用厚鹿皮為甲，中非洲土人則用水牛皮，埃及的一部分土人用鱷魚的皮做胸甲。皮革做盾也很普通。北美印第安人多用最厚水牛皮，新赫布來底(New Hebrides)土人用鱷魚皮，非洲一部分土人，則用象皮。

(二)固體片 (solid plates)。鼉類的甲似乎是原始民族的盾，因為這種動物現成合用又最易得。人工製的盾在最低等民族中常不會見，而在多產鼉類的地方尤少，此或可為這說的反證。人工製的盾必待人工進步有了較輕較佳的材料，方能出現而代替鼉甲。

(三)有節片 (jointed plates)。甲殼類動物都有有節片的護身物，這或者便是這種甲冑的胚胎。羅馬人和

苗那卡族（Mao—Naga）的武裝　（採自 Buschan—Illustrierte Volkerkunde）

澳洲土人陳列兵器

(採自 National Geographic Magazine Vol.51)

古時法蘭西人都有這種甲冑，法國人名之為「蝦」(ecrevisse)便是因為他很像蝦殼一樣。

(四)鱗片甲（scale armour）。鱗片甲源於動物的鱗，這是無疑的。其製法便是將堅硬的東西綴附於甲上。如塔希提人的樹皮甲上綴了一片一片的椰子殼，薩馬第安人（Sarmatians）把角片縫綴於衣服上為甲。以外如馬蹄貝殼海狗牙等都被採用。有銅鐵以後便有銅片鐵片的甲，如古埃及人亞述人波斯人等都有。

第十五章　交通方法

陸上交通——原始民族所居的地方雖也有無徑路，而須穿林莽斬荊棘方能前進的，但人煙較盛的地方大都也有小徑可遵行，其徑常不直，曲曲折折蜿蜒於草樹之中。寬廣的大道是那種地方所罕見的。

橋的最初形狀便是僅爲一株樹幹的獨木橋，其後逐漸改良而有竹橋，木板橋，石橋等。橋有很奇異的。如繩橋，懸橋。還有以他物代橋的，如筏橋，舟橋。

最簡單的運輸方法便是用人的手頭肩背負載物件行路。這四部分的使用各民族各有所專精，並不全用。但使用人力最發達者祇有中國人，能以兩肩挑負很重的物件。在非洲亞洲東南部及地中海邊的人則常用頭載重。美洲人負重以背。有些原始民族的婦人背負一筐，但卻將其帶置額上使額承其重。如猺族和臺灣番族便如此。

車是很進步的交通工具，最初只在舊大陸方有之，其起源地或只有兩處，一是中國，一是巴比侖。車的發明的程序，據學者揣測有二種。其一謂其初人類搬運重物時把圓木柱墊於重物下面，藉其旋轉的勢以推動重物；後來把木柱的中部截去一段，只餘兩個厚圓輪，圓輪厚度漸減，最後再加以軸便成爲車了。又一說以爲輪的成立不是由截去木柱中部而是由漸漸揀用粗大的大柱刳削其中段使二頭大中間小，後來兩頭便成爲輪，而中段則成爲軸；初時軸與輪是同一塊木的，後來乃分開而將輪鑿孔以穿軸。

水上交通——最簡單的船是浮木，這或爲去掉枝葉的木塊，或則爲連枝帶葉的樹幹。有些民族利用膨脹的皮，或可實等的浮揚力藉以渡水。北美加利福尼亞土人將蘆葦捆爲一束以載人過水。用這些東西時大都是以手足拍水使其前進。像這樣，一個人騎在浮木上，用手足拍水而行，便是船的胚胎了。

獨木艇（dug—outs）是最簡單的正式的船，現在還有些原始民族使用這種船。發明很早，石器時代的人也曾造過這種船。其造法是將一大塊樹幹在横面刳成一個大空洞，刳法常先用火力燒焦所要刳去的部分，然後用石錛石鑿刮去焦炭。

新幾尼亞的獨木舟

（採自 National Geographic Magazine Vol. 56）

與獨木艇差不多同其簡陋的是樹皮艇(bark canoe)，北美土人通古斯人及火國人都有。其法用一大塊樹皮，結連兩頭，中部成一個空地便可載人。阿爾貢欽印第安人(Algonquin)有一種著名的樺樹皮艇，其製法先做一個骨架，然後將皮覆罩於外，用線縫合幷塗以瀝青使不漏水，這一種便較上述的遠為進步了。

與樹皮艇很相似的是皮艇(skin-canoe)，如挨斯基摩人的「卡押」(kayak)或「拜大卡」(baidarka)。樹皮艇和皮艇都很輕便，可以任意搬動。

皮艇有一種叫做「哥拉苦」(coracle)或圓形舟的很為奇特。古時不列顛的人曾用過，北美密蘇里流域的曼丹人(Mandans)中也有。這是一種圓形平底的艇子，像桶一樣，中有柳條所做的骨架，外罩以水牛皮。

按照樹皮艇或皮艇的方法，不用這些材料，而改用平薄的木板砌合而成的便是眞正的船了，雖較重些，但卻較爲穩固耐久。

挨斯基摩人的皮艇 kayak

(採自 National Geographic Magazine Vol. 51)

用數個木頭平排合成的便是筏，將筏的前頭修成尖形便更進一步。筏有用竿撐的，有用橈或槳盪動的，有掛帆的（如古祕魯人），有用皮及陶器增加浮揚力的（如埃及人）。造筏的目的有二，一是爲運木材的，木料可多用；一是爲正式的轉運具的，木頭以少見水爲佳，如單留在外緣的兩根木頭，抽去中間的木頭，將平板橫鋪其上，而板不吃水便是更進步

新幾尼亞人的帶架艇

(採自 National Geographic Magazine Vol. 56)

的筏了。

南海島人有一種「邊架艇」(outrigger Canoe) 又有一種「複艇」(double canoe)，都是由筏演成的。邊架艇是有帆的小艇，很狹窄，旁邊另有一個木架與艇平行接連。「複艇」是兩隻小艇平行接連，但中間隔一空隙。

原始民族的艇子也有很大的效用而不可輕視。北美西北海岸土人的獨木艇有很好的，能夠載五六十個戰士。波里尼西亞人的用木板砌就用繩紮牢，並塗抹瀝青的大艇，很能夠運載大隊的人，並作遠道的航駛。有人說這些民族一島航過一島，其所經區域的廣漠比較亞洲全部爲尤大。

原始物質文化參考書目：（以採用多少爲序，括弧中即爲本篇內採用之章數）

(1) Starr, F.—First Steps in Human Progress, chap. I—XVI（第四至十五章）

(2) Goldenweiser, A. A.—Early Civilization, chap. VII,VIII（第一，二，三章）

(3) Wallis, W. D.—An Introduction to Anthropology, Pt. III（第五，八，九，十，十五章）

(4) Elliot, G. E. S.—Romance of Savage Life, chap. III,IV,VI,VII,VIII,IX,X,XII,XVI,XVII

（第四至十五章）

(5) British Association for the Advancement of Science—Notes and Querries on Anthropology（第四至十五章）

(6) Ellwood, C. A.—Cultural Evolution, chap. VII,VIII,X,XI（第五，六，七，十章）

(7) Tylor, E. B.—Anthropology, chap. X,XIV（第四以下各章）

(8) Wissler, C.—An Introduction to Social Anthropology, chap. IV,XVI（第八，九，十章）

(9) Kloatsch, H.—Evolution and Progress of Mankind（第四章）

(10) Mason, O. T.—Woman's Share in Primitive Culture（第五，六，九，十，十三章）

(11) Weule, K.—Cultural Element in Mankind（第六，十四章）

(12) ,, ,, —Culture of the Barbarians（第四章）

(13) Kroeber and Waterman—Source Book in Anthropology, chap. 22—30（第五，六，七，九，十，十一章）

(14) Thomas, W. I.—Source Book for Social Origins, Pt.I,III（第十，十四，十五章）

(15) Lowie, R. H.—Are We Civilized?（第四以下各章）

(16) Lane-fox Pitt-Rivers—The Evolution of Culture（第十四章）

(17) Lubbock, J.—Prehistoric Times（第十一，十二章）

(18) Vulliamy, C. E.—Our Prehistoric Forerunners（第十一章）

(19) De Morgan, J.—Prehistoric Man（第十一章）

(20) Burkitt, M. C.—Prehistory（第十一章）

(21) 西村眞次——文化人類學第三章（第四，六，十一章）

第四篇　原始社會組織

第一章　緒論

人類無論在何種程度都已有某種形式的社會組織。社會在比人類爲下的動物界中已經存在，例如蜂蟻海狸等的社會組織都很有秩序很爲完整，雖與人類社會的性質不同，但也不能不說是社會。社會組織的根柢這樣深遠。故到了人類手裏更覺發皇光大起來，爲人類文化中極重大的原素。社會組織對於別種文化原素的關係很大，語言的發達最有賴於社會，宗教信仰也須有社會的條件，經濟生活須賴社會上的協作方能成功，智識技術的發明須賴社會上的傳播方能改進，藝術創作的動機也不是只由於個人的自賞而有賴於社會的共鳴。

要了解全人類的社會組織單以己族的或者其他文明民族的社會爲限是不够的，因爲這只是「全人類」的一部分，此外還有許多所謂「野蠻人」即原始民族也各有其社會組織，不能不知道他，以完成這一門的智識。而且文明民族的祖先也有些古怪的社會組織爲現在所沒有的，也許可以和這些未開化的社會比較而得到了解。

原始的社會組織的性質——原始民族的社會組織很有些特異之處，略舉於下：

(1)性質：原始的社會組織中有些很像不合理的甚或是野蠻的情形，例如兄弟死後必須娶其寡婦，兒童對父親的關係不如對母舅的密切，嫁出的女兒逃走後須退回聘金或將媳婦賠女壻，這在「文明人」觀之，是很爲「野蠻」的。但若設身處地，就其社會組織的全體觀之，便覺無甚不近情理之處。

(2)秩序：原始社會的情形，在文明人觀之常以爲是混亂無秩序的，其實在原始社會中不但有秩序，而且秩序很爲嚴整，一切事件都循規矩，很少越軌的。

(3)根據：原始的社會組織不是有三禮，會典，或六法全書規定的，而是完全存於無形的風俗慣例之中，要知道原始的社會組織因此比較文明民族的爲難。

(4)範圍：幸而原始社會的範圍較小，文化最低的據說只有數十人，最高的也不過約達百萬人，不過等於現代的一個大城市，範圍既小自然較易下手。

(5)作用：原始社會組織的作用究竟比文明人的簡單，而且社會的分工不發達。社會團體不多，在文明社會有許多團體名目，在原始社會卻只有很少的幾個。

(6)分子：文明社會的分子大都是異質的，其結合的根據是心理或地域。原始社會則其分子大都是同質的，卽根於血緣的，不過其血緣有些是眞實的（如家族親族），有些則爲虛擬的（民族半部族）。卽如部落雖不是根於血緣的，但其分子的來源也常推溯於極久遠的祖先。

(7)社會與個人：文明社會有時也容許個人的自由，無視社會慣例發揮個人意見的人頗不爲少。若在原始社會則重社會而輕個人，個人罕有自由行動的機會。例如結婚爲團體與團體的契約，法律上全團體有「集合的責任」(collective responsibility)個人不得解脫，都是這樣。

(8)性別：在文明民族中雖也受性別的影響，但原始社會的性別影響頗有不同。原始的婚姻及血緣團體常行母系，職業上男女的分工也很明顯，宗教上對於婦女有許多禁忌，祕密結社禁婦女不得參加都是。

(9)年齡：在原始社會年齡的差別很爲重要，成丁者與未成丁者的權利義務差得很多，政治上有行長老政治的，只有年紀大的人方得操政權，有些地方甚至依年齡的差等而分成年齡階級。

(10)經濟影響：經濟影響在原始社會和在文明社會一樣重要。一妻多夫常由於經濟原因，買賣服務及交換的結婚都基於財產觀念，富人在較高的原始社會上也很佔勢力，有成爲酋長的。

(11)宗教影響：宗教信仰常表現於社會組織上，如氏族常與圖騰崇拜相連，法律以宗教信仰爲後盾，巫覡僧侶爲社會上重要階級，常有兼握政權的，社會慣習都常與宗教禁忌及魔術有關。

社會組織的內容——社會組織若專從原始社會着眼較爲簡單，但依研究者的眼光而也有不同。最初莫爾更氏只注意根於血緣的團結，例如家族氏族。其後歇茲氏(H. Schurtz)及韋勃司德(H. Webster)乃專門注意於根於血緣以外的團體，即各種集會結社的研究。羅維氏(R. H. Lowie)始合併兩種組織於其原始社

會 (Primitive Society) 一書中。但他們都未詳言社會組織的內容究竟如何。利維斯 (W. H. R. Rivers) 在其社會組織 (Social Organization) 書中說了一點，他以爲這種研究應包含社會構造的形式及其要素，並及其相互關係及作用。社會構造的形式便是家族的，政治的，職業的，宗教的，教育的，結社的各種。諸種可分屬二類，一爲隨意的 (voluntary) 一爲不隨意的 (involuntary) 例如家族的，政治的，宗教的便屬不隨意的，而各種結社集會則屬隨意的，職業在原始社會也是不隨意的。

高登韋塞 (A. A. Goldenweiser) 在初期文化 (Early Civilization) 中分析較詳，他說：社會組織由各種根據成立。第一種根據是地域，由此而成的集團是家庭 (home)，鄉村，市鎮，部落及國家。第二種根據爲血緣，由此而成的集團有二種，一爲眞實的血緣關係的集團即家族，及親族，二爲虛擬的血緣關係的集團即氏族，半部族 (moity) 結婚組 (marriage classes)。第三種根據爲性別，由此成立男女的羣。第四種根據爲年齡，第五種根據爲世代。地域是空間的關係，血統及性別是有機的關係，年齡及世代爲時間的關係。這些集團都有其作用，但其作用是交錯的，即一種作用不止由一種集團舉行，而一種集團也不止具一種作用，例如經濟的作用由家族，氏族，地方集團，性別的羣行之，而家族一種集團也兼行經濟，宗教，教育，法律等作用。除上述的集團以外還有一種只根據作用而成的，例如作業的集團，宗教軍事醫術的結社（祕密結社屬此），特權承繼的階級，職業世襲的階級，財富的階級等。社會區分 (social divisions) 永遠是傾於舉行文化的作用及擬出新的作用而作用也永遠是傾於附屬以已存的社會單位及創造新的單位。一個人不只屬於一個社會集團，他可以兼屬於家族，氏族，地方團體，結社，年齡集團，性別集團，世代集團，生業集團或世襲階級。

利維斯與高登韋塞的系統名目雖不同，其實大同小異。高登韋塞的空間的有機的時間的三種集團大都可以符合於利維斯的不隨意的團體，作用的集團則屬於隨意的團體。此外分別社會組織極爲詳細的有吉丁斯(Giddings)在歸納社會學(Inductive Sociology)所列的，因他是包括文明社會與原始社會而論的，此處無需引用。

社會組織演進說的爭論——社會演進論的學說在社會組織方面最多，屬社會演進論派的有斯賓塞，泰婁(E. B. Tylor)，巴學芬(Bachofen)，麥連南(Mc-Lennan)，莫爾根(Morgan)等人；反對派則有宣頓(Swanton)波亞士(F. Boas)羅維(Lowie)高登韋塞等人。羅維的原始社會(Primitive Society)正與莫爾根的古代社會(Ancient Society)針鋒相對，很可代表兩派的論調。他們的學說例如舊派(演進論派)主張原始時代亂婚普遍，說新派(反對派)說沒有證據；舊派區分結婚形式以及結婚手續的演進階段，新派說事實上不一律；舊派說氏族先於家族，新派說家族先於氏族；舊派說母系先於父系，新派說兩者先後不一定；舊派主張母權政治在以前極普通，新派說事實太少，且母權也不完全，酋長都是男子充任。這些還是不久以前的爭論，到了最近又有更新的一派擁護演進論，痛駁反演進論派，如卡爾維屯(Calverton)勃里阜(Briffault)等人便是。因有這些爭論所以研究原始社會組織的人很應小心判斷。

本篇計劃——第二三四章分論結婚的三方面因爲結婚是原始社會成立的最重要的條件，第二章內先論亂婚制，第三章內附論特定結婚，因這種結婚也是關於範圍的。第五章論母系與父系因這是行於家族氏族半部族等的重要制度，故獨立爲一章。第六章論家族氏族半部族部落等根於血緣及地域的羣；第七章集會，第八章階級，都是根於作用的羣。第九章婦女的地位專論根於性別的羣。第十章政治，十一章財產，十二章法律，十三章倫理，都是原始社會組織的重要作用。

第二章　結婚的型式

引論——在低等的人類中，性的事件的重大已經有人說得很多了。有些人甚至說野蠻人不大想別的事情，而他們的大部分時間和智力都是費於性的事件上。其實最低等的野蠻人可說不犯此咎。在較高等的原始社會方有過度的性的事件，在低等的野蠻人中越軌的性生活幾乎完全沒有。「男子宿舍」(men's house)的隔離兩性，奇異的結婚關係的盛行，許多節日民譚的性質，某種崇拜的存在(生殖器崇拜)，以及此外許多事情常被引以證明原始人民中性的事情的重大。對於性的事件及某種身體作用的自然的態度，是未開化社會的一種特性性的事情，誠然不是被避忌的。對於我們所以爲廉恥的事他們常有過犯，但是我們的廉恥的標準卻不行於原始的社會中。野蠻人雖是犯了我們的是非的準則其實還可以說他們的心理是很潔淨的。

性慾的事件與結婚實爲兩事。性慾爲生理上的事情，結婚則爲社會上的事情。討論結婚時應當以合法的嫁娶爲限，由社會學言之，性的結合若不爲風俗與法律所承認的便不算爲結婚。

結婚的定義據人類結婚史專家魏士特馬克（Edward Westermarck）最後所擬是：「一個或一個以上的男人與一個或一個以上的女人的關係，這種關係是風俗或法律所承認並含有某種權利與義務於兩方以及由此而生的小孩之間」，所含的權利與義務自然是有很大的差異。又這個定義裏也不指定是一個女人絕對的佔有一個或一個以上的男人，或一個男人絕對的佔有一個或一個以上的女人。

結婚的社會作用有二種。（1）結婚可當做人類社會用以規定兩性關係的手段。這一種意義很明顯。（2）結婚又可當做個人生於社會中獲得某種一定地位的手段，由此而他或她的對於社會中餘人的關係方被決定。每個小孩即因其爲由結婚而生的一個小孩而取得在社會構造中的地位。社羣中有些人成爲他的親人，有些人則雖非親人而卻是同氏族或「半部族」（moity）的人，有些異性的人是可結婚的，有些則不可：所有這些以及此外的關係都是由於出生而定。以上兩種作用尤以第二種的更爲緊嚴。

亂婚制（promiscuity）——古典派社會演進論學者以爲結婚的形式也是有幾個相連續的階段。照莫爾根氏（L. H. Morgan）所說最早的結婚階段是「亂婚」，即性交不受任何規則的限制。亂婚的正反對是義務性的一夫一妻制，故被當做最後的階段，而其間則有幾種中間性的制度。他們以爲世界上各民族一定都曾經過亂婚的時代，其後慢慢一段一段的演進，其進到一夫一妻制的已經是文明民族了。這種學說曾盛過一時，但自從反演進論派興起以後除極少數人外幾乎凡研究這問題的人都不贊成亂婚曾爲普遍實行的一種制度了。反對派以爲這種學說的錯誤在於缺乏證據，而卻有許多相反的事實。有些文化很低的民族例如非洲布須曼人（Bush-men）安達曼的人（Andamanese）印度的吠陀人（Veddahs）都實在是行緊嚴的一夫一妻制的。

亂婚普遍說也有其來源。其一是古書，旅行記和傳教師的記載。

第二種的來源是文化的「遺存物」（survivals）。有些風俗或制度現在已經沒有何種作用，但他們的存在可以證明他們在以前也是有作用的，這便是所謂遺存物。主張亂婚說的人舉出幾種風俗說他們是以前亂婚時代的遺留物，由此可以證明亂婚制的存在。但反對派以爲這些風俗卻另有別種意義，不能即說是亂婚制的遺留物。這些風俗之中其（1）是「兄弟婦婚」（levirate），依這俗，兄弟死後應娶其寡妻。據亂婚說的學者說這便是亂的遺俗。反對則以爲這種風俗可以不必解釋爲遺存物，因爲他是有現存的作用的。據魏士特馬克泰婁（E. B. Tylor）羅維（R. H. Lowie）等人說這風俗實是由於以結婚爲家族與家族間的契約，而死者的家庭應當負担其寡妻的生活。還有一種「妻姊妹婚」，（sororate）也是因爲是家族與家族的契約，故一個死了再續一個。（2）亂婚的又一種證據是「生殖器崇拜」（phallic worship）。反對派則說這種風俗其實並不行於最原始的民族中而是行於文化較高的人民如希臘羅馬印度等。在印度其發生且更遲。崇拜這種生殖的能力卽生命的象徵，並沒有甚麽難解的意義。這種風俗實和農業有關，因爲希望農產物的豐收常有行使魔術的儀式的，而這種風俗也確曾見於許多民族的春節。（3）還有古時巴比倫希臘迦太基意大利等處所行的「神聖賣淫」（sacrpd prostitution），反對派也解釋爲宗教上的淫亂儀式，不過是特別發展的崇拜生殖的風俗。（4）還有所謂「穢惡的結婚儀式」如「初夜權」（Gus Primae Noctis）等。據巴學芬（Bachofen）和拉卜克（Lubbock）都說這是「個人結婚的贖罪」（expiation for individual marriage）。他們說婦女由公有而轉入個人之手時便是犯了團體的權利，故須先向大衆贖罪，贖罪的手續便是使新婦先侍寢於酋長僧侶等領袖以及新郎的朋友，這便謂之初夜權。還有歐洲中古時「封君的權利」（Droit du Seigneur）也是相同的。反對派如魏士特馬克則說這種風俗或者是由於「處女血恐怖」故希望由宗教人物或顯要人物之交合而祛除不吉，卽使是一種權利也不是個人的威權的結果，未必便是古代亂婚制的證據。（5）「羣婚制」（見下文）在亂婚說派以爲是亂婚變成，但反對派又以爲此制反是一夫一妻制的變體，卽起於一對夫婦而擴大其性的關係；不像是縮小範圍的的亂婚制。（6）還有親族階級制度（classificatory system of relationship）也是亂婚的證據。最著名的是夏威夷的風俗，凡屬同輩行的親族便當做一個階級，除年齡及性別外只用一個名稱。例如「父親」一個名稱除用於本父以外凡父的兄弟以及母親的兄弟都呼以此名。又如「母親」除用於母親以外又用於母的姊妹以及父的姊妹。「兄弟」「姊妹」用於兄弟姊妹以及父之兄弟姊妹的子女及母的兄弟姊妹的子女。這種風俗據莫爾根說可以證明以前在同輩行中都有性的關係。一個人的伯叔父舅父也稱爲「父親」是因爲他們可以和他們的母親及姊妹有性的關係，而一個人的所有甥姪也便是他的子女，因爲他和他的姊妹從姊妹表姊妹都可以有性的關係，他們都是他以及其他「兄弟」的妻。反對派以爲這樣以親族名詞爲源於性的關係的說法，很有難處；因爲照此說「父親」的意義爲「生殖者」或「或然生的殖者」，但母親便不能依此說法了，因爲她們只生自己的子女至於其他的子女卻顯然不是她所產生的。由此可見以此爲亂婚的證據實是不對的，因爲這種制度不過是根於血緣的親族關係並不是根於性的關係。

主張亂婚說的前有莫爾根後有李維斯(W. H. R. Rivers)等，他們所提出的證據以及批評者的話已述於上，我們再看反對派如魏士特馬克羅維等人的學說。這些學說可分爲動物學的，生理學的，及心理學的三種。(1)動物學的說法以爲在類人猿中其幼稚期已經延長，幼兒的養育有需於父母的協作；和人類最相近的動物其性的關係已經不是的亂交了。在動物界中夫的忠心已存在，父與母協力從事生活資料的營求也已有過；故許多最低等的民族所行的一夫一妻制定是直接由動物界傳下來的。(2)生理學的又稱生物學的說法較難證實。這說以爲亂交必發生極近的近親生殖，這或者爲亂婚制流行的阻礙。(3)心理學的說法爲魏士特馬克所主張，這說是根於人類以及動界中性的妒忌的存在，特別是男性的妒忌尤爲亂婚的障礙。雖是有些民族如行一妻多夫制或羣婚制的民族妒忌心很薄弱，但是由於社會的慣習或爲別的利益而漸泯其妒忌且對於妻若生厭嫌時妒忌便也較少。

羅維說：『性的共有制若說曾完全代替了個別家族，現在無論何處都不存在，至於說牠以前曾有過，其證據也不充分。』魏士特馬克也說：『無數維持亂婚說之事實皆不足使吾人相信亂婚爲某民族兩性關係之主要型態。在人類社會發達的過程中亂婚不曾形成一般的階段，更無從設想爲人類史之出發點』。托則 (A. M. Tozzer) 也說：『性的濫肆與結婚實爲兩事。性的混亂確曾見於有些原始社會中像現代的社會中一樣，但不能說牠曾代替了個別家庭的地位』。

最近勃里阜氏 (Briffault) 著母論 (The Mothers) 一書，針對魏士特馬克的人類婚姻史加以痛駁，重整演進論派的旗鼓，以爲在人類的蒙昧時代亂婚制確曾存在過，反對派所提的證據實是錯誤云。

羣婚制 (group marriage) ——亂婚說的反對者只不贊成無限制的亂交狀態爲任何民族所必經的主要階段而已，至於有限制的性的共有狀態的存在於某個特殊民族是並不否認的。這種有限制的性的共有狀態便稱爲羣婚制，或即稱爲「性的共有制」 (sexual communism)。這種制度使是一羣的男與一羣的女爲夫婦。但男之於女並不是有同等的夫權，一男常有一個正妻，但容許別人和她有關係，反言之一女也有一個正夫，但她得以另找伴侶而且一羣的男通常都是有關連的，對於女人有一定關係，同樣女人們也常是有關連的；或者屬於同一血統；他們並不是隨便湊在一起的許多男女而已。反演進論派以爲此制並不曾排斥其他婚制而爲唯一的主要制度，他是由別種結婚同時並行的。

這種風俗行於澳洲，西伯利亞，美拉尼西亞，玻里尼西亞等處。西伯利亞東部的朮支人（Chukchi）中很爲盛行。再從兄弟再表兄弟或再再從表兄弟或者無關係的人如要促成鞏固的友誼便結合爲一個共妻的團體。親兄弟不加入，無妻的也不得加入，因爲這是根於交互的原則的。一團體有時擴至於十對夫婦。這些會員卻不住在一處。他們各住一方，不過於會員來訪時使妻侍寢，故其機會不常有。同住一處的人不喜加入這種團體，其理由是因大家近在一處恐陷於完全的亂交狀態。反亂婚說派說由此可知這種制度其實不是限制的亂婚，而是出於交互的敬客之意，不過是個人結婚有時擴大丈夫的性交權利於丈夫的同伴而已。還有澳洲的埃耳（Eyre）湖邊的狄耳里（Dieri）和烏拉布那（Urabuna）兩個部落的團體婚也很有名。狄耳里人的小孩例須和母親的母親的兄弟的女兒的女兒或者母親的父親的姊妹的女兒的女兒一個結婚，童年時便定了婚，故一個男孩必有一個妻，一個女孩也只有一個夫。但到了完婚以後，一個女人除爲一個人的妻外卻另爲幾個已婚或未婚的男人的妾；但這些男女須是有如上所述的親屬關係的。故兄弟可以共妻，鰥夫可以兄弟的妻爲妾，客人如屬於上述的親屬關係的也可以主人的妻爲暫時的妾。通常妾的分配常由長老會議舉行之。實際上特殊的人物妾數較多，普通的人常只以一個女子爲足。在此制中有二個要點，一是妻與妾如同住一處時，妻較妾爲優勝；二是正式定婚的夫權力最大。凡副夫不得引誘其妻使離開正夫，只可於正夫不在時或其允許方得享受其副夫的權利。妻若不得正夫的允許也不得擅自選擇副夫。

一妻多夫制（polyandry）——行此制的民族屈指可數，只有一部分的挨斯基摩人，非洲班都族（Bantu）中的巴希馬人（Bahima）迦那里島（Canary Is.）的關折人（Guanches），馬圭沙島（Marquesas Is.）的土人，阿留特島人（Aleuts）以及可爲標準的南印度人和西藏人。

一妻多夫制有二式，其一是「兄弟共妻」（adelpkogamy），即兄弟共娶一妻，行於西藏，又其一是「非兄弟共妻」又稱爲那兒式（Nair type）行於印度東南方馬拉巴（Malabar）地方的那兒人中。在西藏的兄弟共妻制一個人結了婚，他的兄弟也同時有了妻。他們很和睦地住在一處，生小孩時諸兄弟都是父親，但最大的哥哥行了一種儀式叫做「弓箭的給與」（giving the bow and arrow）於是他便成爲法律上的父親。在那兒式諸夫常分住各村，妻輪流尋找他們。生了小孩則最先結婚的男子也行了弓箭儀式而成爲小孩的法律上的父親。他繼續做二三個小孩的父親以後，別的丈夫方得爲父親。像這樣社會學上的父親與生理學上的父親是不相符的，印度的托達人（Todas）中兄弟共妻與非兄弟共妻兩式都有，其行前式的像西藏一樣，其行後式的妻大約與每一個丈夫住一個月，有時法律上的父親死已久了，但因還無人行弓箭儀式，故別人所生的小孩還算是死人的孩子。托達人的一妻多夫大約由於溺女，近來此風漸衰，女性漸增，但他們卻不改爲一夫一妻，而反變爲多夫多妻，即團體婚。例如前者爲三男共一妻今則改爲三男共二妻了。一妻多夫俗據說古時還曾行於希臘人，英國的克耳特人（Celte）以及閃米特族人等。

一妻多夫俗的起因或說是由於生活環境不佳，故須由多數的丈夫贍養一個家族。又有人說溺斃女孩也是一個原因，挨斯基摩人中確有如此的，而托達人大約也一樣，但行農業的西藏人與馬圭沙島（Marquesas Is.）人卻不曾溺死女孩。又有說是由於男子時常外出故需別人繼續爲夫以照應其妻。還有說是由於不能生育故讓別個男子參加以達生子的目的。

一夫多妻制（polygamy）——此制與前一種不同，行於世界上大部分地方。常和一夫一妻同時並行，因爲兩性的比例不能容許全部分人實行多妻。此制的形式視乎諸妻的同居與分居而異。盛行此制的民族首推非洲土人，一個人擁有五個，十個，二十個，甚至六十個妻的都很常見。大酋長的妃嬪自數百人以至於數千人，如阿山的族（Ashanti）的法律限制王妃之數爲三千三百三十三人，羅安哥（Loango）及烏干達（Uganda）的國王傳聞都擁有妃嬪七千人，比之中國皇帝的三千佳麗更多一倍。此外在現代民族中以狩獵或採集食物爲生的低級民族以及初期農業民族少有行一夫多妻的，盛行此制的多屬畜牧民族。在古代的民族也多有行一夫多妻的；如巴比侖人，希伯來人，阿剌伯人，斯拉夫人，斯堪的納維亞人，愛爾蘭人等都是。我國人自古以來便行此制，還有日

剛果土人的一夫多妻　(採自 National Geographic Magazine)

本也曾行過。

一夫多妻制發生的原因，據魏士特馬克所舉分爲間接的與直接的兩種。間接的原因便是女性的數比男性少。直接的原因則爲男子欲得多妻的願望，約述於下：（1）由於「週期制慾」，在低等民族月經期姙娠中男子必須禁慾而小兒乳育期使丈夫更須制慾甚久，故須別覓婦女。（2）由於女性較易衰老而男子常喜新厭故如摩洛哥的摩爾人以「人不能常常吃魚」譬喻男子不能以一妻爲滿足。（3）由於獲得子嗣的願望。無子時希望由多娶而生子，東方各國人常以此理由而實行多妻。雖已有子也希望繁殖更多以擴大家族增加聲勢。（4）多妻在物質方面能使男子安適，或由妻的勞動而增加財富。非洲的東部及中部土人妻愈多者愈富，男子爲妻所維持受妻奉養。（5）多妻又能增大男子的聲譽權威，提高其社會地位，故剛果土人稱述酋長偉大時必歷數其妻，而旅行家也常說男子的偉大與妻的數目爲正比例。

有多妻制的民族中其實行多妻者通常只限於有財力有權勢的人，餘人仍是只有一妻。例如東非洲的奇枯尤族（Kikuyu）中一夫一妻制很常見，二三妻的也普通，只有富人方有六七妻。多妻制的限制其（1）是婦女的數目不足，如上述奇枯尤族的多妻數並不大，但已有許多男子不易獲得一妻。（2）多妻的購置力不易，例如中亞吉利吉斯人（Kirgiz）雖改奉回教也常因無力購買第二個妻而不能行多妻制。（3）行「女家居住」（matrilocal residence）即丈夫住居妻家的因須得岳家的允許方得多娶，故也不易行多妻制。（4）婦女的妒忌也能阻礙多妻制。(5)夫妻有愛情也能使男子以一妻爲滿足，無論文明人野蠻人甚至動物中如鳥類據說也有這種純潔專一的戀愛的存在。

一夫多妻雖是女性低弱的表徵，但丈夫的多娶有時反是妻所主張，因爲多加同伴可以分擔義務，例如奇枯尤族術支族的婦女便有如此的。行一夫多妻制的民族又有傾向於一夫一妻制，以最初一妻爲大婦（principal wife）後娶的則呼爲小妻或妾，其地位與大婦懸殊。例如西伯利亞土人中妾之於大婦不過如婢女一樣。又如新幾內亞的凱族（Kai），爲大婦的可使妾汲水燒飯等事。非洲瑪賽人（Masai）也是這樣。在諸妻間的相處情形，固有頗爲和睦的，如西伯利亞的科利押人（Koryak）朮支人據說便如此，還有行妻姊妹婚的軋轢也較少；但由於婦女的妒心容易發生家庭的不安，如回教國人印度人希伯來人波斯人馬達加斯加人都有這種記載，如希伯來語「次妻」"Hassorah"意即爲「女人之敵」，非支人（Fijian）中據說曾有諸妻相爭咬去鼻頭的話，比之我國的「人彘」可謂無獨有偶。

總之，一夫多妻制雖在大多數原始民族中均被承認，但實行此制的人究屬一團體中的小數，其大多數人都還守一夫一妻制。

一夫一妻制（monogamy）——反亂婚說派以爲在現存未開化民族中，低等階段的狩獵者與初步的農業民族反發現嚴格的一夫一妻制，如南美印第安人馬來半島土人，錫蘭的吠陀族（Veddas），菲律賓的尼格利陀人（Negritos），以及非洲的矮民（pygmies）等都是嚴格的一夫一妻在畜牧民族間較少，古代文明民族則巴比侖法典曾規定婚姻爲一夫一妻，但妻若患病或無子夫得多娶。埃及除王族外實行多妻者亦少。希臘認一夫一妻爲唯一結婚形式，但得納妾。羅馬的婚姻制爲嚴格的一夫一妻，法家且以納妾爲非法。基督教贊成一夫一妻但對於多妻不曾激烈非難。據魏士特馬克研究的結果以爲人類結婚的基本形式是一夫一妻制，『在實行一夫多妻一妻多夫或團體婚的地方亦必有一夫一妻制與之相並存在。而且一夫一妻制在許多民族中都由習俗及法律公認爲唯一的婚姻型態。此種趨勢或單由於習慣力的伸張作用，或基於以一人擁有數妻致令他人鰥居爲不當的觀念，或因一夫多妻有傷女子的人格，或因耽於淫慾遭受非難等等』。又說：『文明進步到某一階段一夫多妻曾爲適者而存在；迨文明達到了最高的一段斯爲一夫一妻的天下。……轉向一夫一妻的趨勢基於種種理由：文明人沒有在妻的妊娠中及出產後長期分離的迷信，希求子嗣的意念漸形淡薄；多妻不復爲生存競爭的幫助而反成爲重荷；多子多妻不再爲富與勢力的原因，戀愛的感情更爲細膩，因之更能持續。以前凌辱女性的情感今則改爲敬意……』。至於將來的社會中那一種的結婚型式能夠存在？或說是一夫一妻，或主張一夫多妻，據魏士特馬克的推想則以爲：『假如人類向着從來的同一方向而前進，因而在最進步的社會中促成一夫一妻的原因不斷增加力量，特別是能夠尊重婦人的感情，及婦人在立法上的地位，則我們可以毫不躊躇地斷言在將來的社會中不會廢除一夫一妻的法律』。（魏士特馬克的話依王亞南譯文）

第三章　結婚的手續

掠奪結婚（marriage by capture）——以前的學者曾主張掠奪結婚曾經普遍實行過，這種風俗確曾存在於有些民族中。依此俗，一個男子不待女子自身與其親族的同意竟用武力奪取爲妻，所掠奪的女子或屬己族的或屬異族的，但在己族中施行獸性的暴力爲很多民族所不許，實行此俗的現存民族有南美火國土人，巴西土人，北美平原印第安人，亞洲北部的尤支人，薩滿伊人（Samoyeds），奧斯第押人（Ostyaks），卡爾穆克人（Kalmuchs），印度的布伊耶人（Bhuiyas），以及馬來羣島，美拉尼西亞，澳洲等處土人。在古時閃米特族人如希伯來人阿剌伯人中廣行此俗。印度的摩努法典（Manu）以掠奪爲八種正當的結婚方法之一。希臘人及條頓族人古時也曾行過此制。

主張掠奪結婚普遍說的學者並在不行此俗的民族中舉出某種風俗以爲是古代掠奪結婚的遺迹，如假戰，假被盜，藏匿女子，女家途中留難，新婦哭泣表示悲哀等都是。假戰（sham-fighting）便是丈夫邀親友假做往女家搶妻，女家也假裝抵抗，以此爲結婚的一種儀節。這些風俗很多民族都有，即我國民間也尙存留着。但反對派以爲這些風俗除解釋爲掠奪結婚的遺俗外也還有別種解釋，或以爲是由於要試驗男子的勇敢與靈敏，或以爲是因爲羨慕眞的掠奪故模做其狀。或以爲由於女家惋惜失女，故發生躊躇及留難。或以爲是由於女性羞澁的表現及貞潔的表示，因爲不肯無抵抗而失身正爲良好女子的好態度。或又以爲是佔有的象徵，表示妻子的從屬及屈伏於丈夫。又有一說以爲摸擬鬥爭有淨化的意義可以使新婦袪避凶邪。更有以爲摸擬爭鬥是起於兩性間的衝突，幫助女方的常爲女性友人，因爲他們將結婚當做婦女的受辱。

澳洲土人的掠奪婚

(採自 Elliot - Romance of Savage Life)

還有一說以爲此俗有時是由於中表結婚的改變如南印度土人有行中表結婚的如娶以外的女子則須賠償其表姊妹，或並舉行假鬥的儀式。又有一種解釋，以假戰爲表明妻的私有的，如美拉尼西亞土人便舉行這種儀式以避免「老人」的壟斷婦女。

魏士特馬克說：『沒有一種民族以此類婚姻爲一種普通的或常態的方式。我們似乎可以窺見掠奪婚姻大抵是由於戰爭的結果，或者因爲依普通方法獲妻的困難與不便而採取的一種非常手段』。（採王亞南譯文）托則氏（Tozzer）也說：『沒有人敢說妻的掠奪不是事實；但這並不是普通的方法而且也不曾在古代人民中普遍行過。掠奪來的婦女也像是常爲妾與婢而不是妻』。

買賣婚（marriage by purchase）——演進派的人類學家又以爲掠奪婚後來退讓於買賣婚。斯賓塞以爲文明進步則買賣常代替暴力。反對派則以爲有幾式的買賣永遠是常態的結婚法，而行買賣婚的民族有不曾行過掠奪婚的。故這兩式的次序不一定。依此制，其代價等於女家在經濟上之損失，其價格或爲一定額的財貨，或依所買婦女的容貌，能力，年齡，境況，生育力而定。如爲自小定婚的，則買價分次自出生時起交納。買價有時被視爲投資，其利息則爲妻的工作出產及所生小孩，如無甚出息則其投資爲不合算，而妻可以送還其父母家。有時妻也得由父母家贖回，例如北美瓜球土印第安人（Kwakiutl）買妻生了小孩則妻父可以交還原價再加利息贖回其女；如生一個小孩，則利息約爲原價的二倍，小孩多則利率也高。贖後如妻不願與夫分離可以自由居住，但如

印第安人的買賣婦　(採自 Elliot—Romance of Savage Life)

出自夫意，須再送代價於岳父。中亞的吉利吉斯人爲父的替一個約十歲的兒子定一個女孩爲婦，其價有達八十一頭牛的；分期攤還，到了已歸還大部分後未婚夫方得去看未婚妻，全部還淸時便完婚。其妻全被當做夫的所有

Santa Cruz 島土人買妻用的羽幣

（採自 National Geographic Magazine Vol. 52）

物，和外家斷絕關係。非洲西部的賀族（Ho）甚至在女孩出生以前定婚，先送臨時禮物，以後按月送子安貝（貨幣）於女孩，並幫助其父耕種及他事，到了成熟期便結婚。新幾內亞巴布亞人的凱族（Kai）男子致送一個野猪牙，一匹猪及別種珍物爲買妻的代價於妻的舅父及兄弟，對於妻父則供給某種工作。買得後妻全爲夫的所有物，夫死後由夫的兄弟或其他親族承受，犯姦淫罪由夫處罰，如與人私奔則夫得要求退還買價以賠償損失。南非洲的頓卡人（Thonga）以「羅卜拉」（Lobola）即聘金買妻，其羅卜拉大都爲牛或鋤；女家賣女後有時即以該羅卜拉買媳。女兒如私奔則女壻得向岳家索回羅卜拉，但羅卜拉已爲買媳用去，於是不得不將新買的媳送給女壻即她的小姑夫爲妻。羅卜拉不但買得婦女並買得婦女的出產，故妻如無子而死去，則夫可要求退回羅卜拉，反之如羅卜拉不曾交完，則妻雖生子其

子也屬母家。

買賣婚在許多文明民族中自古通行，有繼續至於近時或現在的，如巴比侖人，阿剌伯人，以色列人，希臘人，條頓人，斯拉夫人，克耳特人，印度人，中國人，日本人等都是。

買賣婚俗中有時附有回贈，其額有多至與原價相等的，甚且有超過的，這種回贈常成爲新娘的嫁奩。嫁奩愈多的，買賣的意義愈少。

魏士特馬克以爲買賣婚的名詞不很正確，據說：「親族並未以女子當作產物變賣。在新郎方面的贈物所以表示好意或尊敬；所以證實自己具有維持妻的能力；能保障傍人所加於妻的侮辱，並得防閑妻的不貞行爲。在許多場合，新娘的價格係當作女子嫁出後蒙損失的賠償，或者在結婚以前爲扶養彼女所費的經費的彌補」。（用王亞南譯文）魏氏這話在一部分的買賣婚的事實是很合的，但對於上舉的嚴格意義的買賣婚卻不甚合。再看羅維（Lowie）所說的便可明白。他說：「買賣婚姻有很多種，無論在心理上或法律上都不相等。有些地方，婦女在所有企謀及目的上都是可轉移的可承繼的一種動產；在別的地方則空存買賣的形式而已，因爲新娘的代價已經爲回贈或嫁奩所對銷或超過」。

服務婚（marriage by service）——掠奪婚是無賠償的結婚方法，買賣婚和服務婚都是有賠償的，即以財貨或勞力賠償女家的損失。便是依服務婚制男子須在一定時間內住居妻家爲操勞役。其時間自一年未滿，以至於十餘年不等。期滿攜妻而去。有些民族以此爲正當結婚法，有些則以此補助買賣婚，又有於服務外加付代價的。行此種結婚法的民族如印第安人，西伯利亞土人，印度支那人，印度原住民，馬來羣島土人，一部分非洲土人等，又古代希伯來人的傳說中也常說及此俗。

服務婚除以勞力賠償女家損失外，還有試驗新郎的一種意義。女家使新郎從事種種勞苦的工作，忍受痛苦的生活，其意是要試看新郎的能力與性情能否負擔一個家庭。例如西伯利亞的科利押人（Koryak）中便顯有這種意義的服務婚，又如東埔寨北美大湖地方的 Naudawessies 族南美印第安人也是這樣。

斯賓塞以爲服務婚是繼買賣婚而興的較進步的結婚法。魏士特馬克卻說服務婚在狩獵民族即較低等的民族中間也頗爲盛行，故兩者未必定有先後之分。

交換婚（marriage by exchange）——這也是有賠償的結婚方法。依這法，甲乙兩家互相交換一個女子爲妻，因爲互以女相賠償故此外無需別種賠償。行此制的民族父母常爲其子女互相交換，或男子自己交換其姊妹或親族中的女子爲妻。交換婚常有與「特定結婚」（preferential mating）相交錯的，其制一個男子必須與表姊妹結婚，故兩個表兄弟如各有姊妹便可交換其姊妹爲妻。這種婚姻行於澳洲及陶列斯海峽羣島（Torres Straits Is.）。澳洲土人的行此俗或以爲是由於貧乏無買妻的代價，但也有說是由於親族關係過於緊密結婚範圍太受限制，故兩方的兄弟姊妹如有可以結婚的關係的便行交換了。

私奔婚(marriage by elopement)——男女由自由意志私奔結合在原始民族中也不是少見的事，如因新娘代價太貴，幼年許婚，婦女交換，女子爲長輩所專有，父母及其他親屬的阻礙，或男女有浪漫的傾向便出於此。結婚在原始社會中常只是團體間的契約，其間無愛情之可言。當事人雖已成年但主持婚事的權常屬於父母，尤其是父親，此外還有姑母舅父兄弟等有時也有力量，近親以外甚至有須取決於部落的（澳洲）。女子的結婚自由較男子尤少，而且過去在經濟狀況較進步的民族中較之下級的爲減少，分析言之卽在狩獵農業畜牧三種經濟狀況中婦女的結婚自由都是在高級的反少於在低級的，而畜牧的較之其餘二種爲尤少。在最低級的文化中青年男女並不是沒有戀愛的事情，他們能自行主持定婚，但其後由於財富集積，買賣婚發達，家族與氏族的重要增進，於是血緣的羣便成爲締婚的必要參加者了。

私奔在許多民族都視爲結婚的一種方法，或爲結婚預備的手段，但在結婚手續上總不能稱爲完備，故其地位常比不上買賣婚交換婚等。如在美國蒙坦那（Montana）的鴉族印第安人（Crow Indians）很有機會給男女私行戀愛，且很有些成爲不止一時的結合。但在部落中的意見，對於這種結婚總認爲比不上買賣婚，以爲後者較爲尊貴且也較會持久。這種意見是因爲事實上一個男子的買妻必求最有貞潔名聲的女子。因此一個鴉族的男子一生常有幾個情侶和一個正式購買的妻。他們中的婦女也可以私和男子結合，只不過不能算做有理想上的完滿而已，而且她若不常換其配偶便也不會引起非難。

原始時代的私奔

(採自 Eichler—Customs of Mankind)

黑衛(Hervey)島新郎新娘回門之歡迎禮 (採自 Elliot—Romance of Savage Life)

第四章　結婚的範圍

各民族結婚的範圍未有無制限的，有的限於團體內，有的限於團體外。麥連南氏（McLennan）於是創出二個名詞（1）凡規定個人的配偶限於自己的團體內的，稱爲「內婚制」（endogamy），（2）凡個人的配偶須於自己的團體外尋覓的稱爲「外婚制」（exogamy）。所謂團體或指家族氏族等血緣團體，或指鄉村階級等非血緣團體，並無一定。

內婚制——印度的階級是行階級內婚制的好例，其四階級間絕不通婚；而同一階級內通常再分爲若干小階級，其間也有不得通婚的。馬達加斯加的荷哇人（Hovas）因原是由馬來羣島移去的故也自居爲貴族，行嚴格的內婚。坡里尼西亞的貴族與平民也各行內婚。古時羅馬的貴族與平民，條頓族的自由人與奴隸也曾行此制。我國六朝時門第的區別很嚴，高門不肯與寒門通婚。還有古埃及的皇室與祕魯的古王朝還不屑與其他貴族結婚，而只就近親內尋求配偶，甚至兄弟姊妹自相爲婚。

種族的內婚制也很常見。如現在的美洲印第安人與白種人間還有些不肯通婚的。孟加拉的窩拉昂族（Oraaon）和阿散姆的（Assam）的巴丹姆族（Padam）都嚴禁與外族通婚。非洲的伯伯人（Berbers）也行族內結婚。古時則羅馬人也不與外族通婚，阿剌伯人也行同族婚。

宗教團體也行內婚制，如猶太人不與基督教徒結婚，至今還以純粹內婚者為多。基督教徒也不贊成與異教徒結婚。回教也只許在教徒內自相結婚。

近代文明民族已漸漸漠視階級種族宗教的區別，而擴大結婚的範圍，故內婚制也漸漸衰替。

外婚制——外婚制行於血緣團體地方團體或只有共同名稱而無血緣關係的團體。

行於血緣團體的外婚制最為普通。凡犯這種禁例的稱為「亂倫」(incest)其罰常為死刑。在最狹的家族範圍內性的關係普徧地被禁。兩親與子女的配合絕不會被容許。同父母的兄弟姊妹的結婚也多被禁止，故其事很為罕見，止有夏威夷，祕魯（印卡王朝）和埃及等數處而已。西伯利亞的朮支人(Chukchee)有一段故事很能表出對於亂倫的畏懼。據說以前的居民曾因饑荒而死亡，只有二人存留，一個是成長的女子，一個是她的小弟弟。她養大了小兄弟後，請求和他結婚。她說若不如此便要滅種，而且這事別無他人曉得，但他卻不贊成，說這是被禁止的事。於是女子另去別處造一所屋子，自己另製新衣，然後引誘兄弟到那邊去，自己化裝為另一個女人和兄弟結婚。其後便生傳下來，成為一個民族。兄弟姊妹以外，舅父與甥女，伯叔父與姪女，姑母與內姪的結婚也有實行的，如印度，猶太，德國，祕魯，但也常有禁止的，如法蘭西意大利比利時荷蘭瑞典等處。我國清初的皇帝也有娶姑母的，但漢人則視為亂倫。

以上所說的是範圍最狹的血緣團體，至於較大的血緣團體則常只選擇其中的一部分，即所謂「選擇的親屬」(selected kin)，加以外婚的約束。除了最低等的原始社會，大多數民族都分爲二個或二個以上比家族更大的團體。這些團體便叫做氏族 (sibs, clans, septs) 及「半部族」(moieties)。常是「一面的」，即其繼承是只計父母二人中的一方。外婚制使爲這種團體的特徵。氏族的行外婚制是很普通的，也可說是普遍的情形。半部族是大於氏族而小於部落的團體，一個部落有分爲二個半部族的，每一個半部族又包含幾個氏族。半部族也是行外婚的。例如甲半部族的男應娶乙半部族的女爲妻，乙半部族的男也娶甲半部族的女。在同一半部族中的氏族不通婚。所生的小孩如該半部族是行母系的便歸母方，父系的歸父方。中國古代的朱陳二姓累世通婚也有些像半部族的關係。

澳洲土人有一種「結婚組」(marriage classes) 的風俗，即「組別制度」(classificatory system)，專爲規定外婚的，最爲複雜。其制有的是一個半部族再分爲一個結婚組，所生的小孩屬於父母中的一方，但與父不同組而自屬一組。表解如下：

甲半部族 { 第一組、第二組 }

乙半部族 { 第三組、第四組 }

例如依父系計算的則其結婚及繼承的規則如下：

甲一娶乙三，小孩屬於甲二

甲二娶乙四，小孩屬於甲一

乙三娶甲一，小孩屬於乙四

乙四娶甲二，小孩屬於乙三

還有一式更爲繁複。每組又再分爲「小組」(sub-classes)，計有八個小組，其式如下：

- 甲半部族
  - 第一組
    - 第1小組(單)
    - 第2小組(雙)
  - 第二組
    - 第3小組(單)
    - 第4小組(雙)
- 乙半部族
  - 第三組
    - 第5小組(單)
    - 第6小組(雙)
  - 第四組
    - 第7小組(單)
    - 第8小組(雙)

每組中的二小組假定稱爲單與雙，親與子不但不得在同一組並不得屬同性質的小組，例如父在單小組，子須屬雙小組，今假使依父系計算，則一個甲半部族第一組第一小組（單）的男人，應娶乙半部族第三組第五小組的女人，其子女屬於甲半部族第二組第四小組（雙）。上表的解釋如下：

甲一1娶乙三5，小孩屬甲二4

甲一2娶乙三6，小孩屬甲二3

甲二3娶乙四7，小孩屬甲一2

甲二4娶乙四8，小孩屬甲一1

乙半部族的男娶甲半部族的女也照此計算，但實際上小孩所屬的小組卻反與父親同性質，例如乙三5（單）娶甲一1，小孩應屬乙四8（雙）實際上卻屬乙四7（單）。這種矛盾之處尚無解釋。結婚組還有更爲繁雜的，甚至除一個有特殊關係的女子以外不能再娶別個。

組或小組都不是氏族，也不是與氏族互相統屬，通常是與氏族互相交錯的，即一個氏族分屬於幾個組或小組，而一個組或小組也包括幾個一部分的氏族，茲引高登委塞（Goldenweiser）的圖解於下：

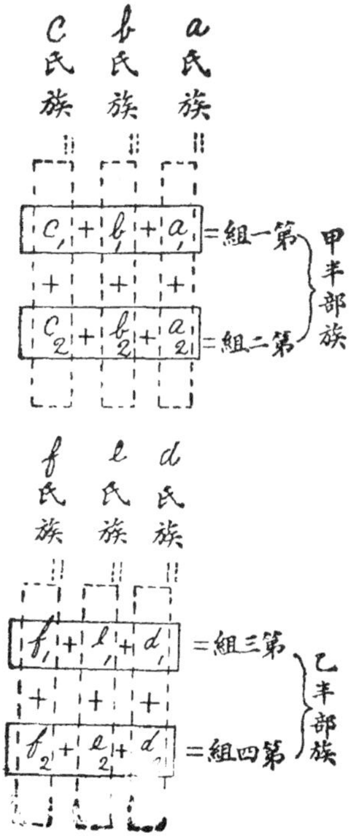

a氏族　b氏族　c氏族

$c_1 + b_1 + a_1$ = 第一組

$c_2 + b_2 + a_2$ = 第二組

甲半部族

d氏族　e氏族　f氏族

$f_1 + e_1 + d_1$ = 第三組

$f_2 + e_2 + d_2$ = 第四組

乙半部族

這便是說：

第一組＝a_1（a氏族）＋b_1（b氏族）＋c_1（c氏族）

a氏族＝a_1（第一組）＋a_2（第二組）。

部落（tribe）是不行外婚制的。始創外婚制及內婚制的名詞的麥連南氏誤以部落爲行外婚的，他以爲普遍的掠奪結婚使部落內部禁止通婚而尋求配偶於外。其實部落常行內婚制，其內再分的團體間方行嚴格的外婚。

如上所述的行外婚的「選擇的親屬」的團體，其所根據的連結帶大都爲共同祖先的信仰，或者同屬一個公名，實際的血緣關係已很渺遠，或者完全沒有。只有這公共名稱的神祕性還很被注意。例如伊羅葛族印第安人(Iroquois)中屬狼族的人不得自相結婚，即使男女二人各屬於很遠的部落也不得通融。這兩個狼族的血緣關係已很難追溯得出，但因其名稱相同便須受不通婚的制限。我國人也行同姓不婚的外婚制，還有姓雖不同而因其相通故也不能結婚的，例如田與陳，莊與嚴。這種同姓不婚的制度與其說是根據血緣，毋寧說是根據共名。

基督教的「靈的親族」(cognatia spiritualis) 也行外婚制。羅馬皇帝據此制定法律禁止教父母與教子女，教父與教母等的結婚，這也是根據於名稱的。

外婚制還有行於地方團體的，凡同地方的人不論血緣的有無都不得通婚，這叫做「地方外婚制」(local

exogamy）但較罕見。

外婚制發生的解釋提出了很多。或以爲是由於溺斃女孩的風俗，或以爲由於掠奪結婚，買賣結婚，交換結婚；或以爲亂婚時代一切婦女都是公有的，只有取自外面的女子方得爲取得的男子所私有，因此遂發生外婚制；或又以爲這是源於動物界的，因爲動物羣中的雄領袖獨佔了全羣的雌，故其餘的雄須求其偶於外。所有這些學說都不能使人滿意。還有一說以爲親屬結婚發生不良結果爲原始人所察知，因而禁止內婚。但這種結果現代的科學也還未能十分明晰，原始人何能確曉而加以嚴禁。如果他們曉的，他們爲什麼只將一個團體分爲二半個外婚團體，只禁親屬中一方的內婚，而別一方仍行近親的結婚；如從或表兄弟姊妹的結婚便行於很多地方。故這說的理由也不十分充足。又一種解釋可稱爲政治說，以爲結婚的向外尋求是由於兩族希望由「和親」而結好。這說所能應用的範圍恐怕太狹。還有一種「魔術宗教的解釋」，以爲一團體的人有很神秘的統一性，這種統一性不但根於實際的血緣，且根於虛構的血緣觀念。如同屬一個氏族名的便有這種神秘的統一性，在這種團體內便不得結婚。如同屬一圖騰的不得結婚便由於此。杜耳耿氏（Durkheim）更以爲原始人對血液有迷信，以血爲有魔術性，尤注意於婦女的月經血，不敢與同屬一種血液的人有性的關係，因之發生外婚。心理分析學家也有一種學說，如佛婁（Freud）主張禁忌（tabu）與外婚說，以爲人類原有亂倫的衝動，故社會制定外婚制以禁止他，尤其是對付父與女，母與子的通姦。

魏士特馬克也主張外婚根於本能說，說明外婚是由於『親近發生冷淡』(familiarity breeds contempt)，據說人和幼時一同親密居住的因過於相熟反沒有戀愛的感情，不但沒有戀愛之情且反有嫌惡戀愛之感。幼時一同居住者大都為近親，故近親間不會有戀愛。魏士特馬克探尋根據於動物界，以為動物常有不喜與相熟的同類交合的，又尋找些人類中的事實以證明其說。這說根本上和主張人類亂倫衝動的佛婁氏不對，還有著圖騰制與外婚制(totemism and exogamy)的佛累則氏(J. G. Frazer)也反對他。佛累則以為如果人類根本上沒有亂倫的傾向何必制定外婚制來阻止他，但實際上外婚制確與亂倫的阻止無甚關係，兩分的外婚團體其效用只能禁止一方的通婚，如屬母系的不能禁止父與女的結婚，如屬父系的則不能禁止母與子。但事實上父女及母子的結婚從不曾見。由此可見親子間確無亂倫的衝動，而反有厭惡亂倫的傾向。這種傾向也存於兄弟姊妹間。但近親結婚厭惡說所能應用的範圍也不大，因為在從及表兄弟姊妹間這種傾向便不明顯，因為世界上有許多地方的人對於表兄弟姊妹的結婚不但不厭惡而且很贊成。人類常對於一部分親屬的結婚不願意，但對於另一部分關係未必較疏的親屬卻又願意。由此觀之，可見對於結婚的厭嫌若離開最密切的親屬即親子及兄弟姊妹以外便不是根於本能(無論是亂倫衝動或結婚厭嫌)而是由於社會規則了。

關於亂倫的規則如在所有原始社會中都是一律的，而亂倫的意義也是一樣，則外婚起源的問題也無難解決。但除開普遍缺乏的親子結婚以外沒有關於結婚禁止範圍的通例。甚至於在文明民族中甚麼叫做亂倫也無一定的意見。例如娶亡妻的姊妹在英國很遲方承認，在我國自來便不成問題；舅父與甥女，舅母與甥男的結婚在基督教國都不禁，在我國卻被排斥；基督教東教會禁止兩兄弟娶兩姊妹，這在我國也覺得可笑；娶兄弟的寡婦的「兄弟婦婚」在我國滿州皇室入關後行了一次，其後因恐漢人訕笑，連史迹都遮掩起來。由此可見關於結婚範圍的禁制在各地方各時代是常有不符合的。

特定婚配（preferential mating）——這是一種很奇異的結婚風俗，是內婚制和外婚制以外的特別制限，又是一種特別的結婚方法。依此制一種配偶選擇法優先於其他方法，當事者必須與此特定的配偶相結合。此制有三主要式，即『兄弟婦婚』『妻姊妹婚』和『姑舅表婚』。三者在原始民族中都常實行。分述於下：

（甲）姑舅表婚（cross—cousin marriage）兄弟姊妹的子女相互的稱呼在各民族很見錯雜。我國以父的兄弟的子女爲從兄弟姊妹，父的姊妹及母的兄弟姊妹的子女合稱爲中表；中表即內外，父的姊妹的子女爲外，母的兄弟姊妹的子女爲內，中表又簡稱爲表。父的姊妹的子女又稱爲姑表，母的兄弟的子女又稱爲舅表，母的姊妹的子女又稱爲姨表。英文"cousin"一字爲兄弟姊妹的子女相互的通稱，"cousin"也分爲二類，但不是從與表，而是「橫貫的」（cross—cousin）與「並行的」（parallel cousin）。兩兄弟的子女互稱爲並行的 cousin（即從兄弟姊妹），而姊妹的子女也稱爲並行的 cousin（即姨表），至於兄弟的子女與姊妹的子女則互稱爲橫貫的 cousin（即姑表及舅表）。若借用生物學上「同胞」（siblings）一語以包括同父母所生的兄弟姊妹，則可以概括說同性的「同胞」的子女互爲並行的cousin，異性的同胞的子女則互爲橫貫的cousin。在原始民族中並行的cousin常不得結婚，至於橫貫的cousin即姑表舅表不但可以結婚並且在有些地方還是特定的，不得不結婚。姑舅表婚在理論上有兩式，一爲舅表婚，一爲姑表婚。實際上兩式有合併爲一的，因爲舅與姑也常由慣習而結婚。除此例外兩式之中以舅表的結婚爲較普通。

姑舅表婚有很有趣的分佈，雖不是普遍的，卻在各大地方都存在。在澳洲西部埃耳湖（Eyre）旁近的部落行舅表婚，美拉尼西亞羣島中有盛行此制的，例如菲支島（Fiji），亞洲南部似乎是此制的中心點，在這裏發達最高，如托達人（Toda）吠陀人（Vedda），及印度緬甸等處的部落如阿散姆（Assam）的密奇耳人（Mikir）還有蘇門答臘土人都行此俗。亞伯利亞也有，如奇利押人（Gilyak），堪察眘人（Kamchadals）通古斯人等都是。美洲較稀，但也不是沒有，如英屬哥侖比亞中部加利福尼亞尼加拉瓜南美乞勃茶人（Chibcha）非洲的蘇丹尼革羅人未明，但在南部及東部如霍屯督人赫勒羅人（Herero）巴須陀人（Basuto）和馬孔地人（Makonde）中卻是正式的婚俗。

在行此俗的民族中，假使一個人沒有姑舅表，則以較疏而同屬一輩的親戚代之。例如在西澳洲的卡列拉人（Kariera）中原是以舅表爲正當的配偶，但如無親的舅表則以母的從兄弟的子女代之，甚或求之於更遠的親戚，只要稱爲舅表的便是了。但行此俗的民族大都竭力求其緊嚴，只要是親的舅表便好，年齡不論，因此有二十歲的女子嫁兩歲的男孩的。

羅維說：這種風俗可以證明亂倫的畏懼不是本能的而是風俗的，若是本能的何以並行的 cousin 不得結婚，而橫貫的 cousin 卻得結婚？又何以有些部落獎勵此俗而其隣近的部落卻不贊成？又何以有些部落只行舅表的結婚而不行姑表的結婚？

這種風俗的寬嚴大有等差，卡列拉人是行強逼的，菲支人容許個人的例外，托達人和加利福尼亞的米惡人(Miwok)尚認其他結婚同爲正式的。

這種風俗的起源有幾種解釋。（1）泰婁（Tylor）以爲這是起於兩半外婚團體的發生和固定的世系規則；在這種情形之下並行的 cousin（從兄弟姊妹姨表）必在同一方，且不得結婚，至於橫貫的 cousin（姑表舅表）則分屬兩方，而可以結婚。今假定世系從父，則發生下述情形：一個人及其兄弟姊妹都屬父的一方即甲方，這個人的子女及其兄弟的子女也都屬甲方，故不得結婚。但他的姊妹因嫁出於乙方，其子女都屬乙方，故與甲方可以通婚。這條解釋似乎很對，但也有幾個難點。其一是親戚程度之差，這種風俗只承認親的姑舅表爲正當的配偶，至於較疏的姑舅表只不過有時代替而已，兩半外婚團體間無論是誰都可結婚，何以生這樣的區別？其次是行姑舅表婚的人民未必有兩半外婚團體的組織，這又是一個難點。（2）利維斯（Rivers）提出一條假說，明言只應用於海洋洲。據說初時是有權的老人霸佔婦女，其後讓其結婚權於姊妹的子，最後卻將自己的女兒給他們。還有

吉浮爾氏 (Gifford) 也提出相似的學說，以爲米惡人的姑舅表婚之前是男人對於妻的兄弟的女兒（內姪女）有結婚權，這種權利由兒子繼承，故發生舅表的結婚。這兩種解釋都須在有這種繼承制的民族中方可用。（3）還有宣頓氏 (Swanton) 說財產觀念發達的民族或者由保存財產於家族範圍內的願望便發生姑舅表婚，例如英屬哥侖比亞人便如此。又有階級的感情也促成這種結婚，姑舅表既不犯外婚制而可以結婚，且又可以保存財產於家族範圍中，故很被獎勵。羅維氏說這些學說都是根據特殊狀態的，姑舅表婚不是起於一種原因，而是由幾種不同的原因，發生於幾個地點。

姑舅表婚對於親屬稱呼發生了影響，一個人若娶其母舅的女或姑母的女，則其母舅也就是岳父，姑母也就是岳母。因此在很多行姑舅表婚的民族中母舅與岳父，姑母與岳母，常爲同一個字。例如在菲支人及吠陀人都這樣。還有一點因爲一個人的姑舅表便是他的配偶，故常有合表兄弟與夫，或表姊妹與妻，爲一個名稱的。更有妻的兄弟稱呼和表兄弟一樣，而夫的姊妹也與表姊妹同稱的。但這種情形如在混有別種結婚制度的便不明顯。

編者以爲我國以前，至少在一部分地方，或者曾盛行姑舅表婚，因爲由親屬稱呼上很可以看出。我國人妻稱夫的父也爲舅，夫的母爲姑，夫稱妻的父母也爲外舅及外姑（爾雅），舅姑二字與上述行姑舅表婚的風俗很相符合。還有甥字現在只用以稱姊妹的子女，在古時則『姑之子爲甥，舅之子爲甥，妻之昆（兄）弟爲甥，姊妹之夫爲甥』，（爾雅）可見姑表舅表與妻兄弟及姊妹夫都稱爲甥，姑表舅表原是母方及父方的親屬，妻兄弟及姊妹夫則爲已身及同胞由結婚而有的親屬，其名稱相同可見兩方卽是一方；這與上述的風俗也同。還有甥字也用以指婿，如所謂『館甥』便是館婿（孟子）。婿何以謂之甥？這只可照上述古訓以甥稱姑表及舅表的例推論其由於姑舅表的結婚而致。以上三種名稱都是兩方相同的，卽妻父與母的兄弟，妻母與父的姊妹（舅姑），姑舅表與妻兄弟及姊妹夫（甥），姑舅表與婿（甥）。這種混淆必不是偶然的而有其原因，但據爾雅的註以及其他的說明都不能使人滿意：例如爾雅釋甥下註『四人體敵故更相爲甥』。又釋名『妻之昆弟曰外甥。其姊妹女也，來歸已內爲妻，故其男爲外姓之甥。甥者生也，不得如其女來在已內也』。汪堯峯說：『男子謂妻父曰外舅，母曰外姑。蓋彼以我父爲舅，我亦從而舅之，懼其同於母黨也，故別曰外舅。彼以我母爲姑，我亦從而姑之，懼其同於父黨也，故別曰外姑』。像這樣的解釋並不曾解釋出甚麼。若由姑舅表婚的風俗來說明便可以完全明瞭，反之由此也可以證明我國古代有這種風俗。

（乙）兄弟婦婚（levirate）及姊妹夫婚（sororate）：兄弟婦婚或襲嫂制是在兄弟死後娶其寡婦，姊妹夫婚或續姊制是姊妹續嫁一個丈夫。這兩種風俗常相合，但也有分離獨立的。

兄弟婦婚的分佈地方很大。泰婁在其時所知曉的蠻族部落中竟發見有三分之二行此俗，現在所知一定更多，故其民族枚舉不盡，反不如指出缺乏此俗的民族。例如在北美洲不行此俗的只有西南部的貝勃羅人（Pueblo）而已。此俗之中有限制，只有弟方有娶寡嫂的權利的，最爲常見，如西伯利亞的科利押人（Koryak）安達曼島人（Andaman）雖是在亞洲最多，但別洲也不是沒有，如美拉尼西亞的山他克魯示島（Santa Cruz）及澳洲西部都有。此制的寬嚴也不等，有些部落中男子對於兄弟的寡婦有很大的權利，有些則寡婦可以任意選一個夫家的族人，還有並不視此爲義務性的。

兄弟婦婚發生的理由據（1）泰婁所說是由於以結婚爲團體間的契約而不是個人間的事件，由於這種意見，故一個配偶死了其團體須再供給一個。除這條通則以外須再探究特殊情形。（2）是由於以妻爲一種財產，如妻是由嚴格的買賣來的則其妻自然成爲可繼承的動產，如在吉利吉斯人（Kirgiz）凱族（Kai）都這樣。妻何以常限於爲夫的弟所得，這或者由於兄常較弟先娶，兄死時弟尚未娶，故將妻給弟，後來遂成爲定例。妻姊妹婚也可由泰婁氏的話而得解釋。男家的兄弟同負對於妻的義務，兄死則由弟代，故女家的姊妹也同負對於一個夫的義務；一個姊妹義務未盡，則女家再送一個來，妻若不生育則其姊妹須再嫁來，妻死也須送一個來補這種情形。在夫家也不止是權利，而還是義務，因爲夫若不得妻家的允許不能別娶。妻姊妹婚有二式，一是可於妻的生時娶妻的姊妹，又其一則須於妻死後方得續娶。這與須待兄弟死後方得娶其婦的兄弟婦不同。妻姊妹婚有一種差不多普遍的情形便是只能娶妻的妹，這與兄弟婦婚限於弟娶寡嫂一樣。

依泰婁的學說兄弟婦婚和妻姊妹婚應當並存，事實上也確常如此，反之沒有兄弟婦婚的也沒有妻姊妹婚。兄弟婦婚和妻姊妹婚也發生對於親屬名稱的影響。由於這種結婚於是伯叔便是後父，姨母便是後母，故其名稱在行這種風俗的民族中是一樣的。又如姪兒成爲妻的前夫的子，甥兒也成爲夫的前妻的子。還有伯叔也便是父，姨母也便是母男人將兄弟的子當做自己的子，女人也將姊妹的子當做自己的子。還有男人因妻的姊妹也便是自己的妻，故呼以同一的名稱，女人因夫的兄弟也便是她的未來的丈夫，故也呼以同名。

特定婚配除上述三種外還有別種。例如米惡人（Miwok）有娶妻兄弟的女兒卽內姪女爲妻的風俗。又如頓卡人（Thonga）如一人有五妻則其人死後三個妻嫁給兄弟，其第四個嫁給姊妹的子（甥），第五個嫁別妻所出的兒子。兒子承父的妻的風俗也行於古代的匈奴，如昭君所遇便如此。還有一種是和母親的母親的兄弟的女兒（卽外祖母的內姪女）結婚的，這只行於澳洲的中部和西部，和姑舅表婚同在一處。

第五章　母系母權父系父權

父權說及母權說的爭論——希臘哲人柏拉圖和亞里斯多德都說古時有一種家族卽荷謨的 Cyclopes，每個男人統治其妻子，此外沒有公共的會議，這便是父權說的起源。其後在一六八〇費耳麥氏（Filmer）在倫敦出版一本父權論（Patriarcha）。但父權制（patriachate）的觀念通常和梅印氏（Henry Maine）連在一起，在他的一八六一年出版的古代法律（Ancient Law）一書中提出「父權家族」爲社會發展的原始胚胎之說。他以為人類的社會其初都是根據於父權的家族，他發見父權家族於羅馬人希臘人印度人克耳特人條頓人斯拉夫人中。梅印實在很熟悉羅馬的家族，羅馬家族中的家長（Pater familias）是一家的首領，對於妻子及奴隸操有生殺之權，梅印卻太漠視了關於野蠻民族的許多材料，父權家族其實不是一個簡單的團體，而且也不是家族所從出的原始的細胞。

巴學芬（Bachofen）在梅印的書出版時也出了一本母權論（Das Mutterrecht），對於父權為家族最初形式之說加以攻擊。梅印的學說也被斯賓塞所駁。此外的演進論派（evolutionary school）的學者如卜斯忒（Post）麥連南（McLennan）莫爾根（Morgan）臘卜克（Lubbock）等人都反對梅印的話。這些學者間雖細則各有不同，但他們都一致承認家族演進有一定的階段，以為最原始的性關係是亂婚的，亂婚的結果必為母權制（matriarchate），因為父不可辨認，家族中自然以母為領袖而社會也由她們統治。（我國古書也主張亂婚及母權說，如白虎通說『古之時未有三綱六紀，民人但知其母，不知其父，……伏羲因夫婦正五行，始定人道』）但真的母權即女性統治卻從不曾在任何社會中發見過。「母系」（matrilineal family metronymy）即女性世系非不普通，但這應當和母權分別。麥連南以為溺女是普通的甚或即為普遍的風俗，其結果使女性太少，因而發生一妻多夫的家族。其後一夫多妻的家族代一妻多夫而興起，「產翁」或「男人坐蓐」（couvade）的風俗（婦女生產後男人代為坐蓐，假裝生產之狀）便是這兩者交遞間的遺俗。一夫多妻自然成父權的制度，最後一夫一妻的家族方發生。

其後社會演進論派的家族進化說又被別人駁難，這些反對派的學者便是魏士特馬克，羅維等人，他們不信亂婚普遍說，和亂婚相連的母系先於父系說也被反對，家族進化的階段也被推翻，氏族先於家族也被否認。但到了最近演進派的學說卻又再抬頭起來了。亂婚說和家族進化的階段已述於上文，本章當詳述其餘的問題。

首領地位——討論父權制與母權制，父系制 (patronymy) 與母系制 (matronymy) 時，可分為首領地位 (leadership)，世系及繼承 (descent and succession)，遺產 (inheritence)，住居 (residence) 等問題而詳論之。

非演進派人類學家說首領地位的承襲與首領地位的本身應加分別。首領地位的承襲常由女系計算，但實際的首領地位卻不在女性的手中。換言之，一個男人可以由母方而承襲首領地位。女性握統有治權的眞母權制度從來不曾見過，有幾個少數的例，其婦女在其人民的生活上頗有影響，且享有特別的財產權，例如伊羅葛族的印第安人 (Iroquois) 婦女處理結婚，擁有財產，選舉官吏，黜退不職酋長，但從不曾有一個婦女曾任過酋長或列席部落會議。又如印度的喀西族 (Khasi) 其世系遺產及繼位都是從母系。酋長是由兄弟相繼，或者由最長的姊的兒子承襲。這後一種叫做「舅父統治制」 (avun-culate)，家族中的首領是舅父。在喀西人中夫妻同居三十年或四十年便舉行第二次結婚式，其後便不得離婚及續配，而且丈夫也成為妻族的一員，用妻族的姓，死後和妻的骨葬於妻族的墓。

世系及繼承——上文已說及一點，但還須詳說。演進派以爲凡行父系制的民族其前必行過母系制。反對派則以爲世系的計算並沒有一定的次序。通常在北美洲的發達較高的部落中是行母系制的，至於父系制反行於最低等的部落中。故母權未必是最原始的民族的特徵，而父權也未必只行於文明民族。古希臘人雖行父系，但其中的伊奥尼族（Ionian Gnuks）卻行母系。羅馬的王沒有一個是直接傳於兒子的，有三個傳於女婿，這些女婿都是外地人。童話中常說某王子到外地遊行，經過許多磨難，終於獲得與一個公主結婚，而繼承了王位，這很可以反映這種古俗。照佛累則（Frazer）所說古代的王位不過是和一個王族的女人結婚的附屬物而已。除了這種女婿繼襲的風俗外，還有一種外甥繼襲的例，王位不傳於自己的兒子，卻傳於姊妹的兒子。這兩種都是循女系計算的。彪吳夫的史詩（Beowulf Epic）說彪吳夫的母舅國王雖有兒子，但卻要使彪吳夫嗣位。羅蘭（Roland）也是夏爾曼（Charlemagne）的外甥。還有和王后結婚便也可以繼承王位，故有許多弑君以圖篡位的，如沙士比亞的漢姆列一劇（Hamlet）中所說的便是這樣。羅馬的凱撒且選其姊妹的女兒的兒子爲嗣。

遺產——母系制關於財產的遺繼有一種弱點，擁有地位及財產的常是男人，但因行母系的緣故不得傳於自己的兒子。在這種情形之中便發生改爲父系的趨勢。在父系社會中遺產繼承便容易解釋。長子繼承（primogeniture）是普通的情形，尤其是在舊世界爲然。其反對式少子繼承（junior right）在文明民族中少見，但在原始民族中卻不是罕有。這種風俗行於印度的許多部落。在非洲的巴干達（Baganda）也有此俗，據說是因為大的兒子長大成婚後都離開父母，造屋別處。至於最少的子有和父母同居及奉養的義務，故得了父母的遺物。這種風俗直至近時還行於英國。

居住（residence）——這便是一對夫婦的居住何方的問題，在原始社會中是很重要的事。妻或者一時的或永久的居住於夫家，夫或者隨妻住於妻家，否則夫妻都離開己家同居別處。居住的地方視乎幾種要素，但最重要的是世系的計算。行母系制的常行「女方居住」（matrilocal residence）即男子住於妻家，只有少數行「男方居住」（patrilocal residence）即妻居夫家。行父系制的必行男方居住，沒有行女方居住的。女方居住的最好的例可看北美西南部的荷畢族（Hopi）與沮尼族（Zuni）。其世系是依母方的，其家屋是家中女人的財產，即屬於祖母，母親及已嫁的女兒等。丈夫不過被認為有特權的寄宿者。家中的首領不是丈夫而是妻的兄弟。丈夫的首領地位不在妻的家而是在姊妹的家，在此方有他個人的所有物。有一個要點應當注意，便是在這種世系及居住都依女方的家族中，家族的首領還不是女子而是妻的兄弟。兒童們都在舅父手下而不是在父親手下生長。

岳婿翁媳禁忌——居住與世系發生一種散佈於很多地方的風俗，即「岳婿翁媳禁忌」（parent-in-law taboo）。男人常與岳父母相避，或完全互相隔絕，或只能在制限以內相接觸。妻對於夫家的人也是一樣，但比較為少。例如西伯利亞的猶卡既兒族（Yukaghir）女婿不敢見岳母及岳父的面，媳婦也不敢見翁及大伯的面。亞洲西部奇耳吉斯人（Kirgiz）的婦女不敢看丈夫的父親及其他長輩男人，又不敢叫他們的名；據說曾有一個女人因丈夫家的人有名爲狼羊草水的，她有一回要告訴丈夫有一頭狼捉去一頭羊，經過水流對岸的草叢去，她卻說：『看罷，那咆哮的東西捉了那咩咩的小東西，經過那閃閃的東西另一邊的沙沙的東西去了』。錫蘭的吠陀人也有這種風俗，一個男人如在林中遇見他的岳母，他須跑向邊去，他不敢進入岳母獨自一個所在的岩蔭，不敢直接由她取食物，除非另有一個居間人，若無別人在時他也不敢和她說話。翁對於媳婦也這樣。新幾內亞的布卡哇人（Bukaua）爲岳父的在女婿前食時須遮面，如給女婿看見他的張開的嘴，他便覺得羞恥而跑向森林內去，澳洲土人幾乎全部有此俗，岳母與女婿互相避忌，岳母甚至不敢聞女婿的名，兩方間若偶然發生接觸，或者會致女兒和女婿離婚，或者女婿被逐，甚或被處死刑。非洲人也這樣，沮魯族（Zulu）人看見岳母時須以盾遮面，如逢岳母過時，便將口中食物唾出，又不敢稱她的名。美洲土人也有此俗，岳母與女婿不敢對談，不敢稱名，說名時常用隱語，如名爲「刀」的便說是「利的東西」，名「馬」的便稱爲「我們騎的東西」。岳婿翁媳禁忌分佈的地方這樣廣，似乎可以說是普遍於全世界，但卻有些地方確不曾有此俗。這種風俗的分佈情形，在相近的地域必是由於傳播，但遠隔的異地也有此俗，可見有些是由於獨立發生的。至於這種風俗發生的原因也有幾條解釋。如佛累則說這是由於『不當結婚的人們間防止性交誘惑的一種愼慮』。但同性間何以也須避忌，據他說這是由於異性間避忌的擴張。佛婁（Sigmund Freud）根據精神分析學以爲這是由於「精神的衝突」（ambivalence）

卽愛與憎的衝突；岳母對於女婿愛的方面很有性交的誘惑，恨的方面是因他原是別人卻奪了她的女兒去，兩種精神衝突的結果遂發生了禁忌以阻止亂倫的衝動。還有泰婁（Tylor）以爲這種風俗是由於同居的規則，他說在女方居住的風俗，丈夫在妻家是一個外來的侵入者，在男方居住的家族中妻也是這樣，因此發生禁忌。他用統計的方法發見女方居住與岳母禁忌的連合在一處，故知其有因果關係。三說之中以泰婁的學說爲較近理，但這種風俗的原因恐不止一個，故別說也不能抹煞。

第六章 家族，氏族，半部族，部落

本章所述的是不隨意的團體，除特殊情形以外個人生來便屬於其中，不是自由加入的。

家族——利維斯（Rivers）說家族（family）有廣狹二義，廣義的家族包括所有親屬而言，狹義的家族只是「包含兩親與子女的簡單的社會團體」。在他的社會組織（Social Organization）中只用後一種的意義。此外如羅維，高登衞塞（Goldenweiser）諸則以及許多人類學家也是如此。

家族是根於血緣關係的社會團體之一種，是最爲普遍而且一致的。演進派人類學家以爲家族是後來方發生的，在早期文化中沒有家族，反對派則以爲在人類以前的動物如類人猿中便已存在，故人類中無處無家族。無論是多妻，多夫結合的期間卽使不久，或包括更多的親屬，家族總是一個明顯的單位。無論以外有無別種社會單位和他並存，他總是存在，而且較他們爲先，別種社會單位未發生時家族已經出現了。在最原始的民族中的家族又常是一夫一妻制的。

在原始社會中家族有很大的作用。在個人的幼年是教育的機關，在較後又是學習產業的地方。對於結婚又常代替個人而成爲家族與家族的契約，家族又是種種重要儀式如出生成丁死喪等的單位。家族的最重要的作用是擔任傳達文化，一代傳過一代。總之家族的基礎雖是有機的卽生物學的，但卻也有心理學上及社會學上的要素。

氏族——氏族在英語及法語都爲（clan），蘭氏（Long）與佛累則氏喜歡用（kin）字，利維斯（Rivers）擬用（sept）字，羅維氏提議用央格魯撒克遜的古字（sib）。許多人類學家將（clan）專用爲母系的氏族，另用(gens)稱父系氏族。

氏族是較大於家族的團體，有四種特性：(1)所包含的個人一部分由於眞的血緣，一部分由於假定的血緣。(2)是遺傳的，個人生而屬於氏族。(3)是單面的（unilateral），卽只計一方的世系，如在母系氏族便只計母方。(4)有氏族名稱。

氏族與家族的先後據莫爾根所說是氏族先，但反對派又以爲是家族先。在澳洲土人中雖有氏族，但在許多其他最低等的蠻族中卻不曾有，例如北部加利福尼亞部落，英屬哥倫比亞內地土人，東北亞洲土人，南美火國人（Fuegians），安達曼島人（Andamanese），非洲霍屯督人（Hottentats），布須曼人（Bushmen）等都如此。至於家族卻是無處沒有的。至於氏族與部落（tribe）的先後也成問題。假定社會發展的次序有二種，一是先合併有關係的家族爲氏族，然後再結合氏族爲部落，一是先有一個包含多數家族的混雜團體成爲一個多少有點固定的部落單位，後來方分裂成爲幾個氏族。這兩種次序或說是以後者即部落先於氏族說爲近眞，因爲部落很少是完全純粹的，在部落中蘊有分裂的傾向，反之這些分部的獨立發生卻無證據。

許多文明民族似乎都曾經過一個氏族時代，如希臘人，羅馬人，中國人等都有。氏族在原始民族中散佈很廣，但在各地方其大小數量與作用卻很有不同。如在北美的摩鶴部落（Mohauk）及奧泥達部落（Oneida）各只有三個氏族。在非洲的如巴干達部落（Baganda）有三十個氏族。其餘或稍多或稍少。在澳洲中央及東部的部落常有一百個以上的氏族。氏族人數與氏族個數相反，個數多的其中人數必少。非洲的有數千人成一個氏族的。爾氏族的作用也大有差異，如北美的突隣吉部落（Tlingit）及海達部落（Haida）中的氏族對於羣中的文化半都有關係，在伊羅葛各部落（Iroquois）中氏族擔任所有重大的社會的，與政治的作用；反之如沮尼人（Zuni）的氏族則除世系的計算以外無他事；非洲的氏族除產業上的專門以外關係也鬆；澳洲的氏族尤其是中央的，幾乎成爲純粹儀式上的團體，此外沒有別種作用。還有氏族與家族的關係也不同；家族有受氏族的影響很大的，其氏族的力量更大於家族；反之家族也有不甚受氏族影響的。由以上種種不一致的情形觀之，可見氏族不過是空泛的東西，不過是一個名稱，自古代傳下來，爲見聞不確的人民所保留的東西而已。

氏族在地理的分佈上常和四種風俗相連結，這便是血屬復仇（blood revenge）繼嗣（adoption）外婚制，圖騰制。其連結並不是一定的。但以血屬復仇爲氏族的作用，以及用儀式繼嗣外人入族，這兩種風俗卻是除社會心理上的聯結外還有歷史上的聯結。氏族和外婚制的聯結差不多是普遍的，同氏族的男女不得結婚，須於氏族外尋求配偶，這在上文外婚制中已述及，此處從略。

圖騰制（totemism）一面是一種信仰，一面又是一種社會制度。在信仰一方面的分述於原始宗教篇內，這裏只述其社會制度一方面。所謂圖騰制便是一個社羣的多少有固定性的一套行爲，這些行爲是由於信有一種超自然的（supernatural）關係存於羣中的各個人與一類動植或無生物之間。圖騰信仰的骨架便是社會制度，通常卽是氏族組織。圖騰制含有許多特徵，這些特徵便成爲「圖騰文化叢」（totemic-complex）。這些特徵如下：行外婚制，圖騰團體內不得結婚；以做圖騰的動物或植物等的名爲族名；信其族由動物或植物等傳下，或與之有密切的關係；以殺或食該種動物爲禁忌（taboo），將圖騰的形狀爲徽誌；由這些觀念而生許多宗教儀式。對於這些特徵有的注意這種，有的注意別種，並無一定。如中部澳洲的圖騰特徵是用魔術方法增加食物，在非洲着重禁忌，在北美洲氏族圖騰特別和個人圖騰卽「保護神」（guardian spirit）有關係，在美洲西北海岸根於圖騰觀念的藝術很發達；在伊羅葛人中氏族外婚及鳥獸名是唯一的特徵。現代的文明人的姓也常有爲動物植物等的，究竟是否卽爲以前的圖騰，這卻不易斷定。

半部族(moieties)或分族(phratries)——這是較大於氏族而小於部落的團體，一個部落分成兩半的便名爲半部族，分爲更多名的爲分族，但以半部族爲常見，故這種組織稱爲「兩合組織」(dual organization)。一個半部族包含幾個氏族。性質是遺傳的和一面的，或爲父系或爲母系。常有一個名稱但不是一定的。半部族內部不得自相結婚。半部族內的氏族分子相視爲親屬，但不如氏族內部的密切。

半部族的作用也不一致。在美洲有爲執行儀式的，有爲狩獵的，有爲選舉的，有爲結婚的，有爲競爭的。在美拉尼西亞兩半族間常有實在的敵意。在澳洲中部則爲規定外婚，結婚行於兩半部族間。

半部族間除相互的作用以外似乎還有競爭的意義。一個半部族被當做土着的，另一個則爲外來的，或者被擬爲體質上有不同，或者名稱有異，例如澳洲的半部族名有鷹(白)與鴉(黑)的相對。土人的這種意見頗有被民族學家採取的。

半部族並不是廣佈於各地的，在非洲差不多完全沒有，在美洲及亞洲也有許多處不曾見。

茲將半部族與氏族及部落的關係表解於下：

部落
- 甲半部族：氏族一、氏族二、氏族三、氏族四
- 乙半部族：氏族1、氏族2、氏族3、氏族4

部落（tribe）部落聯邦（confederacy）——部落是比半部族更大的團體。部落的定義也很難確定，因爲其性質很不一致。最常見的共同性質是有共同的語言，共同的風俗，佔據多少有點固定的土地，並有一種政治形式。部落常行內婚制，但非強逼性質。游牧部落雖無十分固定的土地，但總有慣常屯駐的地方。部落的性質與半部族氏族家族顯有不同。半部族以上都是根於眞實的或虛構的血緣關係，部落則爲政治的及文化的團體。部落的構成分子也不一致，有由村落團體構成，沒有氏族及半部族的，有由氏族構成沒有半部族的；有由半部族構成沒有氏族的；也有包括氏族與半部族兩種的。關於部落的構成沒有一定的規則，也沒有唯一的演進路線。部落的意識強弱不一。狩獵民族不大需要部落組織，但在農耕民族中部落團結的形式卻很重要，故常存在。

部落的統一常附帶一種對外的嫉視態度，而有「我族」（we group）與「異族」（others group）之分。故「己族中心主義」（ethnoclutrism）爲部落的共同精神。團結氏族或半部族的血緣聯結帶雖不見於部落，但這種心理的聯結帶也很堅強。這是原始社會的特別情形，在現代國家便較懈鬆。

部落與部落有時因對付特殊的事件——戰爭的或和平的——便成立寬鬆而非正式的聯結，這便是所謂「部落聯邦」。這種聯邦很少是固定緊密的。只有北美伊羅葛聯邦(Iroquois Confederacy)是很著名的例外。這個聯邦自十六世紀到現在還存一點形式，經過了三百年之久。部落聯邦再進一步便成爲現代的「民族」(nation)了。

非洲馬賽 Masai 部落的遷居

(採自 Elliot—Romance of Savage Life)

第七章 結社

原始社會中的團體除上述的不隨意的以外，還有自古結合的隨意團體，通常謂之結社（association）。以前的學者如莫爾更等只注意前一種的團體，其後有枯瑙（Herr Cunaw）歇茲（Schurtz）衞勃斯特（H. Webster）等人方注意到結社，羅維利維斯繼之也都有貢獻。略述於下。

祕密社會（secret society）——在各種結社中這一種最爲重要。各地方祕密社會的性質不很一致。入會的分子很多只限於一性，尤以限於男性者爲多，這可稱爲性的區分或性的結社（sex dichotomy or association），但此外也不是絕對無兼容兩性的。男性的祕密結社多於女性，這在野蠻社會與文明社會都一樣，女性的結社很常是模倣男性的。一部落中的結社不限於一個，常包含幾個互相對抗的結社。

祕密結社的作用也很有差等。有担負政治宗教教育上的大作用的，也有只不過爲一個社交俱樂部的。甚且還有更墜落而成爲無賴團體專以恐嚇社外人爲務的。現代文明人的祕密結社常只屬於上述的末一種。革命團體自當別論。至於具大作用的結社多見於野蠻社會中。例如美拉尼西亞土人中結社盛行的地方政治上的酋長由結社的首領兼任，其任職不是由世襲而是由昇級，因須昇多級方得爲首領，故其人大都已老，而其政治也成爲

巴布亞人的集會所

(採自 National Geographic Magazine Vol. 51)

長老政治。美拉尼西亞的結社還有宗教的作用，會員於開會時戴假面具假擬為鬼吹「牛吼器」(bull-roarer)作鬼聲，新會員入會時假擬為死了再活。至於教育的作用在美拉尼西亞的結社也有，其入會式便是施行一次的教育，還有特殊技能的學習，例如製造家具兵器等也可由結社學得。

秘密結社所以為祕密是因其拒絕會外的人，但結社的祕密性也不是絕對存在的，有些結社並不祕密

巴布亞人的人頭架

馘頭所得盡列於此以表示其勇武

(採自 National Geographic Magazine Vol. 51)

入會式(initiation)是祕密結社的要點，新會員常須經過神斷(ordeal)，其儀式常覺可怖或滑稽，還有象徵符號神聖物品繁縟的徽章等都在入會式給新會員看見。結社中常分等級(hierarchy)，會員漸次自下級昇至上級。如美拉尼西亞的結社除初次入會式外每次昇級都須再行儀式。等級愈高則其儀式愈繁，費時愈久，同級的方同在一處吃，會所也依等級而分區，下級者不得入上級的區。男性的結社常和男人公共宿舍(Men's House)的制度連合起來。男人公共宿舍便是一社會中的男人或會員食宿的地方。有些地方男人全體都宿在那裏，有的則只有獨身者在那裏，有妻的回家去睡。友愛與社會連結的原則以及純粹由於虛構的血緣關係的稱呼都爲結社的要素。還有圖騰主義禁忌厭勝等也常含於結社之內。有些地方的結社且以動物的名爲號，如水牛、鷹、鹿等；儀式的重要部分或者便以這動物爲中心，動物的牙齒及別物或者象徵物也被當做重要的東西。

祕密結社行於很多氏族如美拉尼西亞，新幾內亞，印度尼西亞東部，非洲西部，北美洲，澳洲等處都有。文明民族如美國歐洲中國也都有。

祕密結社發生的原因其說不一。(1)歇茲以爲婦女們是非社交的，只專心於家庭的範圍內而不喜與外人結合，男人則不大注意家庭而喜歡與社會上志同道合的人結集起來。男女因志趣的不同，於是男人多喜結社而女人不願參加且自己結成的也少。(2)摩萊(M. O. Murray)以爲祕密結社由於某種宗教儀式的舉行被政府所禁，故另用這種組織以舉行之，例如歐洲的巫覡結社以及中國的宗教結社便是如此。(3)利維斯(Rivers)

以爲美拉尼西亞的結社是因爲外來的移民因要祕密舉行其原來的宗教，不許土人參加，故發生這種組織。他又以爲非洲的或者也這樣。（4）麥克林氏（J. M. Mecklin）在三K黨（Ku Klux Klan）一書中說祕密結社是「自己擴大的方法」，因爲結社可以使個人獲得尋常所沒有的奇怪事物，例如榮號衣飾等，以炫耀於人，而在原始社會中是男人較女人更喜盛飾。（5）喜歡神祕和儀式的心理也可說是一種原因，祕密結社很有這種要素，故爲人所喜。有人說結社的內容有許多出自宗教，故會所如滿則教堂便空。以上各說對於結社的起因都能發明一方面，可以合起來看。

年齡級別（age－grade）——這一種和祕密結社有關。其構成的分子是由於出生的時候相同，或者行某種儀式，尤其是行割禮的時候相同。在新幾內亞的巴特耳灣（Bartle Bay）地方有這種風俗可以爲例。其地凡在每二年內出生的男孩便合成一個團體，名爲「欽塔」（Kinta）。加入「欽塔」不行儀式，自出生時便定了。全社會中有很多的這種年齡團體，若其中最老的達七十歲，則「欽塔」的數有三十五個。婦女也有這種組織。「欽塔」的會員有互相扶助的義務，在打獵造屋及他事時相幫助，並在宴會時共食。一個「欽塔」便廣佈於很大地方，但在同一處的又再分爲較小的團體，名爲「厄廉」（Eriam）。「厄廉」據說是共財的，而妻也可以相通。

非洲的瑪賽人（Masai）及其他含米特族及半含米特族也有年齡級別，但這裏所用爲級別的標準的是行割禮的時候。南底（Nandi）的男孩同時行割禮的便屬同一個「伊賓達」（Ipinda）。行割禮的時候相隔七年半。

在每個「伊賓達」中有三分級,也是依年齡而分。馬賽人以四年爲一期,二期爲一輩(generation)。在北美也有這種風俗,如在希達查人(Hidatsa)中便有,但與上述的祕密結社很有關係,像是前者的特殊發展。

第八章 階級

無階級的最原始社會——階級又是另一種的社會區分法。是根據於財產職業和地位的階級在最低級的原始社會中還不曾發生。只有在坡里尼西亞和非洲以及此外一二處較爲發達而已。階級和權力的繼承很少連合在一起,只有坡里尼西亞是顯著的例外。在低等文化的社會中個人的差異只是名望而已,而名望又是視乎個人的能力與品性的。野蠻人的受同伴批評也像文明人一樣。對於獵人,戰士,會議的議員,技術工人,巫覡等都有社會的評價。社會對於個人的好評視乎社會的性質以及所需要能人的性質而定。而且一個好獵人未必便是好戰士,一個勇敢的戰士或者反是不稱的執政者。所以每個人都在其環境中被評爲好的或壞的。

階級發生的原因——階級的發生由於戰爭,種族,財產,職業,和宗教等。戰爭使免死的俘虜成爲奴隸。但也有入嗣部落內的。戰爭的頻繁也會發生戰士階級。財富的獲得也使社會上發生貧富之差。但在原始民族中土地家屋及食物很常是全氏族或其他團體共有的,故富人階級的發展頗受阻礙。由於職業上的分工也會發生階級的區別。印度的「喀斯德」(Caste)(卽階級)在北方的便是根於職業的，在南部因土著與外來的雅利安人雜居故以種族的區別爲根據。在坡里尼西亞對於造船者特別崇敬，在非洲則銅鐵匠人另成一個內婚制的團體，在美洲北海岸捕鯨爲酋長專業，而捕鱈魚與鮭魚的也成爲階級。宗教也發生了巫覡或僧侶的階級，這一階級也很少是世襲的，個人的能力暗示性神經病質是更重要的條件。

武勇階級——北美的平原印第安人追求戰爭上的名譽不殊於現代拜金者的追求黃金。社會上的武勇的標準各部落略有不同。如在鴉族(Crow)中以四事爲條件，能達到的大家送以「酋長」的號，但這酋長是沒有政治上的意義的。這四事便是一能由敵營內偷一匹馬來；二能於對敵時奪得敵人的弓箭；三能用兵器或空手擊中敵人；四能主持一回勝仗。能完全達到的自然只有少數人，但不能完全達到的也各依其成績而獲得社會上的榮譽。他在部落集會時得自述其經過，有人代他繪畫衣服或屋子，人家請他代小孩起名，青年人買他的戰爭用藥，在有公事時請他爲首；在儀式中也推他任榮譽的職務。反之怯弱的人極爲衆所輕侮，被當做行月經的女人。好戰的民族有時也發生一種根於個人功勳的貴族制度。例如新西蘭的毛利人(Maori)便是好戰民族的好例，而其中的「喀斯德」也很爲深固。非洲瑪賽人(Masai)的未婚男子宿舍中名義上雖是平等的，但其中以勇敢著名的被稱爲「雄牛」，以慷慨著名的稱爲「慷慨者」，都得佩戴特別的飾物。又如菲律濱民大瑙島(Mindanao)的巴各薄人(Bagobo)一生的希望在於獲得一種特殊的裝飾，那是用以獎勵曾殺過二個人以上的勇士的。第二次殺人以後可用一條朱古力色的頸帶，第四次則可穿血紅的褲，達到了第六次則可穿全套血紅色的衣服，並帶一個紅色袋。勇士的地位和衣飾是不能世襲的。

巫覡階級——巫覡用爲廣義，包括一切根於宗教魔術作用的人。在原始社會中巫覡的勢力很大，北美的北部馬伊都人（Maidu）的「薩滿」（Shaman）即神巫爲一個好例。在這族中其酋長是選富有而慷慨的人充任的，但實際上是神巫尤其是秘密社會的首領完全壓倒酋長。酋長的被選其實也是由於神巫宣佈了神意，其廢黜也是如此。神巫的地位並不是承繼來的，而是由於神靈的臨蒞，並通過老神巫的考試。簡言之即以宗教經驗的特別才能爲獲得社會上高等地位的基礎。無論在那一方面爲秘密結社首領的神巫總是社會中最重要的人物。他能規定人民的儀式生活，判決爭訟，保證收獲，防止疫病，施魔術以加害敵人，而且也常帶戰士臨陣。除此以外他是部落的神話和古俗的權威，將這些高等學問教給人民的也是他。

財富階級——北美胡巴族（Hupa）的酋長便以最富厚的人充任，人民在窮困的時候希望倚他爲生，在有爭端時也望他以財力幫助。他的地位由於財產的遺傳而傳於其子，但若遇到更富而且能幹的人便被他奪去。北美瓜球士族人（Kwakiutl）以擁有財產爲尊榮，每個人都想發財，但使他們欲得財產的原因與其說是財產的擁有，無寧說是財產的揮霍。他們有一種「送禮俗」稱爲"Patlatch"，凡送禮給人愈多，宴會所費愈大的其社會地位愈高。送禮大都在小孩起名，青年成丁，結婚，造屋子，承父在會議中的地位，出軍前等舉行。所送的物常是氈毯，主人於宴會之際將氈分送給來客，來客不得不受，而且將來又必須加上一倍利息送還。一個人如要打敗他的敵人，只須送他過多的禮物，使他將來不能送還，便可得勝。酋長間或氏族間的爭勝有用毀物的方法的。一個酋長或者燒燬許多氈毯和一隻小舟以向對方挑戰，如對方不能毀壞同樣多的財產，他的名便「破」，勢力便減少了。故一個人於競爭之前必盡擲其財產以求勝。這些事情都是獲得社會地位的奇法。

「喀斯德」(Caste) 即世襲階級或門第——以上三種階級都是根據個人差異而無關於家世。但還有一種是根據於家世即承襲的。這便是所謂「喀斯德」或門第。「喀斯德」原是指印度的階級制度，其制分人為四級，首為「婆羅門」(Brahmins) 即僧侶，次為「刹帝利」(Kshattriyas) 為統治者及戰士，三為「吠舍」(Vaisyas) 即商人及農人，末為「首陀」(Sudras) 即奴隸及勞動者。印度的「喀斯德」比較非洲的更為緊嚴和有組織。有四種特別性質，即行階級內婚制，循世襲的職業，具教會階級性，行階級間的避忌。其避忌有關於食物的，如不敢食別級階所預備的食物，這不但在高等階級，便在低等階級也這樣。又一種的避忌是個人的接觸，例如在馬拉巴 (Malabar) 地方的風俗，下級人都不能與「婆羅門」接觸，須站在一定距離的遠處。一個那耶耳人 (Nayar) 須在六步外，理髮匠須在十二步外，木匠或金屬匠須在二十四步外，一個第延人 (Tiyyan) 在三十六步外，馬耶延人 (Mayayan) 在六十四步外，波拉延人 (Polayan) 在九十六步外。「婆羅門」階級其實還再分為許多異地方異職業的小階級，而還是行內婚制。「婆羅門」階級的人現在並不限於一種職業，很多種職業內均被加入別階級人也是這樣，但捨棄本階級的職業殊非容易。印度「喀斯德」發生的原因有幾說；或以為是由於職業的區分；或以為是由於古時「婆羅門」的握權，他們利用其宗教上的智識而成為上等的階級；又一說以為是由於民族接觸的結果，侵入的民族帶入本來的宗教，只許土著的人在下等地位參加；為保存血統的純潔故與土著的婦女混婚所生的人也被派做較下的各階級。

坡里尼西亞人對於世系很講究。例如毛利人中的大酋長們據說是神的後裔，地位最高。有一個毛利人自推其世系自始祖天和地至他共六十五代。小頭目次之，再下為專業階級即技術家和巫覡，再次為平民，最下為奴隸，大都為戰爭所獲的俘虜。三毛亞人(Samoan)的自由人階級有五，即酋長，僧侶，有地貴族，大地主，平民，各級之中還有差別。

非洲人像坡里尼西亞一樣也是富有社會區別的，但其性質卻不同。在非洲並沒有根於世系的貴族階級，在這裏的上等階級不是由於世襲的，他們是國王的官吏。除王位以外無論何種地位誰都可以充當。

北美洲是平民主義的地方，在印第安人中無論在社會上或政治上都富有平民主義的精神，所以世襲階級不發達，莫爾根(Morgan)因此說自由平等與博愛為印第安人氏族組織的原則。但這裏也不是全無例外，如密士失必河的那哲茲族(Natchez)，英屬哥侖比亞北海岸部落以及南部阿拉斯加人都有階級制度。例如海達族(Haida)和實隣古族(Thingit)中分為貴族平民及奴隸三級，其奴隸大都為俘虜或買來的人。上述的送禮風俗也行於這些民族中。

第九章　婦女的地位

關於原始的婦女地位的誤解——通常關於婦女在原始社會中的地位有二種不同的意見。其一以爲婦女的地位不能勝過奴隸或負重的家畜，她須從事極苦的勞動，被人買賣如貨物，無力抵抗她的主人的橫暴。例如一世紀前麥柯萊（Macaulay）在文中說：「在地球上的大部分，婦女自來便是，而現在也還是卑賤的伴侶，玩物，囚虜，奴隸，和負重的家畜。除了少數在快樂的高等文化的社會以外，其餘的都是在奴隸的境遇中」。另一派的意見則因見有些社會行女系制，於是便說婦女在原始社會中地位都是很高的。據事實看，這兩說都錯了，因爲一則說得太可憐，一則又說得太高與。

還有婦女地位與文化程度相關，而由婦女地位的高低可以測度文化程度的高低之說也是錯誤的。實際上在最簡陋的狩獵民族如安達曼人（Andaman Islanders）及錫蘭吠陀人（Vedda）中無論在何方面婦女都是男人的匹敵。在更高等的原始社會例如普通的非洲班都人（Bantu）鄉村中婦人雖不只是奴隸，但也不能和男人平等。在更高等的社會例如中亞細亞及以前的中國社會婦女確實是較下等的人，卽在西洋女權較大的國家婦女的地位也還比不上伊羅葛人(Iraquois)的女家長(matron)。

經濟方面的婦女——在初步的經濟事業男女的分工實爲普遍的情形。例如伊羅葛人中，清理林中地方以爲耕地的工作大半由男人擔任，至於耕種的事則全爲女人的任務。造樹皮屋是由男女合作。平原印第安人中婦女鞣牛皮，製天幕，並作張幕的工作。製衣服的工作在全北美洲都是婦女擔任，伐木及雕木的工作則在西北海岸以及有木的地方都屬於男子。木工爲男人的工作可說是世界上原始民族的通例。婦女在北美加利福尼亞及高原區任編筐籃，在西南區則製陶器。在非洲及印度凡用手工製陶器的地方通常都是婦女爲陶器匠，只有用陶輪的地方是男人。原始的農業通常也是在婦女手中，這種重要的工作轉入男人的手是在利用家畜於耕種以後。

由此觀之，原始社會中男女間經濟的分工是很公平的了。但這是工作的方面，至於婦女所得的報酬卻比不上男人。只要看財產所有的情形便曉得婦女權利的少。有些地方婦女的財產權和男人一樣，例如北美的伊羅葛族及沮尼(Zuni)，亞散姆(Assam)的喀西(Khasi)便是，但這是例外。雖有許多民族，世系是照母方計算，但財產的承繼卻不全照母系；例如澳洲便這樣。還有在北美西北海岸，世系以及財產和特權的繼承都照母系，但許多物質的及精神的財產卻不是眞的由婦女享用及管理，而是歸於婦女的兄弟(卽母舅)或其他女方男親屬。這種財產的男性中心傾向(androcentric trend)在史前時代及有史時代都很有重要影響。

藝術方面的婦女——藝術方面男女的分工也是普遍的。雕塑藝術和工業有密切的關係，故工作的藝術的加工，似乎卽是製造者兼任。實際上也確是這樣，故如埃斯基摩人及東北西伯利亞人中的婦女担任繡品上的裝飾以及皮服上的加花紋，至於男子則從事骨的雕刻。在北美洲英屬哥倫比亞和南亞拉斯加所出著名的氈毯是婦女所織成，但其上的紋樣卻是模倣男人的雕木藝術。加利福尼亞的筐籃和貝勃維(Pueblo)的陶器則全爲婦女的想像與技巧的產物。在北美平原的用豪猪刺的刺繡，衣服上的珠飾，鹿皮鞋，袋子，鞘，都是婦女所製。婦女所製物件的紋樣是幾何形的，男人的繪畫則爲寫實形的，很有不同。在伊羅葛人中男子從事木及骨的雕刻，編貝殼珠帶，雕繪假面；婦女的藝術則完全不同，她們的貝殼珠飾於襯衣裙及鹿皮鞋上，其紋樣全倣植物界的花與葉。上述北美洲的情形也可代表各處原始民族；例如美拉尼西亞及坡里尼西亞，凡木石貝殼的藝術都屬男人，至於「答巴」(tapa 一種植物製的布狀物)的製造及裝飾，樹皮布的製造，都是婦女的專業。

由上述情形觀之，可見在藝術中婦女的地位不低。

宗教上的婦女——在宗教界婦女便罕能與男子平等。有些宗教的風俗例如北美的「保護神」的崇拜，在男女是一樣的；但是有點差異，超自然的經驗在男子中較多於婦女；婦女所行的崇拜不如男子的盛，而且婦女的經驗常模倣男子。參加神祕性的祕密結社爲男子的特權，雖也偶有專收婦女的宗教團體，但甚罕見。女巫雖不是完全沒有，但爲巫的大都是男子。以上的北美洲的情形也見於美拉尼西亞和澳洲。在美拉尼西亞祕密結社全爲男子的團體，舉行結社的會場也在「男人宿舍」內。僧侶在美拉尼西亞很爲重要，也都是男人充的，沒有一個女人在澳洲行魔術的雖不限於男人，但女人在宗教上也還是無力，在中央地方每個婦女都有其「珠靈卡」(Churinga)卽神碑，但她們有不曾親見其物的，有些連藏匿的地方也不曉的。圖騰儀式爲士人的宗教生活的要點，全部對於婦女都是禁忌。她們不但不得參加，連旁觀也不可能。婦女所可參加的儀式只有成丁禮和一部分喪儀。成丁禮的意義便是指着青年脫離了婦女的保護，故在行禮時由老人教以婦女們所不知的許多祕密的話。在馬來羣島土人和非洲尼革羅人婦女的參加宗教較常見，尤其是爲神人的媒介和爲女僧侶，但他們的權利也遠不及男人。

若說婦女全被斥於宗教生活以外自然也是錯的。婦女們在宗教上的限制是在於權利正式的代表，獨創性，以及新宗教的創設。婦女在宗教上的消極部分無論如何是至少都和男子相等，若可由有史時代以推測史前時代則她們必永遠是宗教的接受者與工具，或者較男人尤甚。

政治上的婦女——婦女的最爲見絀之處在於政治。除一二例外，在北美洲婦女從不曾爲酋長，在東北部西伯利亞也是這樣。在澳洲能處理青年人的命運的只有老翁，不是老婦。坡里尼西亞的酋長也是男的，美拉尼西亞也這樣。在非洲情形稍有不同。國王的母與妻有具大威力的；但婦女本身卻不能爲最高的統治者，而且有些婦女做王后也不能代表全部婦女的地位。在政治的職位與作用上，其餘的婦女完全無權，做官的只有男人，沒有婦女。

婦女無力的原因——(一)經濟說：(1)一說以爲經濟的變遷能使婦女的生活跟他改變，至少婦女擔任的工作必因而改變。(2)和上說相關的又有一說以爲在畜牧的民族中婦女的地位差不多一致的低微，例如霍勃浩斯（Hobhouse）調查婦女的地位低下的實例在農業民族中有百分之七三在畜牧民族則昇至百分之八七、五。這種情形是因爲畜牧爲男子的職業故婦女地位輸於男子。還有除園藝而外的農業也是這樣有人說不但畜牧便是犂耕在文明史上都和男性的努力相連。這說的證據似乎很多。

（二）戰爭說：這說以爲婦女在政治及經濟上的褫權主要的原因是在於男子壟斷了武器及戰爭。所以婦女的悲劇便是和平的勢力被制於戰爭的勢力的象徵。這說是高登委塞（Goldenewiser）所提出的。

（三）宗教說：原始人由於迷信的心理對於婦女的月經是很覺恐怖的，由此又再生出對於穢褻的恐懼，因之婦女對於凡有聖潔性質的舉動不得參加，對於神聖的物件不得接觸。這種心理對於婦女在社會上的地位自然不能無影響。她們的被排於某種活動之外以及由此而減少其自由實在是由於婦女的生理上所引起的一種迷信的恐怖。

婦女地位低微的原因有很多種解釋，有從生物學即生理方面解釋的，有從心理學方面解釋的，這裏所舉的是從文化方面即人事上解釋，餘兩種因另有專書此處從略。

據羅維所說，對於材料的無偏頗的觀察便有下述的普遍的結論，：即在原始社會中婦女雖是在理論上被當做低下或不淨，但她們卻通常是被待遇得很不錯，能左右男人的決意；而且在最粗樸的民族中她們實際上和男人是平等的。

第十章 政治

原始政治的性質——原始政治的最普通形式是民主政治，其權力由元老或一個民選議會執掌。一人獨裁的政治在最原始的社會中差不多完全沒有。莫爾根（Morgan）因此斷言君主政治不合於氏族團體，必須在有標音文字和記載的文明民族方能發生。

各地原始民族的政治有種種不同的形式。美洲土人除一二例外其餘都行民主政治，酋長權力有限。非洲的像古代亞洲國家一樣，都傾於君主政治。在坡里尼西亞卻行專制政體，且有封建制度；其主權者極是神聖，爲平民所不得接觸，故另有一軍事酋長代爲執行政事。美拉尼西亞則酋長制及政治的統一不發達，另有秘密社會代爲執行屬於政治的事件。澳洲行的是「老人政治」（gerontocracy），老人最有權力。

政府的立法司法行政三大部分權力常合而不分。一個部落議會可以創立法律，自己執行，並自加懲罰於犯法的人。羅維說原始社會的執政不過懲罰違犯習慣法的人而已，並不創立新律，這話在非洲及海洋洲便不盡然。

政治組織的進行，始自一部落及部落間關係以至於聯合部落爲更高的政治團體。但政治的作用不論在地域團體或血緣團體中都存在，就是在血緣關係最重大的團體內，除血緣聯結帶以外也已有另一種統治的形式。

原始社會的握權者最普通的是長老議會，這個議會的最重要情形是討論與審慮。在美洲除少數例外這個議會也便是政府。在澳洲行「老人政治」的地方也是這樣。這些地方並且沒有中央政府。

原始政府的形式可以依其權力的大小而分爲一個人的專制政治，有一二個元首而權力爲議會所限的政治，由一個議會統治，此外無中央政府的政治，終之爲由長老或有財產地位的人所合成的非正式執政團體的政治。世襲的階級卽有也常沒有酋長的權力，這個階級或爲軍事領袖或爲宗教領袖，或者只有純粹社會上的作用如宴會等事。

普通人常以爲蠻族必是的酋長統治，這種錯誤的意見是由於誤將文明人的情形推擬蠻族。在發見新大陸及其他新地時，歐洲人只曉得皇帝國王皇后太子等是統治者，對於蠻族的平民主義的政治和選舉的議會實在不能了解。

低級的蠻族何以盛行平民主義的政治？這是因爲經濟上大都相同，因之社會上也相同，而個人創作也不發達，才能也近平等，以此自然發生平民主義的原則。

伊羅葛聯邦（Iroquois Confederacy）——嚴格的平民主義的政治可以北美伊羅葛聯邦爲最好的例。這原是幾個部落的聯盟，其部落用同屬一種語系的方言，有相同的風俗。其地域在美國的東部，四周被其敵人亞爾貢欽人（Algonkin）所圍住。各部落原是獨立的，成立聯邦後漸失去部落內的統一性。部落的議會由各氏族所舉的領袖組成之。每一部落分爲二個半族，每半族再分爲四個或以上的氏族。氏族用母系制，行外婚俗，以鳥獸名爲氏族名。每一氏族再分爲二個以上的母系家族（maternal family）。每家有一女家長（matron），家內包含男女性親屬。

這個聯邦的發生不能早於一五七〇年。土人傳說最初是由五部落的賢人和酋長會議而成立。其成立的原因是由於四圍亞爾貢欽人所加的共同的危險。創議聯合的人據說是一個傳說中的人物名希亞哇塔（Hiawatha），創議了後他便乘一隻白色小艇而沒去了。

最初是五個部落聯合，這五部落名 Mohawks, Oneidas, Onondagas, Cayugas, Senecas，境地毗連，語言可通，且在各部落內有幾個氏族名稱相同，因而相認爲同一氏族。到了十八世紀之初又有個 Tuscaroras 部落也加入聯邦，於是成爲六個部落的聯邦。

各部落仍獨立處理境內的事，由各氏族選出五十個「沙監」（Sachem），即酋長，但毋寧譯爲代表。由諸「沙監」組織聯邦議會。每個部落爲一個單位，於會議時必須滿場一致方得通過議案。各部落於投票前必自行會議一次，因須一致通過，故多數派常強逼少數派。

五十個酋長的作用並不甚多。其中有決定和平與戰爭的權力，以及關於部落間及對別部落的事件等權力。酋長死則其家的女家長提出候補人，大都爲外甥或兄弟而不是兒子。再召集氏族會議以決定之，如通過，再請問半族的酋長，再通過，最後方提議於聯邦的酋長會議，如再通過，方可實補酋長的缺。酋長的地位是家族世襲的，且爲終身職。但也會被黜退，假如他有不稱其職的行爲，如不盡責任，壞脾氣，不自節制，和敵人卽蕭族（Sioux）或亞爾貢欽族人交好。黜退可以由女家長提議，先警告二次，第三次伴以別一個酋長，最後由大會通過。女家長的權力便在於此，議會也可以自動黜退酋長。任何個人都有權提出意見請議會注意。

聯邦政府缺乏一個執行的官吏，尤其是在戰時更覺需要這個職任。其後便由二個官吏擔任，名爲二「大戰士」。其選舉法同於酋長，指定在 Seneca 部落中二個氏族選出，因這部落最有危險。

在這個效果很好的聯邦有下述幾種特點：（1）和平的希望制服部落間的忌嫉。（2）議會成爲人民的公僕。（3）議會確實由普遍選舉成立。（4）以功績決定議會的議會資格。（5）黜退權確實存在。（6）創議權和複決權也有一部分。

印卡帝國（Inca）——這便是古祕魯人所建的國家，其性質適與伊羅葛的相反，是行專制政體的。在發現美洲以前四百年便成立這個國家，其後被西班牙人所滅。國內原有許多獨立的部落，印卡也是一個部落，其後聯合起來成爲一個國家，奉印卡爲主，後完成爲帝國。印卡皇帝的勢力日張，壓服諸部落。印卡的政治主干涉，凡境內任何個人的任何行爲都受政府干涉。人民都依其工作能力而被分類。初生的稱爲（Mosoc Caparic）卽「懷中嬰兒」，其後稱爲「能站立的」，再後爲「六歲以下的」，六歲至八歲爲「受麪包的」，八歲至十六歲爲「作輕工的」，十六至二十爲「採椰子的」，二十至五十爲「好身體的」，這時爲一家之長，並爲納稅者，五十至六十爲「半老人」，六十以後爲「睡的老人」。這種父性的督察便發生所謂「卡馬約」的制度（Camayoc system）。每十家便有一個官吏管理他，再上每五十，一百，一千都各有一個官，這些官吏的職務之一是察看有人缺乏甚麼，有無不工作的人有無不納賦——常爲勞役——的人。這種官吏的職務很爲繁多。他們須管理人民的所有公私生活的一切事件。例如司通路的，司橋梁的，司旅店的，司溝洫的，司畜牧的，司結繩記事的（qu ipus）都有專員。此外還有司宗教儀式的僧侶。

其後漸漸成立世襲的貴族階級，近親的結婚遂由階級意識的增進而發生。像古埃及一樣，統治階級太高貴了不能和下層的相混，——印卡皇帝自稱爲太陽神的子——於是結果便須行兄弟姊妹的結婚。

這種國家可以說是行「君主的社會主義」（monarchical socialism），國家供給人民以食物住居娛樂及宗教又每年一次分給田地於各家。

非洲烏干達國（Uganda）——地域在維多利亞湖北及西北。全國分爲三十三個父系氏族，行外婚。每一氏族再分爲幾個地方團體稱爲 Siga，每一 Siga 再分爲幾個 Enda。氏族，Siga，Enda 都有世襲的頭目。各氏族對於王室都有其特別責任，如豹氏族須供給膳司並一個王妃，獺氏族也供給樹皮布和一個王妃，象氏族爲王的牧人，並供給魚。國王集中全國的權力。王位只許男系承襲，故以王子和王孫爲嗣。王以下握權者爲王的姊妹及母。公主都不准嫁，不得有兒子。王崩後擁護嗣君的酋長對衆宣言『某人當爲王，有不服者請出來決戰』。於是別的王子及其擁護者便出來競爭立刻刀槍交加起來。最後戰勝的便成爲王。王的姊妹之一也在此時被選爲王后。

烏干達全國分爲十區，由十個酋長統治之。區的分界常爲自然界線如山河等。此外有二個最大的酋長，一個稱爲 Katikiro，卽首相兼最高司法官，又一個稱爲 Kimbugwe 管理王的臍帶。首相兼最高法官判斷別的酋長所不能解決的案，但還須待國王批准方爲定讞。首相的居處也很尊嚴，平民不能接近。他酋長們常住在京師，無王的允許不得回所管的區。他們不在區時政務由臨時的官代理。所有的土地都屬國王，只有一小部分除外。國王有任意遷革酋長的權，每一區的酋長都須修治一條大路，約四碼寬，自其區達京都；每區分部的小酋長也須修治一條路自其分部達區酋長的官衙。在京都的路有二十碼寬。京都建築宮室城垣道路的工由全國供給。每戶除出工人外還須納二十五個子安貝（貨幣）。工作當進行時凡過路的都被逼暫時參加。凡人民都須納稅以供國用。收稅有定期，國王派一收稅吏於各區，二個大臣和王后王太后又各派一人，區酋長也加入一個，共六個人。他們到了一區便分派手下赴各小區。納稅的物是牛羊樹皮布子安貝鋤等。所得的財物，小區酋長分得一小部分，其餘爲國王，王后，王太后及二大臣所得；此外他們又各有自己的采邑。采邑內全屬自己，國內有很多數的人倚各酋長的采邑爲生活，並爲酋長們工作，有時或爲他們戰鬥，各小區的小酋長統治境內也很爲專制。

澳洲的長老政治(gerontocracy)——澳洲在政治上有勢力的是年長的甚或是老年的男人，婦女不得參加公事，少年人也不見尊重。茲舉狄耳里（Dieri）部落爲例。在一個圖騰氏族中最老的人稱爲Pinnaru或首領。至於地方區域或部落的首領則除老年的資格以外還須兼爲勇士或醫巫師或演說家。部落會議的分子爲各地方區域的首領，醫巫師，有勢力的老人及戰士。時時開會，所討論的事件不得洩露於外，違者必處死刑，故屬秘密社會的性質。所討論的事例如以魔術殺人及其他殺人罪，違犯道德規律，尤其是奸淫，以及洩漏會議的祕密於外人。不行投票，如大衆同意便散會，否則他日再開。議決後派一武裝隊去懲罰犯人。澳洲又有一種「使者」(messengers)的制度，使者是首領會議或其他所用以傳達消息的，例如報告某時要舉行某種儀式，某地要作墟場行物交換等。使者有臨時選派的，有固定任職的。使者在路上無被侵犯的危險。使者常攜帶「通信棒」(message stick) 上有刻缺以助記憶（見藝術篇）。

坡里尼西亞的貴族政治——在坡里尼西亞例如新西蘭與三毛亞，世系與門第極爲重要，階級的觀念發達，有貴族平民及奴隸之分。但最大的貴族未必就爲君主。君主若不合貴族的意便有被廢黜或殺死的危險。這種政治其實是一羣貴族選擇中意的人立以爲君，但卻對他沒有忠心，而且仍保留最後的權力於自己手中。

第十一章　財產及交易

原始共產說——財產對於社會的各方面都有關係，故應加討論。這裏所討論的不是財產的本身而是佔有及享用財產的權。關於財產權也像結婚制一樣有一條演進學說，卽財產權是由共產制進到私產制而各民族一律都是這樣，這可稱爲原始共產普遍說。這說也是莫爾根（Morgan）一派人所主張的。其後反對派的學者如羅維（Lowie）等人則以爲原始社會中共產制與私產制並行存在在同一民族中以某種財產爲公有，但同時又承認別種財產爲私有。

茲將莫爾根氏的話撮述於下：

「最早的財產觀念密切地與生活資料的獲得聯結起來。所占有的物自然地隨各時代生活技術的繁衍而增加。故財產之生長實與發明及發見的進步同一步驟。

「野蠻人的財產實在難以擬想。他們對於財產的價值，財產的可欲，及其繼承等觀念很微弱。野蠻生活中的所謂財產不過是粗陋的兵器，織物，家具，衣服，石器，骨器，飾物而已。占有這些物件的慾望在他們心中殆還未成立，占有的事情還不曾有過。這還要等到很遠以後的文明時代纔成立了所謂「獲得的慾望」。土地在那時幾乎不能算做一種財產，是由全部落公有的，至於共同家屋（tenement houses）則由住居者共有之。純粹的動產隨發明的進步而增加，而占有的慾望則由於動產而逐漸養成其力量。最珍貴的物件常置於其所有者的墓內而殉葬，還有其餘的物件便引起了繼承的問題了。在氏族制度以前這些遺產怎樣的分配我們不很知道。自有了氏族制度以後便有了第一條的繼承法，那便是將遺產分配於其所屬的氏族。實際上常歸於最近的親屬，但其原則是很普遍的，凡遺產必須留於死者的氏族中。

『在半開化中期動產大爲增加，而人與土地的關係也發生變化。疆土的所有權還是屬於全部落，但其中一部分卻專指爲供給政府之用，另一部分則撥充宗教用途，另一更重要的部分人民所藉以獲取生活資料的，則分給各氏族，或仕居一處的團體，在這時個人占有土地家屋及自由買賣他的風俗不但未成立而且也不可能。他們的共有土地，住居及占有共同家屋，都阻礙了個人的私有。

『在半開化的高期多種的財產由個人私有的事情便漸成通常的了，其原因是由於定居的農耕，製造，地方貿易，外族通商等事。只有土地除一部分外還不會變成私有。奴隸制度也是起於此時，這是全爲生產財富的。

『土地最初是部落公有的，到了耕種發生以後一部分的土地便分給各氏族，在氏族內也還是公有的；其後再分配給個人耕種，結果成立了個人的私產。未占據的地或荒地還是屬於氏族部落或民族公有。

『當田耕明示了全部土地都可以爲個人的私產，而家族中的領袖成爲積財的自然中心以後，於是人類的另一種財產行爲便卽開始，而這些事情是半開化高期結束時便已成立了』。

茲將現存野蠻民族的財產制度分爲土地動產及無形財產敘述於下。但這些野蠻民族，到了現在，多少都有了一點歷史了，不能卽代表人類的原始狀況，不過可以當做研究原始狀況的參考而已。

土地——狩獵民族對於土地常是公有的，例如北美平原印第安人以及加利福尼亞的馬伊都（Maidu）英屬哥侖比亞的湯姆生河（Thompson River）印第安人都是。其土地爲全部落的所有物，部落內人可以利用，但外人便不得染指。公共的土地如由部落中個人加工經營則其使用權爲個人獨佔，例如一個湯姆生河土人或馬伊都人如作成了一個鹿圍或漁場他便享有其勞力的所獲，並可遺繼其權利於後嗣。澳洲土人則由地方團體佔有一塊土地而且和這塊土地固結不可分開，這種地方團體不一定是全部落，或者爲一個父系氏族的男性部分所集成，例如卡列拉人（Kariera）便是這樣。此外有一種狩獵的民族卽錫蘭的吠陀人（Vedda）卻以土地爲私人的所有物，界限很嚴。

在畜牧民族對於牲畜的私有權很發達，但對於土地卻常是行完全的或幾於完全的公有制。例如非洲的瑪賽人（Masai）同在一地的便公有其牧地，直到草已吃盡便一同向外移出。在印度的托達人（Toda）其地方團體，卽氏族也共有牧地。非洲霍屯督人（Hottentot）也行土地的部落共有制，但有一種土地所出的動產是附於各個家族的，這便是出產 Nara 葫蘆的一種草叢，，闖過其草叢的若是本部落的人必被控於首領，若是外人則直被毆倒。

農耕民族對於土地情形不一。例如美洲土人之中有行團體公有的，特別是在南部，至少也可說是行氏族共有制，又有行母系近親共有的，例如希達查人（Hidatsa）。此外還有行個人私有制的如沮尼人（Zuni）。南美秘魯的古印卡國（Inca）是行國家社會主義的，個人自然不得私有土地，土地由父系氏族所有，其中的家族各分得一份的土地以耕種。在沮尼人則只有不用的荒地屬公有，還有街道及井也公有，但是田園，畜欄，家屋和動產卻屬個人或親屬團體。在非洲則情形又不同，土人的觀念常以土地爲國王或酋長的財產；土地的買賣自然也不可能，但領得土地的人民對於其土地卻也是絕對的主人。例如頓卡族（Thonga）的頭目由國王領得一大片的土地後便分給村人耕種，新來的人也可領得未墾的地，但他後來如離開，其土地便再歸還頭目，不得賣出。若無變故則領地者死後還可將權利傳於後嗣。在美拉尼西亞凡荒地都是部落所有物，凡部落內人都可佔有清除並耕種一塊地。土地的讓與不常見。在密克羅尼西亞的馬紹耳羣島（Marshall Is.）則貴族權力極大，佔有土地，役使農奴爲他們耕種。在新西蘭的毛利人（Maori）情形又不同，大多數的人民都有土地，個人與團體的所有權並存着；部落公有的土地大約是未被個人佔有的，個人如指定某樹爲其造小舟的材料也沒有人爭論。三毛亞島（Samoa）的情形也和新西蘭相近。陶列斯海峽羣島人（Torres Strait）則私有財產觀念最發達，每塊岩石或水池都有其主人，公有的只有街道。

由以上的實際情況觀之，可見在「現存」蠻族中土地的所有很不一律。其中行公有制的很多，但此外也有公有與私有並行的，還有專行私有制的，公有的團體大小不一，或爲全社會或爲社會中的小團體。

動產——關於動產的蠻族法律簡單得多了。概括言之，純粹個人的所有權比較土地爲確立。土地的公有制同時卻和動產的私有制並行。非洲的幼族（Ewe）婦女如係由丈夫買來的便不能承襲土地，但她卻可以擁有動產如山羊家禽等佩戴的飾物（除具有儀式性的以外）器具和兵器很常是爲個人所有。這種東西的所有權是由於二種原則，一是個人勞力的產物歸個人所有，例如陶器因常爲女人所製故常爲女人所有。又一條原則可說是「有效的應用」，個人所需用的物爲個人所有，如西伯利亞的科利押人（Koryak）和猶卡旣兒人（Yukaghir）雖很有公產的風俗，但衣服和飾物也是私有的，又其獵人必有其槍，婦女必有其縫紉的器具。

另一種的動產是牲畜。在畜牧民族中牲畜爲唯一的，至少也是最重要的財產，爲結婚及聲譽的工具。因此其私有權很爲發達。觀於西伯利亞的朮支人（Chukchi）西亞的吉利吉斯人（Kirgiz）非洲的瑪賽人等民族盛行烙印爲號的風俗，便可知曉。凡畜牧民族大都注重牲畜的私人所有權，甚至有和家族衝突的。馬賽人有分派其牛於諸妻使享其用益權的，這些牛還算是她們丈夫的財產。

無形的財產——高登韋塞說在蠻族生活中財產權的觀念不限於物質的東西，而卻是擴大以包括精神上的或機能上的無形的東西。像文明人的專利權或版權一樣，他們也有這種無形的財產。例如神話，禱詞，歌詞，醫術，魔術，儀式，紋樣，呼聲等都被「所有」，與物質的東西一樣。科利押人以爲各種治病祛邪的符咒都是創造主所製成的，懂得這些東西的老婦人可以之爲珍物。凡請她念誦一篇咒語的須送她幾片茶餅，幾包烟葉，或一匹冰鹿。婦女出賣一篇咒語時，她應聲明完全賣斷，而買者便是這神秘力的所有者了。安達曼島人（Andaman Islanders）如有自編一首歌在大會中經大衆稱譽的，或者以後便常被人邀請在會中再唱，雖是這樣著名，但別人也不敢學唱。又如凱族人（Kai）對於自己所作的詩歌有所有權，別人不得其准許不敢唱念；而得其准許，常須納費。其雕刻也有所有權，別人不得任意模倣。甚或人名也成爲所有物，少年人取用和別人相同的名須送禮給他。英屬哥侖比亞的努卡人（Nootka）有很多無形財產，其權可以世襲，例如人名家屋小艇魚杈的名，雕刻於圖騰柱慕碑上的模形，唱某支歌的權利，跳某種舞的權利等。

遺產繼承——財產觀念發達以後，一個人擁有珍貴的物品或特權卽使不能全部留給他的親人，他總願意留一部分給他們，而他的親人也一定會垂涎那些珍貴的財產與特權，希望至少能得一部分。由於這種心理便發生了承繼財產與特權的傾向。粗略的承繼的方式各處都有，而較爲複雜與固定的方式也行於很多原始民族中。財產與特權不但由個人承繼，便是團體如家族氏族宗教團體等也可承繼。個人的分撥遺產的自由，因財產的公有私有而有不同；例如陶列斯海峽島人可以任意奪去自己兒子的承繼權，至於凱族人則一個人的遺產須機械地按照習慣法分派，猪須宰殺以爲喪宴之用，野猪牙與狗齒的袋應交於其兄弟或母舅，他本人手栽的果樹則歸於其子。梅印氏（Maine）說古代的法律常分財產爲承繼的及自置的，二者之中以自置的爲較可自由處置。遺產也有被毀壞而免去承繼的手續的，例如馬伊都人便這樣，又如亞辛尼奔人（Assiniboin）將死人的兵器衣服器具都殉葬因爲結婚有時是羣與羣的契約，故夫或婦的財產死後有仍歸己羣的。

承襲遺產的人也不一律。有由長子承襲的，便是「嫡長繼承」(primogeniture)，在原始社會中不常見。如呂宋伊夫高人(Ifugao)給長子以大部分的遺產，西伯利亞海岸的朮支人中爲長子的得他父親的兵器器物的最多的一份。嫡長繼承在多妻制的家庭有以嫡妻的長子承產的，兒子的年齡不論，如瑪賽人中便這樣。和嫡長繼承正反對的爲「少子繼承」(junior right)其制以最少的子承繼最大份遺產或特權。印度爲此俗的中心地方。如巴達加族(Badaga)兒子成婚後便離父母獨立家庭，只留少子與父母同居奉養其老年父母死後得其遺產。緬甸的那卡人(Nagas)中也有行少子繼承的。托達人的遺產也分較多於長子及少子。喀西人(Khasi)且合女子承繼與少子承繼爲一，最少的女子遵行祭祖的儀式承繼了家屋及物件。白令海峽的阿拉斯加土人將父親的最好的槍及祖傳珍物給少子。除上二種繼承外也有將財產平均分派於諸子的。如吠陀人便這樣，女兒的一份則名義上交給其夫。除傳子以外還有傳於兄弟的「旁支繼承」(collateral inheritance)依這種風俗，遺產只傳於兄弟而不傳於子。如頓卡人(Thonga)便行此俗，酋長死後其兄弟相繼嗣位，都死完了方歸於最大的哥哥的嫡長子繼承。墨西哥的亞兹得(Aztec)族的戰酋的承襲也是這樣。毛利人的風俗，酋長的地位必由最長的兒子或最長的孫兒繼嗣，但土地的繼承卻用邊支制。行母系制的團體地位與財產有由男人承襲執掌而死後不傳己子而照例傳於姊妹的子的，這便是「舅父統治」(avunculate)的繼承法。

遺產的各種類有分照各種方式繼承的，如神聖的物件或者傳於兒子，馬則分給兄弟；或則酋長的職由男系繼襲，而財產卻傳於姊妹的子；或地位傳於長男而遺產卻傳給少子。

原始的交易——交易的發生很早，在歐洲的舊石器時代便有了。舊石器時代的奧利孽期便有貝殼製飾物的交易。製石器的燧石殘塊常發見於本來不產燧石的地方可以證明在石器時代燧石也爲交易品。在新石器時代歐洲的亞得里亞海岸是交易的中心地點。交易在現在的原始民族中也很盛，如非洲的一部分土人至有『本能的商人』(trader by instinct) 之稱，海洋洲諸島土人也從事交易，甚至澳洲土人都能交換各部落所製的不同樣式的槍頭等物。

原始的交易範圍有二種：（一）是集團內的例如一村內的，個人以自己的東西和同村的別個人交換。這種集團內的交易，與集團內的分工很有關係，分工愈盛則交易愈繁。（二）是集團外的，例如兩村或兩部落的人互相交換。

原始的交易有幾種形式：

（一）無言的交易 (silent trade) 兩方的人不相接近，一方先把貨物拿出來放在一個中間地方便卽退去原處等待，以後別一方方才出來收起那些貨物，幷將自己的放在其處以爲償品便卽離開，前一方便再來收去換得的物。自始至終兩方不交一句話。行這種風俗的必是不相熟識而互相猜忌的兩民族。

(二)物物交換(barter)這是兩方的人集合一處的交易，與上述無言的不同，其方法仍是直接以物換物。這是最通行的風俗。

(三)餽贈的交易(gift exchange)這是以餽贈的形式行交易的實際的。例如伊羅葛印第安人如見內地土人到蘇必利爾湖來便把東西贈送他們，名爲修好，其實是希望他們回送以內地的毛皮。伊羅葛人又常把東西送到別人的家，如回送的禮物不能滿意便把原物討回去。新西蘭土人把物送人常微示他希望某物爲回禮。

(四)貿易(trade)各集團間例如鄉村與鄉村或部落與部落，如有定規的交易便可算是貿易了。貿易常行於許多部落間，各部落所需的東西很常是由貿易得來的。貿易能擴大經濟生活的範圍，因爲各部落的特殊貨物都由以流轉使得交換享用。貿易又使各部落的文化互相接觸，因而促進文化的發展，因爲交換貨物時常於不知不覺中交換了觀念，這種無意中的觀念的交換有時或且比貨物的交換更有價值。

物與物的直接交換是很笨的，於是便生出「易中」的制度。易中便是各人都易於接受的東西，以此爲交易品的媒介，自然便利多了。易中同時也便是貨物價值的量度。原始的易中通常如菓實，穀物，種子，魚貝，鹽，藥，石，木，畜類等自然物，或如糖，酒，乾魚，石器，皮革，家具，符咒，妝飾品等人工物。這種易中本身價格的高下視乎其物的大小，數量，製造的技術和勞力獲得的難易，以及在風俗上的地位等而定。

第十二章　法律

原始法律的性質——原始的法律不過是由輿論所裁定的風俗而已，故可以釋爲「任何社會規則，犯之者由慣習加以刑罰」。但這種不成文的法律其標準化與拘束力並不比創法者所立的法爲差。現代文明國的由統治者的意見制定的法令在蠻族中很不發達。梅印(Maine)以爲原始法律中最發達的是刑法而非民法。或以爲這是由於蠻族中比較文明人多有暴亂的事，但這種解釋頗膚淺；據梅印說這是由於應用民法的事件太少，故民法不發達。在原始社會中個人間的關係的規定由於個人的地位，家庭中財產的繼承是依照慣習，個人間的事件又不用契約，以此民法的應用遂少。

司法的中心權力常覺缺乏，沒有一定的機關以司理裁判及執行刑罰。舉行裁判常爲忽然發生的舉動。法律的後盾常爲非人的神靈。蠻人自小便受教訓而曉得違背風俗便會遇到災禍，犯了神靈的意必被神靈施罰。原始法律有許多方面都是根於求神息怒的意。還有大衆的輿論，社會的貶斥(social ostracism)，個人的自顧地位的意見，以及懼怕譏笑的心理都能幫助法律的實行。例如北美鴉族(Crows)的人很怕由小過而成爲朋友的笑柄，或由大罪而受大衆的貶斥，故很謹守法律。

原始人對於犯罪的觀念——法律的起源可以由「血屬復仇」(blood revenge)的觀念而看出。一個人被害了，於是不但其氏族的人便是祖先的鬼也要求一條命來賠償由此便發生血屬復仇。故血屬復仇是由於「集合的責任」(collective responsibility)一條原則。兇手本人不一定須尋到，只要加害於兇手所屬的團體的任何一人便可以算是復仇了。在一方面因團體的受損害不殊於個人，故團體應爲個人復仇，另一方面則個人的被害無殊於團體的主權爲別團體所侵犯，故應被罰的是兇手所屬的團體，而不一定須加於兇手的本人。由於集合的責任，故被害者的團體必爲被害者復仇，而兇手的團體也必袒護兇手，因此便常發生「血屬仇鬥」(blood feuds)。其頑強的態度常有不同，如西伯利亞尨支人(Chukchi)當於得償一次之後便講和；但如呂宋島的伊夫高人(Ifugao)便糾纏不清，最後常須用和親的方法方得了事。我國鄉村間的械鬥，也便是這種原始的仇鬥。

決鬥(duel)的風俗也行於許多未開民族中，這是較進步的復仇方法。其初還是根於集合責任的觀念，或由被害者的兄弟向兇手所屬的團體的任何人挑戰。其後兇手本人或便被逼而應戰。

償命金或罰鍰(wergild)的方法有時也被採用，因爲復仇的結果得不到直接的賠償。財產的發達也促成以罰鍰代替仇鬥。在古代央格魯撒克遜人中便有此俗，稱爲wergild。wer便是人，意謂人命的價格。償命金的額數按照犯罪的情形與被害者的重要與否，有一定的規則。這種規則在原始社會中很爲普通。

在原始社會中對於團體內(例如部落內)的犯罪和對於團體外的犯罪大有分別。行爲的構成犯罪與非犯罪視乎這種區別。盜竊如行於團體內，刑罰常甚嚴酷，但若行於團體外則反被稱譽。亂倫和姦淫因是在團體內的事故其刑罰常最重。

審判——原始的審判常具有魔術及宗教的性質。有罪或無罪的證據常求之於超人的權力。識定的權委於神靈，而以占卜及神斷(ordeal)的方法探神的意。問神的話是一句率直的問題，要求「是」或「非」的一句答案。非洲土人審判一個人有無毒死其妻的罪的方法是叫他也服毒，他若嘔出來便是無罪，他若中毒便是有罪而被處死刑。步行於熱炭之上是一種普通的神斷方法，神會使無罪者無事，而有罪者受傷。相撲的方法行於亢支人中，以爲無罪者必得勝。相似的方法也見於呂宋的伊夫高人，他們使原被兩方人互相擲卵。還有探湯的神斷法也見於伊夫高人，當事者探手滾湯中摸取小石，如舉動太快或燙傷甚重的便是有罪的證據。神斷也行於歐洲的中古時代，不過以基督教的神代異教的神爲審判者而已。

立誓(oath)實卽神斷的一種，用以審察嫌疑犯者的有罪或無罪。其後用以爲證實見證人的誠實，以爲話若不實神必降罪。在北美平原印第安人中常用誓於競爭勇敢的名號之時。例如鴉族人如有二人爭論誰先動手殺死敵人時，便於衆戰士面前舉行嚴重的立誓；最通行的法有二，其一是由二人各執一把小刀先放進口內，然後指向太陽，口念誓言，請太陽爲見證，並加罰於說謊的人。還有一法是將一枝箭貫穿一塊肉，放在一個水牛頭殼上，於是兩人都拿起箭嘗一嘗肉，並念誦誓言。還有更奇的是沙摩葉人(Samoyed)或澳斯蹄押人(Ostyak)的風俗，被告須以熊鼻爲誓用刀將熊鼻割起，並宣言『我如誣誓便被熊吞食！』。士人都信誣誓者必會被罰，故敢行這種誓的便是無罪。他以後如果被熊咬噬或別樣凶死，這便證明他是誣誓。立誓爲舊世界的特點，在美洲較少。葛殿氏（Goitein）以爲自神斷至眞的審判中間須經過立誓，件以心理方面的由情緒至理智的發展，而人的法官也漸代替了超自然的權威而行判決。但這種由法官審判的方法在原始社會中也不是不曉的。

第十三章　倫理觀念

關於原始的倫理觀念之誤解——有一個旅行家自一個野蠻民族中回來後寫一本書，在「風俗與禮貌」一段，只有一句斷語『風俗，如野獸；禮貌，沒有』（customs, beastly, manners, none）。這種話可以證明這著作者是大錯了。此外許多著作物也同有這種意見。哲學家霍布士（Hobbes）論原始生活說那是『孤獨，困苦，邪僻，兇暴，而且短促的』。斯賓塞曾詳論原始人的心理也有這樣的錯誤，據說：『他們的感情是爆發性和混沌性的，不謹愼，愛笑樂如小兒，不能節制，博愛心淡薄』。

普通的意見常以爲野蠻人等於小孩。雪萊（Shelley）說：『野蠻人之於年代上，就像小孩之於年齡上一樣』。原始人的兒童性常有人講過。在原始人頭腦內像文明人一樣，有一部分兒童性，但這並不是說由觀察文明人的兒童便可以解釋野蠻人的行爲。這樣的類比法是不確的。有人將原始人的詩歌比擬嬰孩的苦樂的呼叫，這便是不確的類比之一。一個大人種族的嬰孩和一個嬰孩種族的大人是根本上不同的。在情緒上，性格上，道德上，野蠻

史前人的行禮

(採自 Eichler—Customs of Mankind)

人都是一個「人」，而不是小孩或其他。

上述的錯誤據哲學家杜威(Dewey)說是：『以文明人的心理爲標準以測量原始人的心理；其結果必然是負的（negative），故敍述原始心理的話常是「缺乏」「不見」，其特徵是「無能力」』。

討論原始人的道德時我們可以置直覺說於不論，這說以爲人有一種特別的神賜的良心，即內在的道德之感能指示人甚麽是善，甚麽是惡。詹姆士(James)說持倫理學上的直覺說的人就像障蔽了眼睛在暗室裏瞎摸一隻不在室中的黑貓。還有所謂合於良心的「道德義務」也可以不必管他。這些主觀的道德的問題太覺錯雜和混亂。這裏可以不必論他，只須從客觀方面討論野蠻

人的道德律以及他們生活於這種道德律上的功効就是了。

原始的道德律——道德無論在野蠻人或文明人都不過是對於風俗和傳說的符合而已。道德的實施不是普通的，而是部分的。原始人也各有其行爲的規律，由社會制定以約束其中的個人。這種規律是很詳密的，無躊躇的可能，因爲在原始社會中風俗與法律是合而爲一的。在文明人，法律不過是將一部分最重要而不得不強逼服從的風俗規定起來，至於其餘的風俗則略能容許個人的自由。這在原始社會是不同的。

在文明社會中如批評某違背慣習，不顧禮法，便說他是『像一個野蠻人』。其實這話對於野蠻人很爲寃屈。野蠻人對於其社會所定的極嚴厲的禮法很能遵從。他們在性的事件，飲食動作等都受節制。

如上所述，外人對於一個原始民族的道德觀念常不易正確。例如馬林那氏(Mariner)敍述東干島人(Tongans)一面說他們是『忠誠，敬虔，是服從的兒童，是慈愛的父母，是義夫貞婦，是眞實的朋友』一面又說：『他們似乎少有道德的感情。他們沒有正義及非正義，人道及殘忍的字。盜竊，復仇，強刺，殺害，在許多情狀中都不算做罪惡。其人殘暴無信義，喜復仇』。這種前後矛盾的話很可代表外人觀察蠻族道德的錯誤。

野蠻人的風俗在外人觀之很常有可厭惡之處，但他們卻也有其倫理的準則在其背後。一個民族所以爲罪惡的在別民族或者反是美德。如要了解這種道理只要看我們自己的社會道德標準在數代內甚或一代內便有重大的變遷，由此可知蠻族的道德與我們的何能完全符合呢？

蠻族的食人肉，殺嬰孩，殺老人及病人，這些風俗都很激動文明人的感情，但這些事情都有其理由，或由於宗教，或由於經濟需要，或由於社會標準，使這些風俗都有道德的背景。我們所聽到的蠻族風俗，像這樣使我們厭惡的較多，至於和我們的觀念相合的風俗卻因其平平無奇傳得不多，因此很易於將這些不好的風俗代表蠻族風俗的全部。食人肉的風俗不常見。且其實行者常不是最低等的野蠻人，而是很有一點文化的民族。由此可見這種風俗必是合於他們的道德規律而不是非道德的了。例如有些民族的食人肉是為要祭神及散福，有的是為報仇，有的是由於一時的經濟需要，有的甚至於殺食父母的肉卻是為行孝道，這都不能說是非道德的，不過他們的道德標準與我們異就是了。

原始人確有一種固定的是與非的標準，這是無可疑的。他們的這種行為的規則很有秩序地包括個人一切的行動。「風俗是國王」這句話還不夠，風俗實是神聖的國王。他不容許個人有自己判斷行為的地步或考慮的機會。對於這種道德律的遵從，為社會的慣例或宗教的規則所要求，違犯一條「苔布」——即宗教上的禁忌——不殊於違犯了高等宗教的規律。所謂「正直是神的人」(god-fearing man) 這個名稱可以表示宗教上的畏懼的久存，以及視正直與畏神為一事的傾向。原始人在各方面都是畏神的人，這使他不敢不服從風俗。還有一種擁護道德律的東西便是輿論。個人要想在衆人面前站得住，便須畏懼輿論。輿論是一致的勢力，而社會對於個人的安排是無可避免的。社會的稱奬為個人所希望，而社會對於不合規律的個人也加以譏嘲或斥逐等刑罰，這又爲個人所懼。

道德不過是一些通行的規例，使人守自己的地位而不侵犯別人的地位，故如在結社的風俗不入會的與入會的分開，在外婚制則近親與近親相避，人民不接近酋長與僧侶，而死人也退讓了活人。

據馬列氏(Marett)所說，原始民族的一種缺點是缺乏私人意見(lack of privacy)『由道德上言之，私人判斷機會的缺乏便等於沒有道德上的自由……故野蠻人的道德不是理智的而是印象的(impressionistic)』。行爲的審核不過視其合於道德律與否而已。雖是如此，蠻人生活於他們的道德律的成功比較文明人的求合於現代道德律，即不是較大，至少也可以說沒有遜色。

原始道德的種類——先就『家庭德行』(domestic virtue)言之。關於結婚的手續，世系繼承，住居及其他都有緊嚴的規則，構成爲很爲整飭的系統。父與母合作以養育兒女，使人類脫離了獸的世界而進入人的世界，少年人對於老人的服從與尊敬普遍地爲一切原始社會的情形。長輩也教少年人以生活的技術，像徒弟制度一樣。少年人的倫理上與宗教上的訓練則行於成丁禮時，其儀式雖是嚴酷，卻很有社會的功效。親屬的關係比之文明人爲廣，在感情上和社會上，他們結合爲一個兄弟團體，例如在氏族內便是。親屬復仇的風俗更鞏固這種團體的連帶。

又有一種『政治的德行』(political virtue)，是家庭德行的擴大以合於部落的連帶及各羣間的合作。戰爭很少是某民族的特有病。最常見的政體是民主的，而權威與領袖地位常爲心力的報酬，而非體力。

殺人偷盜及無待客禮都是當做罪惡，姦淫的意義常不一律，但必被責罰。

原始道德的二重標準——據沙姆那氏(Sumner)所說，原始民族對於「我羣」(we－group)與「他羣」(Others－group)的分別很明，在我羣內的道德標準與對於他羣道德標準不同。在我羣內的相互關係是和平，秩序，法律，政治等；對於他羣除爲媾和所改變以外，常是戰爭與刼掠。在羣內的感情是忠誠，犧牲，對羣外則爲仇恨與欺侮；對內爲友愛，對外則好戰。同一種行爲對羣內人則視爲罪惡而被處死刑，若對羣外人則或者反被獎勵爲美德。在己羣內不可偷盜，不可殺人，若對羣外人則或者反被獎爲勇敢。這種感情並爲宗教所贊成，我羣的祖先的鬼也和他羣的祖先的鬼爲仇敵而喜歡子孫們的仇外，且加以冥佑。這兩種標準並不相反對，因爲對外的仇恨更能促成對內的和平，對內的友愛更能增加對外的橫暴。

由於上述的心理遂發生「種族中心主義」(ethnocentrism)這便是以自己的羣爲中心，只愛我羣而排斥他羣。各羣的人都養成自大與虛憍，誇張我羣的長處，抬高我羣的神靈，對於他羣則加以輕蔑。各羣都自以爲我羣的風俗是正當的，而他羣的風俗則爲繆誤的。對他羣所加的名稱如所謂「吃猪肉的」，「吃牛肉的」，「不行割禮的」「缺舌之人」「索虜」「蠻子」等都是由於風俗不同而起的惡稱。格林蘭的挨斯基摩人以爲歐洲人的到那邊是要去學習他們的德行與禮貌的；他們對一個歐人最好的評語是說『他現在或不久將像格杜蘭人一樣好了』。各民族常有自稱己族爲「人」的，其意以爲只有己族方是人，至少也只有己族方是眞正的人。南美卡立勃人(Carib)明說『只有我們是人』。拉伯人(Lapps)自稱爲「人」，通古斯人也自稱爲「人」，基奧瓦人(Kiowa)也稱己族爲「眞正的或主要的人」，臺灣番族的太么，蒲嫩，朱歐等部落的名也是「人」的意思。各族的神話常自述其爲眞正或唯一的人種。自述己族爲神的後裔。

語言與神話所表現的道德觀念——對於別民族的道德律要得到充分的智識很不容易。直接的問話常發生不良的結果研究神話與傳說有時可以幫助對於倫理觀念的了解。神話中有時說及可怖的行爲，這些行爲在我們是認爲罪惡的，但如神話中的善神贊成這種行爲，或這種行爲反受獎勵，則這種行爲在這民族中可知不是當做罪惡的。反之如有和我們的倫理觀念符合的行爲，在神話或故事中反被責罰，便可知在這民族中是當做不合倫理的了。

神話傳說而外還有語言也是正確的材料。一個民族根於其道德觀念必有批評個人行爲的話，除這種簡單的評語以外還有較爲複雜的俗語(proverbs)也能表現意見。茲引北美平原區的奧麻哈人(Omaha)的批評行爲的話於下以見一斑：

『無私的人。能自節制，不使言語和行爲引起別人不歡的人。直率而其話可信的人。喜歡幫助別人的人。肯聽人話的人。善待客人。謙遜退讓』。以上是褒語。

『說謊的。賊。愛爭鬧的人。無恥莽撞的人。竭力營求想和女人亂來的人。饞嘴的人。喜歡干涉別人的人。搬弄是非的人。頑固的人。慳吝鬼。食客。乞丐。用眼睛求乞的人。睜着眼睛看的人。不曉得用正當稱呼，不曉說多謝，無禮貌的人。淫婦』。以上是貶語。

茲再引些表示道德觀念的俗語於下：

奧麻哈人說：『偸來的東西不能充饑』。『窮人善騎』。『借物的人大家嫌』。『奢侈的人無人哀輓』。『懶惰的路通到恥辱』。『人應當自己造箭』。『漂亮的面孔不會造成好丈夫』。

非洲人說：『飽的小孩對餓的小孩說「寬寬心罷」』。（這是說人對於別人的痛苦是淡漠的）。『灰飛回到撒灰人的面上』。（害人必自害）。『地猪說我恨殺我的人不及踐踏我的人』。（侮辱甚於傷害）。『沒有人汲井裏的水去添河』。（不應削少益多）。

非律賓土人也說：『樹累那一面便倒在那一面』。『爾今天笑我明天笑』（報復）。『爾可以不愛，但不可輕蔑』。『尋人錯處的人自己便有最大的錯處』。『善忘的人必快樂』。『仁愛是大資本』。『仁愛用仁愛償還，不是用金錢』。『破你的頭不要破你的話』。『屋子雖小，我的心卻大』（待客）。『金的好壞在石上磨擦方知』。『不由正路的必至迷路』。『說謊的愛立誓』。

原始社會組織參考書目：（以採用多少爲序，括弧中卽爲本篇內採用章數）

(1) Tozzer, A. M.—Social Origins and Social Continuities, chap. IV—VI（第一，二，三，四，五，六，七，十，十一，十二章）
(2) Lowie, R. H.—Primitive Society（第一至十三章）
(3) Goldenweiser, A. A.—Early Civilization, chap. XII,XIII（第一，六，九，十章）
(4) Rivers, W. H. R.—Social Organization（第一，五，六，七，八，十，十一章）
(5) " " "—Kinship and Social Organization（第五，六章）
(6) Westermarck, E.—A Short History of Marriage（第一，二，三，四章）
(7) " —The History of Human Marriage（第一，二，三，四章）
(8) " —The Origin and Development of Moral Ideas（第十三章）
(9) Wallis, W. D.—An Introduction to Anthropology, chap. 26-38（第六，七，九，十章）
(10) Wissler, C.—An Introduction to Social Anthropology, chap. VII-XI（第一，二，三，四，五，六章）

(11) Sumner, W. G.—Folkways, chap. IX—XIII（第二，三，四，五，六章）
(12) Sumner and Keller—The Science of Society, Pt. II, III, V（第二，三，四，五，六，十一章）
(13) Marett, R. R.—Anthropology, chap. VI（第一章）
(14) Ellwood, C. A.—Cultural Evolution, chap. XIII—XVI（第二，三，四，五，六，十，十一，十三章）
(15) Spencer, H.—Principles of Sociology, Pt. III, V, VIII（第二，三，四，五，六，十，十一章）
(16) Morgan, L. H.—Ancient Society（第二，三，四，五，六，十，十一章）
(17) Thomas, W. I.—Source Book for Social Origins, Pt. IV, VII（第二，三，四，五，六，十章）
(18) Frazer, J. G.—Totemism and Exogamy（第四章）
(19) Chapin, F. S.—An Introduction to the Study of Social Evolution（第一章）
(20) Lang and Atkinson—Social Origins and Primal Law（第一，十二章）
(21) Maine, H. J.—Ancient Law（第十二章）
(22) Roheim, G.—Social Anthropology（第六章）
(23) Hartland, E. S.—Primitive Paternity（第五章）
(24) Webster, H.—Primitive Secert Societies（第七章）

(25) Eichler, L.—Customs of Mankind, chap. VI—VIII（第二，三，四章）

(26) Calverton, V. F.—The Making of Man: An Outline of Anthropology（第一，二，三，四，五，六，十一章）

(27) Zenks 著嚴譯——社會通詮（第五，六，十章）

(28) 蔡和森編——社會進化史（第二，三，四，五，六，十，十一章）

第五篇　原始宗教

第一章　緒論

宗教的新研究法——最初研究宗教的大都是宗教家。他們所成就的如基督教的神學，佛教的佛學等；對於各人自己所信仰的一種宗教的道理闡揚發揮都很詳盡，但其缺點也就在此；因爲（一）他們所研究的只是一種宗教，研究的結果何能概括世界各種宗教。（二）他們的立足點旣是一種宗教的信徒，則其意見自然是傾於左袒自己的宗教，自己所奉的方是神，別教所奉的則斥於神的範圍以外；自己的宗教行爲是眞正的，別教的宗教行爲則斥爲魔術與迷信。所以嚴格言之，宗教家的研究宗教，不是眞的研究『宗教』，而是闡揚其所信的『一種宗教』。因爲這種研究的不合宜。於是哲學家便出來擔任這種工作。他們以無偏無頗的眼光綜覽各種宗教的內容，統論各種教理的哲學意義；這是他們的大貢獻。但這種工作卻只能解決宗教研究的一部分，還有一部分未能解決，因爲（一）哲學上所研究的，只是含有哲學意義的教理；（二）其範圍只限於發展已高的宗教。對於各種高等宗教如佛回基督等教的研究固已顯著成效，但對於「宗教」全體的性質及起源還是不能全曉。這個原因便在於還有各種未有哲學意義的低等宗教即通常所指爲迷信及魔術等還未經人注意的緣故。這種低等的或原始的宗教是存於文化比較落後的人民，即通常所謂野蠻民族以及文明民族中的無智識的階級中；而這種材料是文化人類學家所熟悉的，於是便由人類學家來擔負這種工作了。人類學的研究宗教是先擬一種假說的，他們以爲宗教的要素及起源還可以在低等宗教中去尋，因爲低等宗教離起源較近而其內容比較簡單易於發見其要素，所謂要素與起源自然不能說是極端的即絕對性的，因爲物質科學尚不能根究具體的物質之極點的要素與起源，精神科學更不能懷這種奢望，只要在可能範圍內找到有相對價値的解釋便足，若離卻事實只在玄想上推求，便脫離了科學的性質了。人類學的研究原始宗教恐怕永遠不能找到『最原始的』起源與「最簡單的」要素；但普通意義的起源與要素，總有希望可以知道一點。這便可說是研究宗教的一種新方法。

但人類學家的研究原始宗教與其說是爲要完成宗教學，毋寧說是爲要完成原始文化的研究。因爲人類文化的根源在於人類的心靈；而心靈的表現在文明社會有很多方面，除宗教外尚有哲學及科學，在原始社會則只有宗教一方面最爲顯著，哲學與科學的思想尚在萌芽，且即在宗教的範圍內。所以如要了解原始的心理只有探索原始的宗教。我們如要曉得人類初時的宇宙觀，只要探索他們的宗教；我們如要曉得他們對於自然界的解釋，也只要查問他們的信仰；我們如要了解社會上各種事件如神權政治，宗法制度，生產死亡婚姻戰鬭的儀式，耕獵畜牧衣食住所等的習慣，都可以參考原始的宗教而得解釋。

由於上述二種目的，原始宗教的研究遂成為文化人類學中極重要的一部門。人類學家中有不少專力於這一門的工作。人類學著作中也發生了許多這一類的鉅著。原始宗教的事實搜集了很多，說明的學說也發生了不少。這種智識雖不能說是完全無誤，但對於人類的求智慾也可說是有了一點安慰了。

宗教的定義——宗教的定義很多，各研究者都根據於自己意中的宗教的要素而定。其中最常被採用者為泰婁氏（E. B. Tylor）及佛累則氏（Frazer）之說。泰婁說宗教的最小限度的定義是『精靈的存在物之信仰』(the belief in spiritual beings)。這說的優點在於把宗教的態度和宗教的對象都提出來。其缺點則是（1）只舉信仰一方面而漏了宗教行為(practices)。因為在原始宗教中，宗教行為，即儀式（ritual）也極重要。（2）精靈的存在物範圍還狹，不能完全概括信仰的對象。佛累則氏的定義說：宗教是『對於統馭自然及人類生活的超人的權威（powers）之和解的手續』。他所謂『權威』是指有意識的或有人格的物（conscious or personal agents）。這說的優點在乎改進上說而提出崇拜為宗教態度的要素。其缺點則在（1）以宗教對象為具人格的物，因之凡非人格的而亦為原人所信為具有神秘的力者，都被擯於此定義之外。（2）以對於具有超人的力者之崇拜方為宗教現象，而實際上原人對於一部分精靈卻有只用平等對待的締約或甚且用高壓的嚇威手段的，這些事實都被排於宗教範圍之外，而派入於魔術之中，未免過於含混。上述兩種定義在下文中還要詳述，不必贅論，茲舉一種較為適當的定義於下。

馬列氏（Marett, R. R.）以爲宗教的對象最好莫如用『神聖的』（the sacred）一語，而宗教的態度便是信這種『神聖的事物』能影響於團體或個人的幸福，因而表現此種感情思想及行爲於外。『神聖的』一語的範圍很廣漠，能夠將所有超人的非超人的精靈或非精靈，宗教或魔術等現象都包含在內。所謂『神聖的』性質是（1）神聖的便是禁忌的（forbidden），在原始社會常有所謂『答布』或『禁忌』（taboo）。附于宗教的事物，這字的意義與神聖略同。其意謂對於某種神祕事物須避忌，犯者將受應得的不幸。（2）神聖的便是神異的（mysterious）。在原始民族觀之，凡奇異的意外的不可思議的現象常有神聖的意義。（3）神聖的便是祕密的（secret）。凡神聖的事物當守祕密，例如對於未成年者婦女等常加限制，不准聞見或參加。（4）神聖的便是有能力的（potent）。凡神聖的事物大都有奇異的能力，不但精靈便是僅只一種神秘力即所謂「馬那」（Mana）也能發生不可思議的現象。（5）神聖的便是靈活的（aninate）。神聖的物都是有意識或具人格的，猶如有生命一樣。（6）神聖的便是古舊的（ancient）。古代傳襲來的事物常有神聖的意義，如宗教儀式神物等都有古舊性，又如古人的鬼也易於成爲崇拜的對象。

宗教發生的外的條件——在宗教魔術的神秘世界之外還有自然的物質的世界，在後者中只須用物質的智識機械地對付事物，所以生活是很平常的，意料可到的。在我們文明人如此，在原始人類自然也不是全無這種境狀；不過原始人的這種自然的平常的世界比較我們的爲狹就是了。原始人在這種境狀時是很從容的，無思慮的，就像一個小孩。可惜原始的生活太乏保障，危機（crises）時時發生，使他們的生活眞有寢不安席的苦。饑餓疾病戰爭都是危機，生與死也是危機，便是結婚和成丁因是生活的轉變所以也有危險的要素。由心理狀態言之，危機便是一個人智窮力竭的時候，便是由平常習熟的境狀突然進入了不能了解的世界的情況；在那種不能了解的世界中人類不能用平常的方法應付，很覺得駭懼與痛苦。人類并不找尋危機，他們還盡力的避開他危機自己來找人，弱者見之便屈服，強者則設法對付他，而宗教就由於對付危機而發生，所以危機便是宗教的第一個條件。宗教又有社會性，非社會不能成立，他是由社會構成，同時供應社會中多數人的目的，他又是傳承的，能够一代一代的傳下去。在原始社會中宗教的思想與行爲全包在風俗之內。而不是個人的事件。原始人的宗教思想例如——「大家都聽見雷鳴了，他必是活的」，「我夢中遊行於別處，別人說我的身體卻在此睡臥。所以我必是有一個靈魂」，「人說我的面貌和水中的影相像，然則影必是另一個複身」，這些思想必定不是一個人獨創，而是多數人同構想同證明出來的，並且必定是經過很長的時代方能演成。所以宗教是社會的產物，而他的第二個條件便是社會。由別一種觀點也可證明這說。社羣的態度對於個人的影響極爲偉大，個人在羣衆中受社羣態度的影響感情極易興奮，常於不知不覺之中接受了神祕的感想，因而合力做出宗教的行爲。這說雖奇特，卻不是沒有理由，有一派學者且竭力主張這說，以爲是宗教發生的唯一原因，無論如何至少也可證明社會是宗教發生的一種條件。

宗教發生的內的條件——內的條件便是指人類心靈的一方面。宗教行爲由於信仰，信仰的發生必是由於某種特殊的心理狀態。究竟這種特殊的心理狀態是怎樣的？這個問題便是宗教起源的問題。對於這個問題提出的答案很多，各說都自以爲是唯一的正確的道理，其實都是片面的觀察，各有一點貢獻。綜合各說的結論，對於宗教的起源雖還不能說是最後的解決，至少也可以說已經說明一個大概了。現在便把各說的內容略提於下：

宗教源於對自然勢力的恐懼(fear)的學說，很早便發生，如羅馬的柳克理細阿(Lucretius)便說『恐懼造成最初的神』，他以爲人類對於周圍偉大的勢力覺得很爲害怕，由於害怕而生出崇拜。又如近代的休謨（Hume）也贊成這說，以爲人類由於畏懼自然界的勢力，又以自然現象歸於神的權力，因而發生對神的崇拜，希望求其援助。這說是很普通的意見，雖不甚精密，但恐懼自然界的勢力確實是宗教發生的一部分理由。

以「神秘力」（mysterious power）的觀念爲宗教發生的原因是欽格氏（King）所主張的學說。這說以爲原始人心中最初只是彷彿覺得有『某種物』(something)即神秘力的存在，不能了解究竟是何物，只是覺得害怕。後來方逐漸將神秘力附合於自然界，因而把自然界擬人化起來而成爲崇拜對象。

與上說相近的有吉丁斯（Giddings）的『大可怖物』(great dreadful)之說，他以爲最初的宗教觀念只是一團不清楚的觀念，後來方逐漸分化明晰。原始人類起初只信有一種『大可怖物』，卽非人的物或力，後來方把他具體化爲精靈或別物。

上述的馬列氏以爲宗教的發生由於事物的神聖(sacredness)的觀念，凡反常的不可思議的現象都有神聖的性質易於引起崇拜。

波特文 (Baldwin) 以爲宗教是依人格的生長 (personal growth) 的程序而發生的。小孩在其心理的發展中每覺得大人的人格爲他所不能捉摸，因之生出依賴心及神秘性的觀念。人類對於自然界也這樣，他們覺得自然界的不可思議，因之也生出依賴心及神祕性的觀念，把自然界視爲奇異的人格，因而對他崇拜。

麥斯穆勒 (Max Müller) 說宗教的起源在於『無限』的觀念 (perception of the infinite)，這種觀念是由於人類對付四圍的世界而生的，他們覺得自然界的恆固遠勝於人壽的短促，而自然的勢力也遠非人的能力所能比擬其萬一，所以便生出自然界是『無限』的觀念，因之對他崇拜。

杜爾耿氏 (Durkheim) 從另一方面着想，他以爲宗教是由於『社羣的態度』(group attitude) 而發生。社羣對於某種事物有特殊的態度，用儀式以表現他，因之而生出神祕的性質，其事物遂成爲崇拜的對象。

佛累則 (Frazer) 的意見也很奇特，以爲宗教是由魔術轉變而成，在宗教之前先有一個魔術的時代，卽無宗教的時代。在無宗教時代人類以爲各種神秘的物或力都可以用魔術來抵抗制服他們，後來覺得失敗了，方改用祈禱崇拜來和解他們，這才算做宗教。拉卜克 (Lubbock) 的意見也與此相近，他以爲宗教時代之前只有魔術和迷信，其時人類只曉得利用「靈物」(fetish)，後來方進而崇拜偶像及生人死人等。

斯賓塞 (Spencer) 主張『鬼魂說』(ghost theory)，以爲宗教的起點在對於鬼魂卽死人的畏懼和崇拜。他很詳細的推測鬼魂觀念發生的程序，並推論各種崇拜都是由鬼魂崇拜演成。

泰婁（Tylor）提出「生氣主義」（animism），以爲人類最初的信仰對象是「精靈」（spirits），精靈便是「生氣」或靈魂。萬物都有精靈，人類死後的鬼魂也是精靈的一種，自然界的各種奇異現象都是精靈所作成的。

馬列（Marett）改進生氣主義而提出「生氣遍在主義」（animatism）或「馬那主義」（Manaism）或「先生氣主義」（pre-animism）。這說以爲在信仰精靈以前還有只信一種超人的神祕的力的時代。如美拉尼西亞人所謂「馬那」（Mana）便是這種力。這種力遍在於宇宙間，凡物之所以有超人的神祕性都是因有馬那，便是精靈鬼魂都是如此。所以馬那的觀念可以說是早於精靈的觀念。

以上諸說以後面的四家尤爲重要，在本書的後段還要詳述，此處不贅。

本書的計畫——本章討論原始宗教的通性既畢，以下自自然崇拜至一神教爲一段，列舉各種宗教型式。犧牲，祈禱，魔術，占卜，巫覡爲一段，前四項爲宗教行爲，巫覡爲專門執行宗教行爲的人。魔術說至超自然主義爲一段，詳論宗教的起源。末章便是全書的總結。

第二章　自然崇拜（Nature—Worship）

人類感覺他的周圍有種種勢力(powers)爲他所不能制馭，對之很爲害怕，於是設法和他們修好，甚且希望獲得其幫助。人類對於這種種勢力的觀念自然也依環境而異；平坦的原野自然無山神，乏水的地方自然無水神，離海很遠的內地自然也無所謂海神。

地的崇拜——在野蠻人看起來地是一個生物，土壤是牠的筋肉，岩石是牠的骨骼。在很多種神話裏頭，牠有一個美麗而妥切的名稱便是「地母」(earth-mother)因爲她能生養萬物。有一種很古而又傳播很遠的神話說：以前有一個時候，地母與天父(heaven father)連接一塊，萬物都在黑暗中，直至後來有某個「英雄」出來纔把他們劈開，世界方纔明亮。地的爲母的資格，不單是一種幻想而確曾見諸事實；美洲的土人以及別處的蠻人都以爲地確實是一個生物；在三百年前有一個著名的天文學家且以爲地的呼吸器官肺臟和鰓有一天可以由海底發見出來。

「地母」的觀念或者發生於人類脫離狩獵進入農耕的時代。有些很美麗的神話係起於植物的春生而冬凋，還有各種儀式與風俗，常舉行於春季，其宗旨便是祈求收獲的豐厚。其中的祭獻有時是流血的，因爲人類以爲非有這樣慘酷的犧牲不足以邀神的保佑。人類常以爲當鋤的掘入土內，牛的踐踏土上，或建築物的基礎插入土內時，地神必因而動怒。所以在非律賓羣島當播粟以前須殺一個奴隸爲犧牲，在幾年前印度孟加拉的某部落把一個做犧牲的人亂刀斫死，以爲流了這個人的血便可以使他們所種的鬱金根（染料用的植物）得成深紅色。

在世界上許多地方直至今日人類常把一個活的犧牲（常爲動物）埋於新建築的基礎下，或牆的裏面，其意以爲這樣方可以平地神的怒。在別的地方或別個時候這些可怕的犧牲改換爲遊行與祝典。僧侶們引導人民繞田而行，口唱歌辭，祝植物的生長。春天漸漸變成快樂與希望的季節，由此發生了各種優美的地神崇拜的儀式如歐洲的五朔節（Mayday）與收穫感恩節（Harvest Thanksgiving）等。

水的崇拜——水這種奇異的物質是生物所不可少的東西，所以在原始的人類看來是極有生命和精靈的；因此牠的崇拜也廣佈於各處。原始的人類看見河流的衝決奔駛以及旋渦的吞噬生物，便以爲是水的精靈的作祟。後來更以爲每條流水都有一個水神管理牠，司理水流的平靜與掀動；而溺水的人也不必救他，因爲恐怕他的溺死是水神的意思。

聖泉，神井，各處都有，這很可以證明水的崇拜的根深蒂固。這種水大約是含礦質的常能醫病，所以自古至今病人和殘疾的人常麕聚於聖泉神井而求其醫療。還有洗禮儀式的舉行也由於相似的信仰，以爲凡小孩如不由僧侶撒過一點水將來便不會得救。又以爲這種「聖水」可以祛除鬼魔與妖巫。世界的河流如尼羅（Nile），底伯爾（Tiber），太晤士（Thames）都有「父親」的稱呼，在藝術上則被雕刻爲人形。又如更富神聖意味的恒河，則有美麗的故事記在印度古書中說牠是從天上流下來保佑這個世界并洗滌人類的罪惡的。在西非洲常由巫術師致供獻於海神以平牠的怒潮，又如古希臘人和羅馬人也曾投生物於海中以祀海神，又如古秘魯人呼海爲「海母親」(mother sea),當牠做食物的供給者而崇拜之。

石與山的崇拜——石的崇拜遍佈於全世界。其崇拜的理由有很多種。歐洲人以前信石箭鏃是仙的鎗頭,而新石器時代的石斧爲雷神所遺下。還有天上降下的隕石更增加神聖的意味,這種石便是通常所謂流星,例如麥加(Mecca)城的「黑石」(Black Stone)回教徒常不遠千里來參拜牠;又如墨西哥和印度也都有這種石。具怪狀的石常被信爲有魔力,野蠻人看見一塊石頭像麵包樹,他便把他埋在麵包樹的旁邊,以爲由此可以獲得豐盛的果實;或者看見一塊大石頭,牠的下面還有幾塊小的,他便崇拜牠們,希望所養的猪因此而得蕃殖。非洲尼遮利亞(Nigeria)的土人生病的時候,便抽籤並以飲食的物供獻於神石,希望爲他治療。

石的崇拜自古至今都無間斷。古代希臘羅馬猶太墨西哥及其他民族的歷史都記載石的信仰,如以石爲活的,或信石有魔力等。紀元前二百年頃的羅馬人曾很虔誠的歡迎由小亞細亞來的一塊小而粗的黑石,以爲是「聖母西比利」(Mother Goddess Cybele)的化身。秘魯人有一種故事,說有些石頭是人變的,因爲他們觸犯了造物主的緣故。古猶太人信石爲活的物,在聖經裏約書亞書(Book of Joshua)中說有一塊石頭曾聽見上帝所說的話。歐洲古書中也常記載基督教會直至十七世紀猶常頒布教令,禁止各種野蠻的崇拜,如石、樹、泉水及天體等。人們常對石頭而發誓,病人撫摩石頭而希望治療。帝王們即如現在英國的王都在石頭上面加冕,至於以石頭爲齎帶運氣的信仰更爲普遍了。

史前時代所遺的石，如架成棹子形的，排成圓環形的，在世界上已經發見了幾千個。這些東西常爲葬處的記號，由於敬畏死者的緣故漸致對這些石頭也加以崇拜。有很多故事由於這些東西而發生，而石的圓環猶常爲舉行宗教儀式的地方，如印度等處尙如此。

高大插天的山也有神聖的意義。人類常以爲神靈所棲的地方，如羅馬的周畢德（Gupiter），猶太的耶和華，北歐人（Norsmen）的奧典（Odin）都在山上。山的崇拜中國也有。又如美洲土人以爲所有山嶺和高地差不多全是神靈的住所。

火的崇拜——活躍飛舞嘶嘶作勢的火焰，無論遇到甚麼東西牠都會吞食下去，然後在烟霧中把燼餘的東西噴出來，——這豈不是活的嗎?自從人類曉得生火以後他們便用心守護他。無論到甚麼地方野蠻人總帶了火去，如巴布亞人（Papuans）入森林時必定帶了一根烟燻燻的樹枝，又在他們的小艇中也必定長燃一個火。馬來人不敢跨過爐火，印度的托達斯人（Todas）當燃燈的時候必定對之禮拜。在古希臘人每家必守一長明的火以崇祀火爐女神赫斯謝（Hestia）。羅馬人也這樣做以崇祀微斯達（Vesta），又有六個童女在神廟中看護神火。在秘魯也有這種風俗，這些女子還稱爲「太陽之妻」（wives of the sun）在今日非洲巴干達族人（Bagandas）中尙有派女孩子另居守護神火的事。耶路撒冷廟中的長明燈永不曾熄。在波斯神廟中火是神聖的象徵，僧侶的面須用面幕遮起來；印度的「婆羅門」不敢用口氣吹滅火。印度的最高的神亞格尼（Agni）便是火的神又爲太陽的神，印度信火是從他來的。對於摩羅處（Moloch）耶和華以及別個亞洲美洲的神靈都曾有以人爲犧牲的事。

火又被推爲袚除不祥和療治疾病的神物。在古羅馬小孩初生時房中須燃燭，在蘇格蘭小孩受洗禮以前須長燃一個火於其身旁。在希勃頼島（Hebrides）中有一成語說「自火來的無惡物」。不列顚的古風俗如逢着惡病流行便燃了所謂「需要的火」（need－fire）無論人畜都須對他衝過，以爲可以袪除邪祟。

日月星的崇拜——原始時代最引人類驚愕的恐怕無過於晝夜的遞嬗，有些時候他們能够看得見周圍的物，黑暗一到忽變成一無所見使他們不得不瞎摸或睡歇。每早太陽將出便有萬道光芒爲他前驅，不久便漸昇高放出光明照耀大地日暮他漸沉落，而光亮也跟他漸減少以至於全滅。以此人類的感情自然而傾向於這光明的王，發生崇拜的方法如供獻以犧牲等。

天體的崇拜不但很爲廣佈並且繼續至於後來，由古時的各大國的神名和遺留的廟宇便可證明。在大不列顚曾有大石柱植立以祀太陽，又有祭壇以祀月神及地的女神。還有星期中的日名日曜日（Sun－day）月曜日（Mon－ or Moon－day）也都保存這種信仰。

日與月各有其崇拜的地方，但也有時同爲一地方所崇拜。在旱燥的地方太陽成爲可畏的物，居民祇崇拜月神，因爲在夜間月亮底下纔有露水下降以滋潤人畜並使人畜得以行動。而中非洲的土人怕見太陽的昇起而只崇拜月神，又如南美洲古時的土人也拜月神並供祭獻，以爲唯有月亮能使動植物生長。初生的月亮在很多地方都受歡迎，如古以色列人每見新月便舉烽火於山頭以傳播這種可喜的消息。

但太陽的崇拜在其餘廣大的地方自古至今都是很盛，人類對於這個溫暖光明與生命的供給者自然更是五體投地貢獻犧牲與禱辭。在古秘魯的人民信他們的王是太陽的兒子，在墨西哥則更有殺人祭日的故事；又如現在的黑足印第安人(Blackfeet Indian)每年都有太陽舞(Sun-Dance)的祝日。中國人也拜日神，印度「婆羅門」經中說日是「諸神中有光耀的神」，古波斯的故事中有日神米突拉(Mithra)其崇拜直傳至羅馬及英格蘭。希臘與羅馬人都有日神，前者名希利奧斯 (Helios) 後者名所耳 (Sol) 都爲立廟及祭獻。在埃及日神名拉(Rah)是最高的神，對他的祈禱和讚美歌比對別的神爲多。日神的崇拜在現代多種民族中都有痕迹可尋。

星的崇拜也很常見。星在原始時代或被視爲人類所變，其在生的時候或爲獵人或爲舞女等。農夫與舟人常極注意某種星的出沒，以爲他們是管理氣候的，如金牛宮的七曜星"Pleiades"一字是由希臘字"Plein"來的，原意爲「航駛」，因爲希臘的舟人每等這星出現方敢開船。在南非洲的沮魯人(Zulus)又呼這星爲「掘星」，待他出現人們方纔掘地。星又被信爲能制定人類一生的命運。當一個人出生時天上有某星升起，他將來的命運便爲這星所影響。英語「禍患」disaster 一字，其下半 aster 是希臘語「星」的意思，所以這字的原意便是「不幸的星的打擊」。還有評人的命運爲「遭壞星的」(ill-starred)或「生於吉星之下的」(born-under a lucky star)。中國人也有「命宮魔蝎」的話，便是以魔蝎宮的星爲凶星能使人一生不幸。人類中有自稱能由星的運行而預言吉凶的中國謂之「星士」，英文稱爲astrologer卽星學家，字源出自希臘文astron便是星的意思。希望前知的心使愚人都上了星士的當。在古迦勒底人與希伯來人中古星術與星的崇拜合爲一起，星球被視爲神靈所在的地方。隕星在各處的士人觀之都是可怖的東西，並爲災禍的前兆。黑人以爲隕星是巳神故巫的靈魂回來作祟；威爾士農人以爲這是其所經過的下面的人將死的先兆。法國普露汎沙(Provençal)牧人們則以爲他們是上帝所摒斥不要他們同在一塊的靈魂。

第三章　動物崇拜及植物崇拜

動物崇拜(animal worship)及植物崇拜——在野蠻人觀之，凡能動的物都是活的；無生物還是活的，動植物豈不更是活躍的東西嗎？水能洄捲與噴沫，火山能嘶嘶作聲，風能怒吼，雷能轟擊，但還不見他們有閃爍的眼睛和突出抓人的巨爪，至於動物有很多方面像人類，軀體又常有比人類爲大的自然更逼得人類害怕，而對他們崇拜。動物一方面是人類的仇敵，一方面又是人類的同伴，在畜牧時代兩者的關係尤爲密切。動物崇拜在宗教史上佔了很大部分。各民族所奉的神靈常由環境而異，所以所崇拜動物的種類也視地方而不同；在北方的大抵是熊與狼，南部的則為獅虎與鰐魚，古埃及是動物崇拜的大本營，所拜的例如牛，蛇，貓，鷹，鰐魚，以及其他動物。印度人對很多種動物無論鳥獸爬蟲都加以崇拜，只有虔敬的態度略有差等而已；牛，猿，鷹，蛇，受最高的敬禮。此外虎，象，馬，鹿，羊，刺猬，狗，貓，鼠，孔雀，雄鷄，蜥蜴，龜，魚甚至蟲豸也都是崇拜的對象。公牛在印度和錫蘭島被視為特別神聖的東西，美洲的印第安人敬奉熊，野牛，野兔，狼，及幾種飛鳥。在南美洲鳥類和美洲虎(Jaguar)似乎特別受崇拜。墨西哥人視梟鳥為惡靈。馬達加斯加島人以為鰐魚有超自然的能力，祇可用祈禱請其宥恕，用符咒求其保佑，而不可攻襲他；只要把槍尖攪一攪水面便對於這司理洪水的大王犯了褻瀆的罪，此後犯者如要過水便有生命的危險。

動物崇拜之中最為常見者莫如蛇的崇拜，不但野蠻人便是已經開化的民族也有這種風俗，而且不止一二個地方，幾乎世界的各處都曾有過。這種蜿蜒修長無足能走且有致人死命的毒牙與及閃爍可怖的凶睛，在心靈上又狡詐非常的東西自然能引起人類畏懼的觀念。古時蘇羅門曾說他所不能理解的四種事物其一便是蛇的爬行於石上。創世紀中以蛇為人類的仇敵可以想見古時人類對蛇的觀念。在大科達族（Dacotah）與蕭泥族（Shawnees）的印第安人蛇與精靈同為一名辭。在海地的務都人(Voodoos)的拜蛇更有可怕的形式。馬拉巴(Marabar)人的屋中另撥一小房以居蛇。台灣番族的派灣人也有這種風俗，他們以蛇為祖先的化身，器物上常雕蛇形。麻德拉斯（Madras）有一個蛇廟，崇拜的人很多。在印度的別處則以蛇為聖者或為半神（Demi-god）的化身。北美洲的奧日貝人（Ojibways）和則洛基人（Cherokees）視響尾蛇為神而貢以饗祭。祕魯人則崇拜蝮蛇，墨西哥的田納猶果(Tenayuco)地方因爲拜蛇的緣故麕聚了很多的蛇，遂有蛇的市鎭(town of serpents)之稱。在古希臘與羅馬，蛇被奉爲醫藥的神。雅典的城砦關係由一大蟒担任保護，當時雅典城內街上曾舉行蛇的跳舞，猶如現在的摩基印第安人(Moqui Indian)和與都斯坦的那葛斯人(Nagas)一樣。在古代蛇的崇拜又曾行於埃及印度菲尼基巴比侖等處。在現代則除上述以外又見之於波斯客什米爾柬埔寨西藏錫蘭及非洲數處。中國常有蟒的傳說，又有以蛇爲水神的，也都是蛇的崇拜。

野蠻人每殺動物常對之謝罪，這便是由於視動物爲有精靈的緣故。如西伯利亞的浮枯利子人(Vogulitzi)如殺死了一頭熊，便正式的對他表明這罪是在於兵器，而這些兵器是俄羅斯人所造的。同樣風俗也見之於蝦夷及蘇門答臘土人等。北美土人對他們所殺的熊常以很大的敬意對他謝罪，訴說他們是逼於不幸的需要，請其原諒。基伯衞人(Chippeways)每要出獵便先舉行藥的跳舞(medicine dance)，以見好於禽獸的精靈。英屬哥侖比亞的印第安人當魚季到撈魚開始的時候，便先對魚兒行了禮，然後對他們說：「你們魚兒，你們魚兒，你們都是酋長。你們是，你們都是酋長」。柬埔寨的斯提因人(Steins)以爲動物也有靈魂，死後能夠遊行別處，所以如殺了一個動物，怕他靈魂回來報仇，便對他謝罪，並供奉祭獻，其犧牲的多少視乎所殺動物大小及力量而定。中國人宰殺動物也有念往生咒的，希望他從速投胎再生，這都是由於對動物的信仰。

植物崇拜(plant worship)——在隆冬時錮閉的生命一到春來便能苗葉開花和結果，而且微風吹來枝葉間似乎都會發出叫聲，「這豈不是也有精靈的徵驗嗎?」在原始民族觀之植物和動物都有同人類相似的感情與意志;樹木也能夠說話又能和人類結婚;有些植物具有醉人或毒人的液汁的特別爲人所敬畏。莊嚴偉大的樹木常被視爲具有神聖的性質而常在其下開重大的部落會議。森林中的居民以林木與他們的生活有密切的關係尤常以樹木爲崇拜的對象。奧日貝人 (Ojbway Indian) 不喜砍伐方在生長的樹木因爲恐怕樹木覺痛，婆羅洲的踹押克人(Dyaks)和菲律賓土人不敢砍伐幾種樹，因爲他們信有死人的靈魂棲於樹身。奧科 (Oko) 的土人不敢用幾種樹木做獨木艇，因恐樹木的精靈會殺害他們。暹羅人在砍伐「答健」木 (takhien) 以前必先祭以餅和米，奧國的鄉人當縱斧之前必先向樹木求恕古羅馬的農夫在清理地面砍斫樹木時，恐精靈動怒每先用祭祀和祈禱獻媚於他們。現在希臘的樵夫當他砍了幾下的斧使樹木搖搖欲倒的時候，自己趕急趨下埋面地上，因爲恐怕「突里押」(Dryads) 從樹中走出來發見他而加以懲罰，所謂「突里押」便是樹木的神。人的幸運與其收獲和植物極有關係，所以發生了許多媚求植物精靈的風俗，自殺人以祭植物並撒棄其屍於田內的蠻俗以至於較合人道的祝祭世界各處很常有過。

野蠻人中常有自信爲植物的後裔的，猶如別的民族自信爲誕自動物祖先一樣。在北歐人 (Norse) 的神話中波爾大神 (Bor) 的兒子曾由兩株樹木造出人類來。在墨西哥歷史上有一朝君主傳聞是兩株樹的後裔。有些大神如墨西哥的陶大(Tota)，羅馬的周必德．法列特利押斯 (Jupiter Feretrius) (卽橡樹的神)，希臘的地翁尼蘇斯(Dionysus)被供奉的像都作樹木形。此外有所謂『世界生命樹』(world life trees)的，例如北歐神話中的「依格突拉西」(Yggdrasil)被崇奉爲司理命運與智慧的神樹，又如耶教聖經創世記所說的「智慧樹」(tree of knowledge)也屬此類，創世記的智慧樹的神話是源於巴比侖的。

在未有人造廟宇之時人類有用森林當做廟宇來祀神的，英文廟宇(temple)一字原意便是樹木。人類常在森林內尋訪神靈並攜帶犧牲來供奉他們。在波斯有些神樹，上面並且挂了衣服破布和法物等。德國和美國都有所謂「神林」(sacred groves)。在斯凱島(Is. of Skye)有一株橡樹，土人不敢動他的一枝，橡樹似乎特別有神聖的性質，常被崇祀。

在現代樹的崇拜盛於中非洲南埃及和撒哈拉。剛果的黑人崇拜一種樹名爲「彌耳侖」(Mirrone)常把他栽種在家的旁邊，似乎把他當做護家的神。沿幾尼亞海岸幾乎每村都有他們的神林。在亞達苦達(Addacoodah)有一株大樹被奉爲神，上邊插了幾枝箭，挂上些家禽野鳥和別物以供獻於樹神。在北美洲克里人(Crees)曾崇拜一株神樹，在上面挂了些牛肉和布條，據他們說有一回被「石印第安」人(Stone Indians)把這神樹的「子孫」偷斫了很多去。在墨西哥曾有一株很巨的古柏，在他的枝上挂滿了印第安人所貢獻的祭物，如黑髮，牙齒，有色的布，破布條等物。在尼加拉瓜(Micoragua)不但大樹便是玉蜀黍和豆都被崇拜。玉蜀黍在祕魯的澳加(Huanca)省也被崇拜。

第四章　圖騰崇拜

佛累則(I. G. Frazer)說『圖騰(totem)便是一種類的自然物野蠻人以爲其物的每一個都與他有密切而特殊的關係因而加以迷信的崇敬』。賴納赤(Reinach)更具體的說這個名稱便是指一氏族人所奉爲祖先,保護者,及團結的標號的某種動物,植物,或無生物。這種崇拜盛行於北美印第安人及澳洲土人中,在別處也常有遺留的痕跡。澳洲的圖騰崇拜較之美洲的更爲複雜。圖騰一語原是美洲奧日貝印第安人的土語;澳洲則有「科旁」(Kobong)一名與圖騰同義。圖騰崇拜與普通的生物或無生物崇拜不同的地方在其性質較爲特殊而複雜,出於上述諸種崇拜的範圍以外。

做圖騰的物並無限制,但實際上以動植物爲多。例如澳洲東南部土人的五百個圖騰之中非動植物的不過四十個,此四十個大都如雲雨霜霞日月風秋夏冬星雷火煙水海等,有時爲物的一部分如尾胃等。圖騰不是個體而是指全種類,如以袋鼠爲圖騰,便指袋鼠全部,如以牛爲圖騰,便指牛全部,不是單指某隻袋鼠,或某頭牛。以某物爲圖騰的便不殺害其物,不以牠爲食物,只有在特殊的情形例如舉行宗教儀式之際,或其圖騰爲危險的動物,或除圖騰以外別無食料的時候,方宰食他。爲自己的緣故殺牠雖不對,但如爲別民族的人而殺他便無關礙,但這是

圖騰柱

(採自 Eichler—Customs of Mankind)

特殊的事，通常總是不敢殺害自己的圖騰。別族的圖騰可以拿來當食物，但對於自己的圖騰也應當培養牠使牠繁殖以供別族的需要。

澳洲土人的主要社會組織爲氏族（clan）。同屬一個氏族的互認有血族關係，其實不一定眞的同血統，不過同用一個圖騰的名而已。同氏族者共認爲同出於圖騰一類的祖先，互認爲親屬，有密切的關係，不得互相婚配。圖騰與屬其圖騰的人有這種血緣上的關係，所以特別受優待。關於這種制度，他們有神話說明他。他們說在以前『亞爾哲靈卡』(Alcheringa)時代，即遠古的夢幻的時代（dream period），他們的祖先曾存在於世間，他們的祖先是人神動物三者的混合體，其能力比現在的人類爲優，他們能自由遊行於地上地下及空中以創造萬物，他們的血管一開便成爲大洪水，能使高原化爲平野，山嶽裂成深谷。他們各有棒片或石片等物，稱爲「珠靈卡」，(Churinga)這種物和他們有極密切的關係。其後這些祖先在各地方各自降入地下去，其地方便生出岩樹等自然物並遺留其「珠靈卡」於其處。所以圖騰便是祖先的化身，而「珠靈卡」是極重要的標記。各氏族都有其「珠靈卡」，其上畫些圖騰的象徵。「珠靈卡」極爲神聖，有宗教的意義。其物或爲木製，穿孔而繫以頭髮，常於舉行儀式時執之作奇異的聲音。藏「珠靈卡」的地方也是神聖不可侵犯的，婦女或未經入會式的男子都不得行近其處，逃入其地的動物不得捕捉，人類不得於其地爭鬬。「珠靈卡」有神祕的能力，人如觸他可以療病患，愈創傷，生鬚髯，獲勇力。戰鬥時有「珠靈卡」的一方必勝。但「珠靈卡」對於屬其圖騰的人有利，對於以外的人反有害。「珠靈卡」對於氏族的人有重要的關係，所以如失了他便恐有災禍降臨，全氏族的人都陷於愁嘆，二週日中全族人皆體塗白色黏土表示悲慟。可以取動「珠靈卡」的只有長老或得其允許的人。對「珠靈卡」的態度極爲嚴肅，移動時須行儀式

以上所說的都是澳洲的圖騰崇拜，至於美洲的則稍爲簡單。美洲的圖騰與崇拜者的關係多數是保護者而非祖先。美洲的圖騰標記爲圖騰柱（totem pole），長三四十尺，其上雕刻圖騰的形，植立於各家族的入口。

此外別地方也時見這種風俗，或其痕迹，如南非洲的貝川那人（Bechuanas）分爲鱷族人，魚族人，猴族人，水牛族人，象族人，豪猪族人，獅族人，藤族人等；凡屬某物的族便不敢吃那種物或穿其皮，對於其物有特別畏敬的心。祕魯的印第安人有許多家族自信係出自動物的祖先。印度的孔特人（Khonds）也以動物爲族名，而分爲熊的部落，梟的部落，鹿的部落等。蔡子民先生說我國上古有鳥官龍官蟲種犬種等也是這種風俗的痕迹。又如猺族的奉狗爲祖，突厥的自認狼種也很近似。

第五章　靈物崇拜

靈物崇拜（fetish worship, fetishism）的原名"fetish"一字原係葡萄牙語，意爲法物。這種崇拜的對象常係瑣屑的無生物，信者以爲其物有不可思議的靈力，可由以獲得吉利或避去災禍，因而加以虔敬，其物例如奇

形的小石，掀起的樹幹，甚或一頂舊帽，一條紅色的破布等物，只要看見的人直覺的以爲是有靈的，便對之祭獻和祈禱了。所求能如願則神物便受酬謝，否則常被捨棄，懲罰或毀壞。各人都可以有他自己的靈物，全部落也可以有公共的靈物；但兩者都須有神聖的幫助。美洲倭尼人(Zuniane)的靈物崇拜很可以做這種信仰的一個好例。倭尼人把宇宙分爲六大部分，便是北，西，南，東，上，下。各部分都有其特殊顏色；北是黃色，西是藍色，南是紅色，東是白色，上是各色都有，下是黑色。各部分又都有其特殊的動物；北是山獅，西是熊，南是貛，東是狼，上是鷲，下是鼹鼠。用石當做這六種動物的代表，並將箭鏃和羽附加於上面。這些靈物便是狩獵的神了。人們對這些靈物祈禱，供獻以插鳥羽的棒，舉行以他們爲中心的儀式。這些靈物各有權力以管理屬於他一色的地方。當出獵時，獵人帶了兵器走到「鹿醫」的家，在那裏便可找到一個柳條編成的籃，內貯這些靈物。他須面向所要出發的方向，手撒「聖穀粉」於籃的內外。然後用左手握了一小撮的聖穀粉舉手當心，一面口裏祈禱。禱畢把「聖穀粉」向所要出發的方向撒去，然後揀選所需要的靈物。把靈物舉到唇邊，呼氣於上，向他道謝。在行獵中的各段都要舉行這種儀式。當殺死了禽獸時，便把牠抱在胸前，一面取出靈物，對他呼一口氣，告訴他要和他同享，然後把他略浸血裏。其次他自己也用手掬一點血吸飲下去。然後撕出肝臟，生嚼了一部分，並說「謝謝」。在剝皮及剖割的時特地剝出了耳輪的內部並拾起心血的凝塊和一簇毛髮。此外再加以黑色顏料，麥粉，貝殼灰，作成一個圓球，和一袋穀粉同埋於該動物被殺的地方，並再作祈禱。回家時送還靈物於其原處，敬申謝意，並祈求他下次的幫助，又申說這次確曾供過他飲食了。

一個聰明的尼革羅人說；『我們中的無論那個如要從事甚麼事件，必先找尋一個神靈來幫佐他。跑出門外最先看見的東西便可以當做我們的神。否則如見有適在我們路中的任何物件如石頭木塊等物，也可把他拿來，供以祭獻，然後對他宣誓說他如肯幫助我們，我們便崇拜他爲神靈。這種方法如成功，我們便造出了一個新的神靈來幫助我們了，以後便每日供獻他新鮮的犧牲。如這神靈不肯允許相助，便把他送還原處。我們是這樣的日日在創造及破壞神靈，所以我們反是神靈的主人和創造者呢』。

在才坡（Jeypore）麝鼠的死體被當做很有効的靈物，這種死體乾了，便把來裝入一個盒子內，盒子或於銅的或爲銀的或爲金的，依人而異。這種盒子掛在頸上或縛在臂上都可以，據說這物能够辟邪祟，並且能使人不受兵器的傷。

北美洲的印第安人有一種靈物名爲「藥袋」（medicine bags）帶在身上，可以受其保佑而得平安。這種「藥袋」的獲得很不容易。一個人當十四五歲的時候，須獨自跑到大草原中，倒在那裏，斷絕食物，並用心冥想二日以至五日，竭力提神不睡，愈久愈好，後來睡去的時候，夢中最先看見的動物便是他的「藥」了。他醒後立刻便去打一隻夢中所見的動物，愈快愈好。打獲了後把皮剝起來做一個袋，這便是所謂「藥袋」。以後便供以祭獻求他保護。

馬達加斯加島土人每一家中都懸掛一個籃子於北方的屋樑上，籃子裏邊放一個靈物，或爲一塊石頭，或爲一枚樹葉，或一朵花或一塊木。這種物是家庭的靈物，一家的人都信賴他，對他祈禱，希望得他保護而免受邪祟。靈物雖受崇拜，但如不能應崇拜者的請求時必常被虐待，例如奧斯第押人（Ostyaks）對於不聽命的靈物常加以侮辱搥擊甚或殘毀他。黑人們也常有這樣風俗。

蠻人們所以信靈物爲有超自然的能力的緣故有二種解釋，一是以爲有精靈附託在其上，一是以爲有神祕的超自然的「力」（power）注入於物體；前一說是根據泰婁（Tylor）的生氣主義的，後一說則根據馬列等的生氣遍在主義。依編者的意見，世界各處蠻族的靈物信仰並不是完全同樣的，或信精靈，或信神祕的力；所以這兩說都各有適用的地方。

靈物崇拜或說不能算做宗教，如拉卜克（Lubbock）便持此說，他以爲宗教是人附服於神的，而靈物崇拜則是要使神附服於人，所以兩者不但不同而且極端相反；偶像崇拜才可以算做宗教，因爲那是人對神的崇拜。拉卜克的意見是不對的，因爲他是根據於他的無宗教時代的假說，而這種假說把宗教的定義定得太高了，因而遺漏了所有和他的定義不合而實際上也是宗教的東西。

第六章　偶像崇拜活人崇拜

偶像崇拜（idolatry）——偶像與靈物不同的地方便是必須經過雕刻或捏塑以成某種形狀，其像精粗不同，或爲一束的草，或爲略加塗抹的石頭，或則如東亞人民所祀的精細鏤刻的神像。有極大威力的神靈常有巨大的像，多數的上下肢，或獅子的頭，鹿的腿，或並且背生羽翅。偶像也有中空的，使僧侶們可以藏在裏面，然後講話出來假做神像能自己講話的樣子，使人民增加虔信的心。有把偶像本身當做神靈的，也有祇把偶像當做神靈所寄託的。但野蠻人大都信偶像卽爲神靈，能直接聽悉祈禱，接受祭獻，並有權力造作禍福，所以性質很同於靈物。

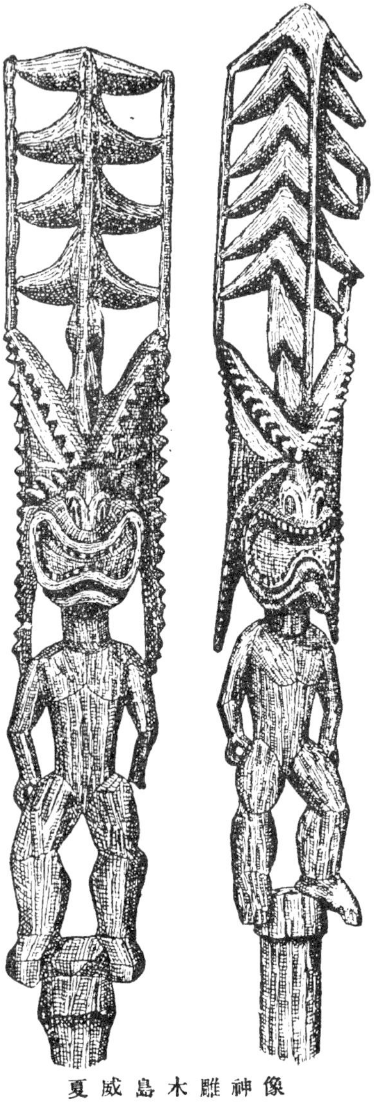

夏威島木雕神像

（採自 Wallis—Intro. to Anthropology）

偶像如不能應崇拜者的希望，常有被責罰的事。黑人如得不到幸運便鞭打他所奉的偶像；奧斯第押人（Ostyaks）出臘不獲時也擊打他的偶像；我國人曾把偶像抬放泥中，直至所請如願方纔爲他洗濯及鍍金。

俄羅斯的農人要做壞事的時候，便把神聖的圖像遮蔽起來，使他看不見。意大利的強盜祈禱於聖母馬利亞的像前請保佑他們成功，許把贓物分些做祭獻。

偶像崇拜不是普遍於全世界的，他的發生是較爲後來的事。在回教猶太教基督新教中都被禁止。

有一種奇異的事可以證明偶像不只是神靈的代表而卽是神靈的本身。印度的「婆羅門」僧侶當人民的供獻不甚豐厚時，常用鐵鍊把偶像的手足鎖起來，然後縱人民觀看，並對大衆說這是神靈的債主所幹的，因爲神靈當窮乏之時，曾借過債主的錢，現在無錢還他。他們又說債主很兇，如神靈不能把母利全淸，決不能得自由。於是善男信女們聽了以爲這是行善的大好機會，便盡力佈施交給「婆羅門」請爲代神償債，以贖回神的自由。古代推爾城(Tyre)曾崇祀有名的赫邱利(Hercules)把神的像當做神的本身；所以後來這城被圍於亞歷山大時，城中人便用鍊把神像鎖起來，以預防他叛走入敵人方面去。

生人崇拜(man worship)——在新西蘭曾有一個大酋名Hougi自稱爲神，他的部民也這樣稱他。在社會島(Society Island)一個王名Tamatoa也被人民奉爲神靈。在馬圭沙島(Morquesas)的土人中有數人號爲Atua卽神靈，人民崇拜他們，並信他們也有法力像別的神靈一樣。塔希提(Tahiti)土人的王與后被人民尊奉爲神，所有他們用過的東西都不准常人拿去用，甚至和他們名字相同的聲音都不許提及。朝廷上所用的語言都極希奇可笑；王的宮室稱爲「天上的雲」，艇子稱爲「虹霓」，王的聲音稱爲「雷聲」，王的室中的燈火稱爲電光。百姓們夜裏在王的屋子旁近經過的時候如看見燈火的光，他們便說是「電光在天上的雲中發亮了」。

野蠻人對於動物植物都加以崇拜，自然對於生人的崇拜不覺得有甚麼誤謬。他們的酋長，在他們看來便不比神靈們更有能力，也可說沒有遜色。神靈與活人之間在他們並不覺得有甚麼明瞭的界限。因此酋長和巫覡們常被當做神靈，而他們自己也竟以神靈自居，自以爲有神權了。

白種人有時也被蠻人們當做神靈。如船長柯克 (Cook) 在太平洋，Lander 在西非洲都曾如此，又如湯孫 (Thomson) 夫人曾在北澳洲住了幾年，也被土人當做神靈。在安達曼島白種人也曾被當做精靈。Thomson 和 Moffat 兩人被非洲貝川那 (Bechuana) 的女人當做神。布須曼黑人以爲白人是神的子孫。三毛亞土人對本地神靈的禱詞中常說，『請把這些「航海的神」趕去罷，不然恐怕他們要降給我們疾病和死亡』。在印度盤遮布的土人崇拜 Nicholson 將軍爲神，稱爲 Nikal Sen。Rajah Brooke 在婆羅洲的一部分曾被土人們疑爲具有超自然的法力。

在託達斯人 (Todas) 中有一種人叫做「巴拉」(Balal) 也不是酋長也不是巫覡，他的特殊的職務是看顧神牛。在他的任中是一個神，離他的職又成爲一個常人。剛果的巫覡曾被奉爲地神，巫覡的領袖則稱爲「全地的神」。人民信這最大的神巫是不會像常人有自然的死 (natural death) 的。爲要符合人民的這種信仰，他到了自覺生命不久的時候，便選擇一個弟子承繼他的位置，並把法力傳給他；最後便當衆叫他的弟子用繩索把他縊死，或用棍打死。這樣做是要使人民相信這繼位者確會在前任的臨絕的時候受了遺命，因而也得有呼風喚雨等能力。如繼承的時候不這樣做，人民們便說地土就要乾燥不毛，人類要因而滅亡了。西藏的喇嘛首領被人民叫做活佛，這也是活人崇拜的一種，據說活佛是長生不死的，雖是他的靈魂時時由一個肉體移到別個肉體，但卻不是死而是「輪迴」。

第七章　鬼魂崇拜及祖先崇拜

人類常覺得暗中似乎有無數的鬼魂從墳墓內爬出來，在他們的門外叫嘯，或且潛入屋內作祟，有時偶然現出可怖的形狀，有時發出懾人的怪聲。卽在文明的都市中也常傳說某處有鬼，有很多人不敢在凶宅內居住。我們祖先的這種畏懼鬼魂的感情至今尚存於我們現代人的心裏，一遇機會便發露了。

鬼魂觀念發生的原因——人類何以有鬼魂（ghost）的觀念？據斯賓塞諸家的研究，大抵由於下述的原因。原始民族對於生命的觀念，第一是以活動的能力爲準，所以常把無生物當做有生命。其次是物體變化的觀念（metamorphosis）例如雲的集散，日月星的出沒，白晝與黑夜的遞換等。其中尤以風的現象最覺得奇異，他們不知風爲實體的物質卻日日見他的變化。又如植物的生長與枯萎，卵變爲雛，雛變爲長大的鳥，蛹變爲蛾，生貝變爲死殼，某種昆蟲變像樹枝，蝴蝶變樹木葉。凡此種種證據都可使原始民族信爲物體能自己變化。以上是身外的卽客觀的現象，此外還有身內的卽主觀的現象。一方面曉得外界的物體都能變成數種形狀，一方面覺得人類自身也是能變化的。例如做夢暈厥迷亂癲癇及死亡，便都是人身的變化。人身既是會變化的，自然不是限於這個可見的簡單的肉體，於是對於回響陰影及映像的解釋便加入，而促成了第三個觀念，卽「複身」（the double）或「雙重人格」（double personality）的觀念。原始人以陰影爲另一個身體而回響也是另一身體所發的聲音，又如水中反映的像更的確是另一個身體。因爲旁人告訴他水中的像絕類他的身體，而他自己也觀察別人的像而得到同樣的斷語，於是遂以爲凡人都有另一個身體，卽「複身」，而陰影與映像都是複身的表現。他們更推論夢的現象，夢中所經歷的事本來不疑爲虛而信爲實，一面又由各種證據而知夢時其身體實係倒臥，不曾離開所在地，於是便斷定夢中的經歷是複身在別地活動。又如暈厥的時候患者失去知覺，安靜不動，但甦醒後，迴憶未醒時似曾經歷多少動作，這也使他們疑心是複身離開肉體，經過多少時候方回原處。迷亂癲癇也同樣促成這種觀念。至於死亡則可解釋爲複身不再回歸原體了。這個複身便是可謂「靈魂」（soul）人類死後的靈魂更別稱爲「鬼魂」（ghost）。各民族的靈魂一語幾乎全是借用氣息陰影這一類字，例如塔司馬尼亞的陰影一語便兼指靈魂，印第安的亞爾貢欽人（Algonquins）稱人的靈魂爲"otahchup"，意義就是「他的影」，亞畢奔人（Abipones）以"loakal"一語兼指陰影靈魂回聲映像回者；加利福尼亞的涅特拉（Netela）語"piuts"一字也兼有「生命靈魂氣息」三意。由此可知靈魂便是「無實質的他我」，換言之便是無形無質而憑附於身體的一種東西。

野蠻人很怕照像，以爲會攝取他們的靈魂。以前有一個法國的醫生到馬達加斯加島照了幾個土人的像，土人們便說他是要偸人的靈魂去賣，遂逼使這個醫生將靈魂取出來放在一個籃子內，交給所照的人。人的得病有時是因爲他的靈魂離開肉體太久，如我國人所謂「魂不守舍」便是，於是尋回靈魂便成爲巫覡們的一種職務。婆羅洲的土人如見有人病重便派一個「捉魂的」(soul-catcher)去捉回他捉回來時將盛魂的一個小物件在病人頭頂摩擦，說這樣做，靈魂便會重入身體。病人如果死了，他的親人便伏在屍身的耳朶上叫道：「回來罷！這裏有吃的東西預備給你喲！」

鬼魂的去處——靈魂在夢中大都在另一地方做事，死後究竟何處去呢？這問題的答案便是「來世」(future life)。卽死後的世界的信仰。死後靈魂的去處有兩種，一是轉附於世界的另一物體，二是獨立存在不附物體。

第一種便是輪迴或轉生(transmigration)。卽一個人的靈魂轉移到別個人體，動物，植物或無生物。這種信仰尙保存在較爲高等的宗教中，如印度教(Hinduism)和佛教。這種信仰以爲一個人的今生的行爲能夠制定來生的命運。印度人以爲今生做賊的人來世轉生爲鼠，惡人會變爲野獸。非洲人以爲善人的魂會變爲蛇，惡人的魂却變爲胡狼。

在第二種的情形，鬼魂也有兩個去處，一是雜居人世，一是到別個世界，即陰間(The Other World)去。各民族常有鬼魂旅行的神話。這別個世界的所在，各民族所見不同，或以爲在地下，或以爲在天上，或以爲在日沒的地方，或以爲在遠處的孤島。鬼魂世界的情形各民族所說也不一律，但卻同爲人世界的反映，在那邊的生活猶如人世。鬼魂不一定都到鬼世界去，有時也雜居人世，大都滯留於其生時所住地的近處，或屍體所在的地方。雜居人世的鬼魂常爲人所畏懾而恐其作祟。返回人世作祟的惡鬼大都是因爲死後生活未能快樂。蠻人常以爲鬼魂能够在呼吸中進入人體，而呵欠和噴嚏便是鬼魂附身的朕兆。

鬼魂崇拜——人類既以爲死人還能存在，而且因爲他們已經脫離軀殼能自由來往各處，比較生時更有能力以作禍福，所以對於死人的崇拜是自然會發生的。一部落中的個人有特別勢力或有神祕性的，在生時尙被崇拜，死後自然是有加無已。所以各民族中都有其英雄受後人崇拜，據後來的傳說這種人在生時或曾建築城堡，或傳入農業，或始創金屬器。又如Prometheus從天上偸下火來給人類用，Cadmus創造字母以教人類。

當日俄戰爭時，日本的東鄉大將曾祭告鬼魂們，申其謝意，似乎以爲由於他們的暗中幫助方能打勝仗。即在高等的宗教中也還有崇拜死人的遺習。在羅馬加特力教和回教中所崇奉的聖徒(saints)都受人民的祭獻與祈禱，他們的墳墓成爲教堂或寺廟，他們在生時據說都具有魔術的能力，如聖經中說聖保羅在生時曾以手巾給病人，病立刻便愈，邪鬼立刻便逃走。在羅馬加特力教的教堂中，每個祭壇下都須埋有聖徒的遺骸遺物，因此在幾百年中他們不絕的搜求這種東西，特別是殉道者的更爲重視。我國則有孔聖關帝，也都是死人而被崇拜。這種文化的英雄都是善的鬼，此外惡的鬼也很多，由於畏懼的念頭也不敢不崇拜他們，以消弭其惡意。印度人常建小社以祀有危險性的"Bhut"，我國民間也有許多『淫祀』即屬此類。

祖先崇拜——祖先崇拜是鬼魂崇拜中特別發達的一種，凡人對於子孫的關係都極密切，所以死後其鬼魂想還是在冥冥中視察子孫的行爲，或加以保佑，或予以懲罰。其人在生雖不是甚麼偉大的或兇惡的人物，他的子孫也不敢不崇奉他。祖先崇拜（ancestor-worship）遂由此而發生。行祖先崇拜的民族很多，如吠陀人（Vedahs）非洲尼革羅人新加列頓尼亞人（New Caledonians）古代的羅馬人閃族人日本人中國人都很著稱。

新加列頓尼亞人以爲每隔五個月鬼魂必自叢樹中出來，屆時須預備食物，衆人於午後齊集墳旁，在日落時舉行宴會，爲首的人須對墓內老人的靈魂祝說：『鬼魂們，我們很喜歡恭聽你們的甜美的聲音，可以請你們唱一個歌給我們聽嗎！』祝畢，他們便自己唱起歌跳起舞來。在山答人（Santals）中每村的旁近必有一簇神林，據說這是村中的鬼魂所住的地方，他們在這暗中視察他們子孫的行動，他們不樂時也會降病於人，所以村人須於一定期間穿了頂好看的衣服去神林邊祭獻及飲宴。非洲達和米（Dahomey）的酋長常差遣使者傳報重要的事件於已故的祖宗。遣人時把報信的物遞給在旁的任何一個人，然後砍他的頭，如還有別的事忘記報去，便立刻遣第二個使者去。

祖先崇拜在中國最爲繁細，而且也很特別。對於祖先的崇敬可謂達於極點。食物冥鈔及別物的祭獻，木主的供奉，忌辰的舉行，祠堂的設立，每年的掃墓，春秋的大祭，以及此外許多事件合成一個中國式的祖先崇拜的系統，其中有些與野蠻人相同的，但其繁細的程度終非別地方所能及。

喪儀及葬式——由於崇拜死人之故，對於其屍體的處置便生出許多儀式來。家有死人必定改變平時的形狀，如斷髮，繪身，或穿着特別衣服等，其初大約不是爲紀念而實是由於懼怕的心理。將明器納入墓內的風俗很普遍。兵器是供他去陰間爭鬥，器物則給他生活。甚或奴僕從人都殉葬以侍他於幽冥。葬法有很多種，列表於下：

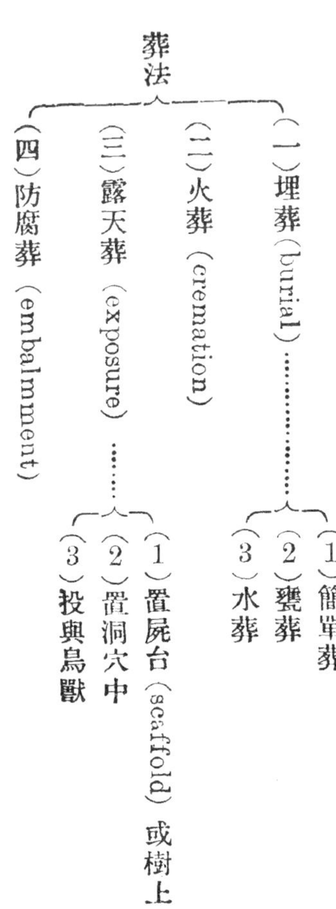

第八章　多神教—神教—神教

多神教(polytheism)——在較爲高等的民族中，混亂無序的信仰常變爲有系統的各種較大的神靈的信仰，而這些較大的神靈是各有作用各自統治宇宙的一部的，例如風雨雷電氣候的神，森林江河海洋的神，播種與收穫的神，戰爭疾病死亡冥界的神等名號甚多。在古埃及各區域都有其特別的神，在希伯來人耶和華原是諸神中之一，後來方成爲唯一的神，在羅馬也有一個萬神廟(pantheon)，他們的神也很多。這種宗教常稱爲多神教。

多神教中的神常由人類的祖護而互爭雄長，本來諸神中誰眞誰僞無可分別，但是人們卻要苦苦爭論，硬說那一個是眞的而其餘是僞的，甚至於把信奉別神的人焚斃，說他們是異端。

多神教中所奉的多爲「非自然物」(non-natural beings)而是人形的神。人類想像出來的神自然會與自己具相同的形狀，這種「神人同形主義」(anthropomorphism)在各種高等宗教中都曾有過。希臘學者芝諾芬(Zenophanes)曾說『人們以爲神的出生猶如人的出生，而他們的形狀容貌與智慧也和世人一樣。黑人造出來的神是黑的，白人造出來的神則是白的。如果動物同人一樣有手可以造像，那嗎他們造出來的神一定是動物形的，馬的神成馬形，牛的神則像牛形』。在荷馬史詩及印度史詩摩訶婆羅多(Mahabharata)中的神都是神人同形的，他們不但具人形，還有重量，可加以枷鎖，能感覺身體的痛苦，卽不至會死也會感覺創傷，其差異是無血液，而只有一種神液，雖會吃犧牲，但卻不需照定規的進餐。他們有同人類一樣的感情與意志，他們也有恐懼怨恨忌嫉虛榮的心理，且較人類爲強。他們也會憂愁失望，他們不是全知全能的，他們的社會也像人一樣的不固定，常起戰爭，神與人類分別的要點只在其能力的強大，他們的體力遠過於人類，至於魔術的力更不必說是超過無數倍的了。

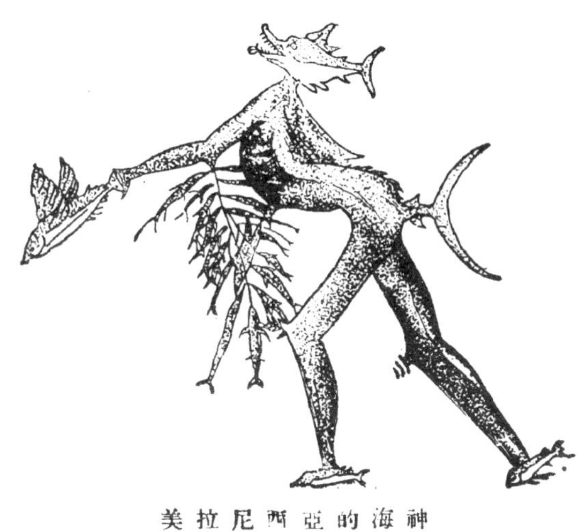

美拉尼西亞的海神

（採自 Elliot－Prehistoric Man and His Story）

二神教（dualism）——各民族中有信宇宙間祇有二位最有力的大神的，這二位大神鬬爭不息，各要佔做宇宙的統理者，這便是所謂二神教。這二神一個是居於平靜無雲的地方，具有慈悲的心腸，專施恩惠於人類；別一個則極爲殘暴兇惡，能使海水怒騰，天地晦暗，作嚴寒苦人的身，縱猛獸吃人的肉，降暴風雨以掃盪人類的屋宇及產物。一個是光明的神，他在日光裏微笑；一個是黑暗的神，慣在雷雨裏吼叫。一個是專用善良及溫和的精靈爲助手，一個則專差殘暴兇惡的精靈爲幫兇。

有多種宗教都有二神教的痕迹：如古埃及有善神奧息里斯（Osiris）惡神沙特（Sat），對於惡神的供獻較善神為多，因為人民很怕他。馬達加斯加有善神占和爾(Zamhor)和惡神尼陽(Nyang)。斯干的納維亞人有光明的神巴杜兒(Baldur)黑暗的神羅岐(Loki)。古印度宗教中有晝間的神因陀羅(Indra)和夜間及邪惡的神勿理突羅(Vritra)競爭。古波斯的瑣羅沃斯德教即祆教(Zoroastrianism)以為光明的神阿胡拉·馬斯達(Ahura-Mazda)或稱為奧爾姆茲特(Ormuzd)永遠和黑暗的神安格拉·馬伊尼亞(Angra Mainya)或亞利滿(Ahriman)鬬爭。這種宗教生出了高尚的道理，能使人行善而拒惡。當猶太人在巴比侖做俘虜的時候，那裏正盛行無數惡魔的信仰，他們便也採取了最高惡魔的觀念，把這最高的惡魔名為剎但(Satan)；以前他們以為他們的神耶和華兼有善惡二性，以後乃漸以剎但負擔惡的一方面，以為他有極大的威力，能夠上下遊行，『像一頭吼叫的獅擇人而噬』，並且差遣了許多小魔鬼誘人作惡，拖人入地獄。

一神教(monotheism)——野蠻民族中似乎也有一個最高的神的觀念，但究竟是基督教或回教的傳教師傳入或是本來自己發生的，不易論斷。

波里尼西亞人據說有很高等的一神教。土人自述其信仰如下：『達亞羅亞(Taaroa)便是達亞羅亞，是他的名。他住在空中，沒有地，沒有天，沒有人。達亞羅亞呼叫，沒有應他的，他獨自存在而成為宇宙。樑柱便是達亞羅亞，岩石便是達亞羅亞，沙土便是達亞羅亞，他把各物都號他自己的名。他創造了這堅硬石頭的世界，這世界便為他的妻，是萬物的基礎，產生了地與海』。

一神教說神是獨一的(unity of god)，其實並十分純粹。最高的神之下常有許多天使，天使豈不是小的神嗎?神與天使都是善的，不做惡事，於是宇宙間所有的惡事不得不歸於一個極有能力的惡魔及其下許多小惡魔。如上面所說的猶太教便是這樣。回教也信有一個惡魔的領袖。

在回教基督教猶太教以前世界上曾有過一神教，可惜曇花一現，隨即消滅無蹤，後來的人很少知道就是了。約在耶穌紀元前一千四百年，埃及有一個極爲「聖潔」的王名亞克那頓(Akhnaton)很爲人民所愛戴，號他爲『清氣的王』(lord of the breath of sweetness)。他因爲捨棄了對於動物太陽氣候的神的信仰，見惡於僧侶們，於是逃出了僧侶的範圍，另建一個城在那裏創立了一個新教，祇奉亞頓(Aton)爲唯一的神。他教百姓們祇向這一個神祈禱和唱歌，以這一個神爲他們在天的「父親」並爲「仁愛與和平的主宰」。他叫百姓不要作亞頓的像，而這神的象徵物「太陽盤」(sun disc)也不是被崇拜的。但因爲他痛恨戰爭和罪惡，不肯和人開戰，後來遂致失了他的國，而這種較爲高尚的精神也隨之而消滅了。於是百姓們便再回復到以前的信仰去。

高等的宗教中除夾雜二神對立的觀念外，還常有了「三位一體」(trinity)即三神合一(three gods in one)的意思。如基督教有聖父(Father)聖子(Son)聖神(Holy Ghost)三位合一位。此外如巴比侖埃及印度等處的宗教都有「三位一體」的觀念。茲舉一個表於下:

三位一體

巴比侖：	亞努（Anu）（天的神）	貝爾（Bel）（地的神）	雅（Ea）（地下的神）
基督教：	聖父	聖子	聖神
埃及：	奧息里斯（Osiris）（穀神或日神）	伊息斯（Isis）（其妻）	和魯斯（Horus）（妻的子）
希臘：	薛烏斯（Zeus）（天神）	波賽頓（Poseidon）（海神）	哈底斯（Hades）（地下神）
又：	薛烏斯	雅點尼（Athênê）（智慧女神）	亞波羅（Apollo）（日神）
印度及吠陀的：	梵天（Brahma）（創造神）	毘溼奴（Vishnu）（保守神）	溼婆（Siva）（破壞神）
又：	因陀羅（Indra）（天空神）	蘇維耶（Sueya）（日神）	亞格尼（Agni）（火神）
羅馬：	周畢特（Jupiter）	周瑙（Juno）	民湼發（Minerva）

斯干的納維亞：　(天上之主)　(天上之后)　(智慧女神)

奧典(Odin)　拖爾(Thor)　羅歧(Loki)

(大衆的父親)　(雷神)　(惡神)

埃及的神很多爲三個一組或九個一組的。和魯斯在伊息斯膝上的雕像後來生出天主教的聖母馬利亞同耶穌的圖像，所以有人說「伊息斯與和魯斯換了名字仍然是歐洲人的崇拜對像」。

第九章　魔術禁忌及占卜

魔術的定律——蒙昧的人民，常以爲宇宙間各種現象，可以用神秘方法影響他，這種方法便是所謂魔術或法術(magic)。神鬼精靈所以有能力，都是因有魔術，人類也可利用魔術而發生超自然的現象。魔術的根據是兩條定律：

(1)類似律(law of similarity)或象徵律(symbolism)，由此律而生的魔術，叫做「模倣的魔術」(imitative magic)。這條定律說，凡相類似而可互爲象徵的事物，能够在冥冥中互相影響。有兩條細則：

(1)同類相生(like causes like)類似的事物能引起眞的事物，只須模倣眞的事物，便能得到眞的結果。例如針刺一個當做仇敵的偶人，則仇敵也眞的受傷，倒轉物件則命運也因而改變。

(2)同類相治(like cures like)相類似的假事物能制止眞的事物，故利用凶物可以辟除邪怪。

(二)接觸律(law of contact)或傳染律(law of contagion)由此而生的魔術名爲『傳染的魔術』(contagious magic)也有兩條細則：

(1)凡由一全體分開的各部分，仍於暗中互相感應，例如髮雖離身，仍能影響於身體。

(2)凡曾一度接觸過的兩物間仍有神秘的關係，例如衣服與人身。

模做的魔術——這類魔術最普通的，是假造敵人的形像，然後殘毁他以暗害敵人，其意以爲形像既與眞的人相類似，然則像如受毁損，眞的人自然也於冥冥中受害。這種魔術通行於古今許多民族中。如北美印第安人，如要加害於敵人，便畫了一個人形於沙灰或泥土上面，或假定一個物件爲敵人的身體，然後用尖銳的物刺他，或用別法傷他，以爲這樣便會發生同樣的創傷於仇人的身上。如其中的奧日貝族如要害人便做成一個小木偶當做那個人，然後將一根針刺貫他的頭部或心部，或者用箭射他，以爲這樣會使那個眞的人同時也發生劇痛於頭或心；假如還要致他於死地，只要把木像焚燬或埋葬，並念誦幾句咒語就會使那人無病而死。馬來人的魔術也有這一種。他們將所要加害的人的指甲頭髮眉毛唾沫等物各備一雙，酌量可以代表那人身體的各部分，然後一一安上蜂蠟所做的偶像。每晚把蠟人放在燈上烘烤，並誦念以下的咒語：

「我所烘烤的不是蠟啊！
我所烘烤的是某某人的心肝和脾臟啊！」

照這樣烘了七晚，然後把他燒掉，於是這可憐的被害者便被活活弄死了！馬來人處置蠟人的方法也有像奥日貝人的，他們將尖銳的物刺他的眼睛，活人的眼睛便瞎了，刺他的胃胃就病了，刺他的頭頭就痛了，刺他的胸胸就受傷了。如要立即殺害他，只須從蠟人的頭一直刺貫下來，替他穿上壽衣，向他祈禱，然後把他埋在仇人所必經的路中。還有更妙的是卸罪的方法，祇須誦念以下的咒語：

『這不是我埋葬他，
這是卡勃里兒 (Gabriel) 埋葬他啊！』

於是這殺人的罪便輕輕的諉到最高天使卡勃里兒身上去了。這類魔術我國民間的傳說及小說中也常說及，雖未必是真的，但總有這種觀念。如封神傳裏姜子牙拜死趙公明，楊文廣平南蠻十八洞中金精娘娘射草人都是而後一種更與上述的相似：金精娘娘將草人當做楊懷恩把草人拜了七晝夜，最後一夜用三枝箭射他，先射左目，同時在遠處的楊懷恩左目便瞎了，再射右目右目也瞎，第三射直貫草人的心部，而真的人也大叫一聲痛死了！漢朝盛行的巫蠱常用偶像，現在我國民間的魔術還多用紙人做替身，寫上仇人的姓名八字拿來施術。

模倣的魔術也可用於善意的事件，如催生，求胎，漁獵等事。巴巴爾羣島 (Babar Is.) 的婦人如要求胎，便請一個多子的男人爲他向日神烏蒲犂輅（Upulero）祈禱。方法是用紅色的棉做成一個偶人給她抱在懷裏，裝做吮乳的樣子。那個多子的爸爸拿一隻雞高擎在這婦人的頭上，口裏念道：

「啊！烏蒲犂輅，請享用這一只雞罷。

給「他」降落給一個小孩降生；

——我求你——

給一個小孩降落，並降生於我的手中和膝上。」

說完便轉問這婦人：

「小孩來了嗎？」

「來了，他已經在吮乳了。」她這樣答。

於是這男子再舉這雞於婦人的丈夫頭上，又再念一遍。最後便把雞宰了饗神。儀式既完，這個婦人便得胎了！

用於漁獵的如下面所舉的兩例。英屬哥倫比亞的土人以漁爲生，若漁季到而魚不來。便請一個神巫做了一個魚的模型投在平時魚兒出沒的地方，再念些催魚的咒語，魚兒便會來了。柬埔寨的獵人如張網落了空捉不到野獸時，便裸了全體跑了開去，再緩步回來，假做野獸誤投網內的樣子，口裏並喊道：「嚇！這是甚麼？我恐怕是被擒了」。這樣做了以後，那些野獸們便眞要被擒了！

我國人的風水的迷信便是應用模倣的魔術的原理，因爲風水便是觀察地形所像的物狀，如所像的是好的物，那塊地便是好風水，反之則爲惡地。一條長嶺可以擬爲一條龍，一個小岡可以擬爲一顆珠，如開一個坑於嶺中則龍便被斬斷。

傳染的魔術的例——最普通的例便是從一個人身上取下來的東西，如指甲頭髮等物拿來施術，以加害於其人的本身。如毛利人以爲如取人的頭髮指甲唾液等埋在土內，則其人必死。又如上述的例，馬來人以人的指甲頭髮等加於偶人之上以代表其本人。務都（Voodoo）的神巫對白人說『我若得到你身上的一根睫毛或一片斑屑，你的生命便在我手裏』。

我國人關於髮鬚爪的魔術也很多。（江紹原先生曾著一書名髮鬚爪，關於他們的迷信舉了很多的例。）原始民族常將自己的指甲頭髮牙齒收藏不使人知，便是因爲恐怕被別人拿去施術。脫落的牙齒又常投於老鼠出沒的地方，以爲若被老鼠所嚙，則人口裏存餘的牙齒便會變成鼠牙一樣的堅利。關於嬰孩出生後處置臍帶和胞衣的方法也很普遍。這種迷信以爲臍帶和胞衣如保存得法，嬰孩一生便會快樂，否則一生都會受苦。以上是指本爲一體後來分開的一部分物，至於原非同體而只經一次接觸的兩物也會互相影響，其例也不少。如衣服便可用以施術。維多利亞的俄佐巴律部落（Wotjobaluk）的神巫，能够烘炙一個人的氈衣，而使其人生病，解救的法只須將那氈衣浸於水中，以爲這樣便可『洗出火氣』，而病人便會覺得涼爽。普魯士人的舊俗以爲如拿不到竊賊，只須將賊所遺下的衣服或他物痛打一頓，那賊自然會生病。人行過後與土地接觸而成的足印，也會影響於其人，如墨克連堡(Meclembury)的人，以爲如用指甲戳入一個人的足印，那人的腿便會跛。人與人同就一個器皿內飲食也會使食者間發生密切的關係。如朋克斯島(Banks Is.)有一種祕密社會集會時會員同就一個椰子殼飲酒，以爲這樣可以發生密切的結合。臺灣番族也有同飲一杯的風俗，又有木雕的雙連盃，備兩個人同飲。結婚時的合巹或同牢的禮很多民族都有，這也是有同上的意義的。

『答布』卽禁忌(taboo)——答布也可以說是廣義的魔術之一種，但如以魔術爲狹義的專指積極的方法，則答布卽爲與他相對的消極方法，魔術是教人應當怎樣做，以達到所要的結果，答布則教人不應當怎樣做，以避免所不要的結果。答布所根據的原理，也是象徵律與接觸律二種，和魔術一樣。信答布的人以爲若觸犯了這種神秘的禁令，則由於象徵或接觸的緣故，不幸的結果自然會降臨。答布原係玻里尼西亞的土語，但世界各民族都有這種信仰，所以便被人類學家採用爲通用的名辭，我國本有「禁忌」一語，便是指此。

人類應用魔術的範圍極廣，而答布也有很多種類，在原始的生活中幾乎事事都有答布。茲舉幾條實例於下：

答布之中最多而且最重要的莫如『飲食的答布』(food－taboo)。澳洲土人不敢吃做圖騰的動物，因爲同他們有血緣上的關係。塔斯馬尼亞島人不敢吃一種小袋鼠及有鱗的魚。澳洲土人禁吃的食物甚多，依人的年齡，性別，和時間而定。美拉尼西亞人也有同樣多的食物答布。馬達加斯加島人不敢吃箭猪，恐怕傳染了胆小的毛病，又如不敢吃牛的膝，恐怕膝像牛一樣的不會跑路。『作業的答布』(industrial－taboo)也很多。例如新幾內亞土人編網時不敢在未畢時出屋，不敢同婦女有關係，食物須由別的男人供給，食時手指不敢觸及食物，不敢多食，不敢高聲說話。他們狩獵時也有許多答布，而領袖更不得沐浴睡眠及說話，發令須用擬勢。狩獵用的小艇不得和別個相觸。蹄押克人(Dyak)出獵時，家中的人不敢使手觸及油或水，恐怕獵者手滑而禽獸們便會漏走。臺灣番人出外砍人頭時，家中的火不得熄，家人不敢借物與人，不敢說鄙猥的話。此外關於社會組織也有很多答布，如血統的答布，階級的答布等，又關於個人一生的事件也有答布，如妊娠的答布，生產的答布，成丁的答布，結婚的答布，死亡疾病的答布等。答布有人人都須服從的，有限於階級職業性別年齡的，其中以加於婦女的禁忌爲最多。在澳洲及坡里尼西亞婦女不得和男人在一起吃。在新赫布來島(New Hebrides)不得看見初成丁而未洗浴的人。安哥拉(Angora)的風俗，女人在場必致鑄鐵不成。在法屬西非洲女人不得看男人飲食，不得見祖宗的像，製油時不得被人看見。印度的亞散姆人(As am)在出戰前後不敢和女人同宿或吃女人所煮的食物。

占卜(divination)——占卜是魔術的一分技，大都根據象徵的原理，以期發見人類智力所不能曉得的神祕事件。占卜在原始民族中極盛，重要事件都要經過占卜方敢動手。我國商代的人凡國家大事都要先行龜卜。婆羅洲的海蹄押克人(Sea Dyaks)凡造屋耕種都要請問七種「預言的鳥」，有猜詳的方法，聽鳥聲時有前後左右的分別。臺灣番族出門取人頭時也聽一種鳥名「絲主絲里」(Sitsusiri)的鳴聲以驗吉凶，如鳴聲悲慘便不敢向前占卜也有用於審判罪人的，別名爲「神斷」(ordeal)，如歐洲中古時的日耳曼蠻族便有此俗。

占卜的主要方法是(1)猜詳偶發的事件，(2)猜詳夢中所見，(3)觀察星象，(4)用人爲的方法占卜。

凡意外的偶發的現象無不可視爲預兆，而應用象徵的原理以猜詳其結果。例如無生物的偶然的異狀，如兵器的斷折，大纛的倒地，動物的怪異的舉動，人類自己的偶發的動作，如顚跌眼跳心跳；反常的自然程序，如不按時令的花果，陡發的怪風，日月蝕，地震等，在迷信者觀之都是吉凶的預兆。夢中所見也是出於意外的，極富於預兆的性質，故夢的猜詳遂成爲重要的占卜法。各處民族都有這種風俗，而我國古代且特設詳夢的官，可見其重要。觀察星象的占卜即西洋古時的占星術(astrologg)。以及我國的星命。這一種較爲複雜，蠻族中似乎不甚發達，人爲的占卜法甚多，在蠻族中極盛，文明民族也不能免。例如新西蘭的土人出戰前插兩行的樹枝於地，一行當作己方，一行當作敵方。風來如把一方吹向後，那一方便敗。如把他吹向前便勝，如吹斜便是勝負不決。西非洲的土人滿握一把堅果然後任他墜下，看看墜下的是奇數或是偶數，便由奇偶數而定吉凶。原始民族常有宰殺動物而觀察其內臟以斷吉凶的。野蠻人及古代人常以爲肝臟最能示人徵兆，因爲肝臟是靈魂所宿的地方。在一本巴比侖的古書中說『如能懂得動物肝臟上面的紋樣便可曉得神的意見，能曉得神的意見便曉得未來的事情』。雲南通志說玀猓人『取雛雞雄者生刳兩髀束之，細剖其皮，骨有細竅，刺以竹簽，相多寡向背順逆之形，以占吉凶』。有很多民族用獸類的肩胛骨占卜，把這種骨放在火上烘，然後看他上面的裂紋，以猜詳未來的事。如拉伯人蒙古人通古斯人阿富汗人伯都印人（Bedouins）英國人都有此俗。我國商代也用龜甲烘出裂紋以爲占卜，其法在史記龜策傳中說得很詳。

（參看拙編民俗學中魔術與占卜二節）

第十章　犧牲與祈禱

犧牲（sacrifice）——人類對其所崇拜之物供獻犧牲的緣故，可由人與人的交際而解釋之。凡人如得罪於他人或知人之怨己，則其初念常願以贈遺消其嫌隙；又如對於曾受恩惠之人，亦願以餽獻表示其謝忱，又如有求於人，也常用餽贈以生其歡心。同理，對於死者及神靈貢獻犧牲或別物，也是要用餽贈的方法引起其歡心。如人與人的餽贈一樣，犧牲有由於感謝的，也有爲和解神靈的憤恨的，也有爲要求神靈的幫助的三種動機。但犧牲的供獻卻大都爲要求神靈的幫助；所求的例如收穫的豐穰；家畜的蕃殖等事。做犧牲的東西自然是揀最好的，如最可口的菓實，最美麗的花卉，或最肥美的家畜。有時則請神靈和人類同吃一頓，以爲食物的原素能够在蒸氣中爲神靈吸去。

犧牲的供獻有兩種儀式，或者可說是先後相繼發生的。初時以爲神靈和人類一樣，確實把犧牲吃去，故把犧牲完全棄掉，如祭河神則拋擲河內後來看見犧牲仍在不失去，於是自然解釋爲神靈祇取去犧牲的精氣，便將犧牲保留，祭畢由人類自吃。在非洲幾內亞偶像祇搽犧牲的血液，肉則歸祀祭者所吃。西伯利亞奧斯第押人（Ostyaks）每殺動物，便把血搽擦偶像的嘴；後來且代以紅色顏料。印度的神石常搽紅點於其頂部。剛果的靈物也每在新月出現的時候被土人搽紅。

還有些地方，吃犧牲竟變成崇拜者必行的儀式。例如印度，每至祭畢，僧侶便把犧牲分給人民；這種犧牲很被珍視，以爲是神聖的東西，立刻便吃完了。在別的地方，則犧牲並不是人人都可以吃的，如菲基（Fiji）人中祇有老人和僧侶可以吃，女人和少年人都無分。有些地方僧侶竟漸漸壟斷吃犧牲的權利。

有一種很奇特的事實便是神靈與犧牲的混合，先被崇拜爲神靈，其後竟被當做犧牲而宰吃。這或者由於信所吃的物的神聖的性質能夠影響於吃者。

被崇拜的動物，不論自死或被殺，常被崇拜的人所吃。新西蘭的大酋戰死，常被敵人屠吃，希望獲得他的勇氣與智慧。在墨西哥每年的某期間必由僧侶用穀粉混和小孩的血液做一個神像，行了多種崇拜的儀式，然後用箭射他，撈出心來獻給國王吃，其餘的部分則分散與人民，雖是很小的一塊，他們都很切望。爲要使神靈歡喜，人類也有自殘及挨餓或做各種發狂的舉動的。亞洲人民的祀神，當熱度極高的時候，有用錐子刺貫舌頭的，有用鈎子釘入背上的，在昏狂之中與鼕鼕的鼓聲應和而跳舞。還有以爲犧牲了最親愛的人，更能平神的怒，或得其保佑，於是

大赫地 Tahiti 島的殺人祭神 (採自 Avebury - Origin of Civilization)

以其最親愛的人的生命貢獻於神，這便是「人體犧牲」的一種。

人體犧牲(human sacrifice)即殺人祭神的風俗，在很多地方很多時代都曾有過。這種可怖的風俗不是人類殘忍的感情的偶現，而卻是根於極深固極誠切的宗教心而發生。上古史中常載有人體犧牲的事迹。迦太基人在亞葛陶苦(Agathocles)戰敗以後曾燒死一部份的俘虜以爲犧牲，亞述人則殺人以祭他們的神涅耳卡兒(Nergal)。殺人祭神在希臘神話中似不曾有，大約和希臘人的氣質很不合。這種風俗和懇摯的憂鬱的神學較有關係。在羅馬歷史中便很爲常見：在紀元四十六年凱撒曾用兩個兵士爲犧牲以祭神；奧古士都曾以一女子名Gregoria的爲犧牲；其後在圖拉眞君士坦丁諸帝時都曾有過，並且更盛於前，直至紀元九十五年方被禁遏。在北歐這種風俗也很常見：紀元後八九三年挪威王子曾被殺以祀奧典大神(Odin)，瑞典王那娂(Donald)因爲饑荒不息，也被他的人民焚死以祭奧典。在俄羅斯同斯干的納維亞一樣，殺人祭神的風俗直行至基督教傳入的時候。在墨西哥和祕魯古時特別盛行，穆勒(Muller)說這或者是因爲在這地方家畜較少的緣故。穆勒曾統計每年在墨西哥廟宇內被殺祭神的人數約得二千五百人，其中有一年多至十萬人。在印度也常有這種風俗，而以一八六五——六六年爲尤盛，聞是因爲要遏止饑荒而舉行的；直至現在，眞的人體犧牲雖被禁止，印度人卻用麵粉漿糊，或泥土揑成人形，然後砍去頭顱以祭神，這就如羅馬人以偶人代替眞的人投入底伯爾河以祭神一樣。中國史上如宋襄公用鄫子於次睢之社，華元殺楚使釁鼓，都是用人爲犧牲。

古墨西哥印第安人的殺人祭神
圖係土人自己所繪
(採自 Kroeber and Waterman—Source Book in Anthropology)

在南非洲的馬隣磨部落(Marimos)，在一種儀式中曾以人爲犧牲，這種儀式他們自稱爲 Meseletso-oa-mabele 意爲「穀粒的滚沸」。犧牲是選一個壯健而軀體不大的青年充當。擒獲他時或是用武力或是用一種麻醉藥名 Yoala 的把他麻醉。大衆們把他帶到田的正中把他殺死，這在他們叫做「培種」。他的血待到被日光曬得凝結了，便把來和前額骨連其上的肉，並頭腦一併燒化，燒畢的灰，則撒布於田内以爲肥料；其餘的屍體則由大衆分吃了。還有一條很奇怪的例可以說明殺人祭神和崇拜牲犧爲神的事。在古墨西哥土人每年必舉行大祭一次於所奉的神"Tezcatlipoca"之前。其前一年必選一個美秀的青年，通常爲戰時的俘虜，充當犧牲。在一年中這個將來的犧牲同時被崇拜爲一個神，供奉甚盛。他出遊時必隨以多數的待者，人民看見他必俯伏爲禮。他所要求的各物都必遵命給他。在最後一個月的開始時，並且撥四個美麗的女子爲他的夫人。最後一日乃把他排在莊嚴的行列之首進入廟內經過許多儀式和敬禮以後，乃把他當做犧牲而宰殺了，他的肉則由僧侶和尊長割去吃。

祈禱(prayer)——人當危險時呼號求救是自然的動作，對於力所能及的人望其幫助也是理所必至的。所以人類便祈禱了，而且至今還在祈禱，人類的最初對樹木石頭或不可見的神靈的深而且長的叫聲，還延長至於現在。神靈雖是可怕，但可憐的野蠻人也不得不對之陳訴其所需要及所苦惱；於此可以想見精神與肉體方面需要的迫切。

最低等的祈禱大都是爲肉體的需要，例如北美印第安人求他們的神俄康達(Wohkonda)保佑他們能夠擄得野馬或殺死敵人，非洲金海岸(Gold Coast)的黑人則求神賜他們多量的米芋薯與黃金；又如各處僧侶的祈雨祈求戰勝等都是。高等的祈禱則爲滿足其精神方面的需要。大抵如請神靈幫助自己消滅罪愆，增加善行等。印度陶達斯人(Todas)每晚回歸家裏，必環顧周圍喃喃祈禱說：「願男孩子，男人，母牛，牝犢兒以及其他各物都平安！」在這禱詞之中，婦女及女孩子都被包括在其他各物一語中不另提出，而母牛牝犢反鄭重提出，可見這種祈禱完全是由於實際的生存的需要。

美洲曼丹人(Mandans)對神的禱詞說：「我已做過了儀式，並且吃了很多的苦了。我希望爾幫助我以我所不能自做的事情』。又鴉族人（Crows）祝說『呵！老人！我是窮的你看，給我些好物，給我長壽，保佑我得一頭馬，或一管槍，或擊中了敵人』。又克利族人（Crees）在架立了茅屋的柱後便對柱祝說『今天是我造屋的日子。我將你交給四面的風。今天你開始來我的屋內你可以隨你的便，我們不能告訴你做甚麼，因爲我們是人』，『只有「你」「我們的創造者」，能够指導我們做好做壞。請你幫助我們日日在這屋裏時會念起你，在我們的夢中保護我們，使我們每天起來有清醒的心；使我們無災無害』。

祈禱的發生有兩種意見，一便是上面所說的，以爲祈禱是自始卽有的，因爲祈禱是人類自然的動作，這是克洛特（Clodd E.）在世界幼稚時代（Childhood of the World）裏所說的。又其一是拉卜克（Lubbock, J.）在所著文明的起源（Origin of Civilisation）所說的；他以爲祈禱是後來發生的，在下等宗教中不曾有過，因爲祈禱是由於信神是善的，而這種信仰在初時尙未成立。這兩說之中似乎以前一說較有道理，後一說根於他所倡宗教進化階級的成見，把祈禱解爲高等的意思，似乎專指對於高等的神的籲請而不包含對於下等精靈的簡單要求。

第十一章　巫覡

人類所行的各種宗教儀式和典禮，都是爲要和解神靈的忿怒或引起其歡心。在一部落之中能够做酋長的人，大抵是因他具有孔武勇健的身體，是無畏的獵人，勇敢的戰士；至於具有最靈敏最狡猾的頭腦，自稱能通神秘之奧者則成爲神巫，即運用魔術的人。原始的民族信這種人有能力以對付冥冥中的可怖的東西。有時這種人也自信確能這樣。這種人的名稱有很多種，依地而異，或稱巫（wizard）覡（witch）或稱禁厭師（sorcerer）或稱醫巫（medicine man）或稱薩滿（shaman）或稱僧侶（priest）或稱術士（magician）名稱雖不一，實際的性質則全同，所以這裏把他們概稱爲巫覡。巫覡們常自稱能呼風喚雨，能使人生病並爲人療病，能預知吉凶，能變化自身爲動植物等，能夠與神靈接觸或邀神靈附身，能夠用符咒法物等作

史前人所繪巫的化裝施術

在法國 Trois-Freres 洞穴繪於壁上

(採自 MacCur y—Human Origins, Vol. 1)

各種人力所不及的事。其中最使人怕的是能魘魅別人，使人生病和致死。在野蠻人的生活中沒有一事不在巫覡的支配中，因爲他的工作正當他們的希望和恐懼之點。所謂「白的魔術」(white magic)便是巫覡所用於善意的，「黑的魔術」(black magic)則爲用於惡意的。

巫覡各地都有，在野蠻社會中勢力特別偉大，而在文明人中也不是沒有，但也曾受排斥。歐洲人曾因畏怕「妖術」(witchcraft)卽惡的魔術的緣故，有許多人被指爲作祟的巫覡而被焚斃。一百年前在英國的最後一個被害者是一個窮人，被羣衆把他拋下水裏，然後看他浮或是沉，若浮，便證明他是有罪的。「妖術」所以被排斥的緣故是因爲大衆信這是出於妖怪的，而那種妖怪專和人類做對，所有災禍都是他們所致。他們或直接作祟，或由人類代理；人類也有自賣於妖怪的，而妖怪也許他們得受充足的供給，並有法力以施禍於人類和動物。這便是所謂妖巫。人類如有感覺異樣的痛苦受了傷心的損失的，便都指爲妖巫的作祟。暴風雨的發生，穀物的損失，家畜的驟斃，都是妖巫所致。甚至無論何人的生病都是因爲一個妖巫貶了他一眼，或是用蠟做他的像放在火上烘燒。這種和妖怪聯合作祟的罪名大都加在窮苦的老婦人身上。如有多皺的生毛的唇，歪斜的眼睛，蹣跚的姿勢，尖銳的聲音，啜叫的語調，加之以獨居寂處，便是充足的證據。如上所述對於這種可憐的被害者刑罰極爲酷虐，且常置之死地。

西伯利亞和北亞洲其他部分及阿拉斯加等處的巫覡叫做薩滿(shamans)。薩滿的能力是能夠呼請精靈，

非 洲 中 部 的 神 巫
(採自 National Geographic Magazine)

他的駿馬便是昇天的脚力。在阿拉斯加的突隣吉人（Tlingits）中薩滿的服飾也很有用，他的假面具上面刻了些動物是具有神祕力的；他的木枕兩端雕了地獺的頭，能夠在他睡覺時告訴他神秘的話；木雕的小偶像叫做"yeks"的，能夠在他的睡時替他抵禦壞的精靈，並增加他的知識；象牙的小飾物掛在裙上戛戛的響，能夠辟除邪祟；雕刻的小棒上面雕了些圖樣，能夠幫他和精靈打架。

在北美洲奧日貝人（Ojibway）中有三種巫覡，第一種名為「密底」（Midi）人數最多，結成祕密社會，外人要入會須先從會員受戒；密底便是普通的巫覡具有普通法力。第二種名為「節沙歧」（Jessakkid）人數較少，無組織，他們的法力是從少時由亞尼密歧（Animiki）受來的。他們有先見能預言，能降禍祟，能解繩縛，能驅除鬼魅。他們還有一樁本領，便是用骨頭除去病魔。他們有四根以上的空心骨，是由大鳥腿上取來的，粗如指頭，長約四五英寸。醫病時先行了些儀式，然後把四根骨頭拿近患處，吸去作祟的精靈，於是病就好了。最高等的一種名為「瓦賓瑙」（Wabeno）有極奇幻的法力，傳說有一回一個瓦賓瑙自關在一個草屋中，然後令人放火於屋的周圍，少停，大衆卻看見他正從很遠的一個草屋中爬出來，身體完全無傷。

玆舉一本書記載菲基(Fiji)的巫覡降神的狀況於下：『其時衆聲齊息，寂靜如死，神巫正在深思默想中，衆目都不瞬的齊向他注視。在幾分鐘後他的全身便漸顫動，面皮稍稍扭動，手足漸起痙攣，這種狀態漸加劇烈，直至全身搐搦戰慄，猶如病人發熱一樣。有時或兼發呻吟嗚咽的聲，血管漲大，血液的循環急激。此時這神巫已經被神

新幾尼亞神像

(採自 National Geographic Magazine Vol. 51)

附身，以後的言語和動作都不是他自己的而是神所發的了。神巫口裏時時發出尖銳的叫聲；「ㄍㄜㄧㄠ，ㄍㄜㄧㄠ……」意思說「那是我，那是我！」這是神靈自己報到的話。當應答大衆問話的時候，神巫的眼珠前突，旋轉不定，他的聲音很不自然，臉色死白，唇色青黑，呼吸迫促，全身的狀態像個瘋癲的人。其後汗流滿身，眼淚奪眶而出，奮興的狀態乃漸減。最後神巫叫聲「我去了」同時突然倒地，或用捽捽擊地面。神巫興奮的狀態過了些時方纔完全消滅』。

在卡連人（Karens）中的「預言家」能自致於一種狀態以發預言。方法便是自己扭轉身子和四肢，倒在地上打滾，口裏吐出白沫，這種興奮的狀態發足了，他便漸漸平靜，然後說出預言的話。

巫覡們的神通固然很多是假託騙人的，但也有連自己也信以爲眞的，這種「自騙」（self-deception）的舉動實是心理的現象。在美洲西北部的壓特人(Ahts)中多數巫覡都完全自信他們的超自然的能力，在預備和實行的時候能够忍受過度疲勞，飲食的缺乏，以及強烈的延長的狀況。亞畢奔人(Abipones)中的巫覡想像自己確曾受有超越的智慧。人類學家穆勒（Müller）也說他們確有自信的心。養成這種自欺的觀念有很多原因，但預備成巫覡者的實行斷食也是一種很重要的條件。格陵蘭人如有希望成爲巫覡的，須離開俗人，獨自隱居於僻靜的地方，用心於玄想，並默禱“Korngarsuk”派一個“Torngak”來幫助他。因爲斷絕談話，斷食憔悴，思想過度，想像錯亂，於是混雜的人形動物怪物都現在眼前。因爲他本來信仰精靈，故立刻便想這是眞的精靈了，於是身體四肢便搐搦起來變成反常的狀態。以後他更因常常演習而成爲習慣。

第十二章 神話

神話與宗教——人類爲要探究宇宙萬物的祕奧，便由離奇的思想形成了所謂神話（myth），所以神話便是由於實在的事物而生之幻想的故事。例如野蠻人看見火焰的飛舞，便以爲他是一個活物，他的頭可以砍掉；餓時覺得腹內受齧刺便以爲是由於肚內有蛇或鳥作怪；見回響的由山發出以爲是由於有怪物住於山內；聽見雷聲發於空中，則以爲是由於天神車輪的轟轉；這都是很自然的心理作用。

神話的內容雖不全具宗教性質，但卻有大部分和宗教混合；因爲神話是原始心理的表現，而原始心理又極富於宗教觀念。神話和儀式同是宗教的工具或輔助品。神話能替各種信仰尋出解釋的理由來，並構成一個系統以滿足人類的求智的願望。

神話的性質——（1）神話是傳襲的（traditional），他們發生於很古的時代或即所謂『神話時代』（mythopoeic age），其後在民衆中一代一代的傳下來，至於忘記了他們的起源。（2）是敍述的（narrative）神話像歷史或故事一樣，敍述一件事情的始末。（3）是實在的（substantially true）在民衆中神話是被信爲確實的記事，不像寓言或小說的屬於假託。以上是表面的通性。（4）說明性（aetiological）神話的發生都是要說明宇宙間各種事物的起因與性質。(5)人格化(personification)神話中的主人翁不論是神靈或動植等物，都是有人性的，其心理與行爲都像人類一樣，這是由於生氣主義的觀念因信萬物皆有精靈，故擬想其性格如人類一樣。(6)野蠻的要素(savage element)神話是原始心理的產物，其所含性質在文明人觀之常覺不合理，其實他們都是原始社會生活的反映，不是沒有理由的。以上是內容的通性。

神話的分類——神話的分類有很多標準，茲舉以內容爲標準的一種於下：(出自 Hastings: Ensyclopedia of Religion and Ethics)

(1)定期的自然變遷及季候：有些神話的發生是因要說明晝夜的遞嬗與冬夏的變換。如日月星的神話便是如此。日與月的神話很爲普遍。他們常被擬人化，日常是男性，月是女性，但有時也反轉來。星的神話在古星術發達的地方尤多。年節的變遷也引起司年或季候的神的神話，如我國的太歲便是這種。

(2)自然物的神話：動物植物無生物等的形狀與性質常有神話說明他。在神話中常把自然物擬人化起來，把他們當做人類一樣。例如關於河海山嶽神樹圖騰等都有奇異的神話。

(3)反常的自然現象：這一種最能引起人類驚異之感而發生神話，如地震常被猜爲地下某種動物的作祟，暴風雨則疑爲空中神靈的降禍。大洪水的神話很多民族都有。日月蝕也是神話的好題目。

(4)宇宙起源神話：這又可以叫做開闢的神話，這也是很普遍的神話幾乎各處民族都有。宇宙的起源常被擬爲混沌的狀態，後來方由一個或多個神或人開創，成爲現在的狀況。

(5)神的起源的神話：在蠻人觀之，神也是有起源的，他們也有誕生，家族，先世，一生事蹟，成神原因等。古代荷馬史詩，印度古經，我國山海經中都有神的起源的神話。

(6)人類及動物起源的神話：人的起源有出自動物的，但也有無這種關係，而是同由超自然的第三者造成的。這種神話常與宇宙起源的神話相連。

(7)變化(metamorphosis)的神話：人類與動物或他物的互相變化也常有神話說明他。如云某處的石頭原來是人，由於某項原因而化成的。

(8)死後存在及冥界的神話：這是由於鬼魂崇拜而發生的。其中常敘述死人赴冥界的旅行，冥界的狀況，有些民族還有死後裁判，天堂地獄的神話。

(9)妖怪的神話：人類心中常充滿可怖的怪物的信仰，所以這一類神話也很多。所謂妖怪大都是由動植等物的崇拜中發生，其物都是很兇惡而對人類不利的。神與妖怪的戰爭常成爲神話中的好材料。

(10)英雄，家族，與民族的神話：各家族或民族都常推溯其起源，這也是神話中的普通題目。各民族的初祖大都是有神祕性的英雄，他一生幹了許多奇蹟，創了許多事業留給後來的子孫。

(11)社會制度及物質發明的神話：各民族的社會制度風俗儀式常溯源於神靈，以爲是由神意制定的，而各

種初步的物質的發明也常歸於有神秘性的「文化英雄」如神農伏犧等。關於這兩類都各有其神話，

(12)歷史事件的神話　歷史的事件經過久遠了也常摻雜些神話，這種神話在民衆中是被信為眞的事蹟，有時且被歷史家採為史實文明民族的古史中常有這種神話。

神話舉例——關於日與月的神話，常以他們為夫妻或兄妹。如挨斯基摩人說：最初日月同是人，月是兄日是妹，兄對妹求愛，妹誤掌兄的頰因而逃走，兄便追去，兩人走到了地的盡頭跳入空中便成為日月，仍然飛跑不停；月的一邊有時黑了。那便是他的被打黑了的嘴巴轉向地面被人類看見。馬來人有一段神話說：日與月都是女人，星是月的小孩。其初日也有同樣多的小孩，但因為恐怕人類當不起太多的光熱，她們相約各人都把自己的小孩吃淨。月背約把自己的小孩藏起來，日則照約把自己的吞食了。月等日這樣做過了，然後叫自己的小孩現出來。日一看見大怒要殺死月。月向前飛逃，日便緊追趕。至今還是不息。有時月幾乎被日追到而咬噬，這便是月蝕的緣故。每天當日要追到的時候，月把星們藏起來，到了夜間日離開遠了，方叫他們出來。

我國人以為日月的蝕，是由於被龍或其他怪物所噬，所以打鼓敲鑼，要把怪物逐走；美洲的印第安人也以為月蝕是由於月被天上大狗所齧，因為血流出來所以月也變成紅色。印度人亞洲人也都有這一種的神話。

在神話中海上的龍捲常說是一個巨人，或是海蛇上天；我國人則以為是龍在吸水。虹是妖魔下來吸飲雨水，或以為是昇天的階或橋，為死人的靈魂昇天之用；又或以為是神的弓。雲則為天上的牛，為牧童趕到藍色的牧場

去。潮水的起落則是海洋心臟的跳動。地震則由於「地龜」在地下轉動。電光是暴風雨的妖魔所露出的分叉舌尖，雷聲則爲他的吼聲。火山則爲地下妖魔的住所，他因怒而噴吐鎔解的石出來。

人類對於怪異的信仰極爲強烈，所以巨人矮人仙人妖魔等的神話各處皆有，而且很被信仰。古代大動物的化石遺骸常被猜爲巨人的骨頭；零塊的石頭則說是巨人從大岩石上取下來相擲的。歐洲的矮人神話或者源於從前住在北歐的一種極短小的民族。新石器時代的石箭鏃則以爲是精怪們的武器，磨光的石斧則以爲是雷的遺物。如我國古人時也以這種石斧爲雷神的鑿。

開闢的神話卽天地人類及動植物等的起源的神話，起初大約是由蠻族中的「智者」想像出來，然後散播流傳下去。這種神話除著名的猶太人的一種卽記在創世記的以外各民族也都常有。我國的盤古開天女媧造人，在以前且採入古史內。美洲的民湼大里印第安人(Minnetarrees)說最初只有茫茫大水沒有陸地，其後有一個最初的人叫做「長生者」(never-dying one)又叫做「生命的主宰」(lord of life)差一隻紅眼睛的鳥入水內啣起陸地上來。波里尼西亞人說最初天和地是合在一起的，他們是父母，他們生了許多兒子，一個兒子便是一種自然物的始祖。兒子們因爲天地閉塞悶得不耐，便商議要把父母拆散。初時幾個都不成功，最後一個兒子，卽森林的神，便豎起蜻蜓頭抵住母親的腹，脚撐住父親的身，硬將他們分開，於是纔見光明而成爲現在的世界。關於人類的發生，在古希臘人以爲是由於 Prometheus 用泥揑成人身，並由天上偸下火來送入人身，爲他們的生命。曼丹印第安人(Mandan)也說最初是由「大精靈」用泥造二個人身，吹一口氣使他們有生命，一個叫做「第一個人」(first man)，另一個則叫做「伴侶」(companion)。南美阿畢奔人(Abipones)以爲他們是由一個印第安人造成，這個人叫做「祖父」，他現在還在七曜星上。北美印第安人常以爲他們的祖宗最初是住在地下，有時是人形，但卻常爲動物，例如兎龜土撥鼠等，後來方鑽上地而來。

第十三章　宗教的起源一：魔術說(Theory of Magic)

佛累則的主張——英國學者佛累則氏(Sir James George Frazer)以研究魔術及宗教著名，關於這一類的著作甚多，尤以金枝(The Golden Bough)一書最爲宏博，多至十二鉅册，例證繁多，見解精奇，眞是學問界中不可多得的名著。他卽在此書中提出他所創的『宗教之魔術的起源說』卽所謂『層次說』(stratification theory)。

佛累則以爲宗教的發生是較爲後來的事，在人類歷史的初期必有無宗教的一時期，在那一個時期裏並沒有崇拜鬼魂或他種精靈的事情，祇有魔術的盛行是那個時代的特徵，後來原人心理進步，魔術衰了，方漸轉入宗教。所以宗教時期之前還有一個魔術時期，而宗教的起源卻須追溯到魔術去。現在根據金枝一書撮述此說於下：

「魔術的最大疵點不在於其假定宇宙間現象的聯續有自然律爲之制定，而在於其完全誤會這些自然律的性質。魔術便是兩條重要的思想定律的錯誤的應用，這兩條定律就是(一)以類同爲準的觀念之聯合，(二)以時間或空間的接近爲準的觀念之聯合。類同的觀念的錯誤的聯合生出模倣的魔術，接近的觀念的錯誤的聯合生出傳染的魔術。觀念的聯合本來是重要的，但正確的運用會生出科學，不正確的運用卻生出魔術來。所以魔術實在是科學的假姊妹。

「魔術和宗教的異點便在他的假定自然界中一件事與別件事確定不變的相繼發生，全無何種精靈或人爲的干涉。他的重要概念是和現代科學一樣的，他的基礎就是對於自然界的秩序及統一性的信仰。術士們從不疑心同樣的原因不會發生同樣的結果；他們以爲履行適當的儀式再加以相應的符咒，決不會不達到所望的目的，除非他們的魔術被別個術士所破。他們決不乞憐於更高權力，不求助於反復無常而復自有意見的物。他們在任何可怖的精靈之前也不稍自貶損。他們以爲只要遵照自然的定律而行，決沒有做不到的事，全無需乎崇拜與祈求超人的「物」而受其幫助。

「至於宗教則不然，宗教實在是對於超人的權力的乞憐，這種權力是被信爲指導及管理自然界與人生的。在原理上宗教實和魔術與科學相反對。申說一句，宗教是以宇宙爲被有意識的「物」所指揮，而這些「物」是可以用勸誘的方法轉移其意向的；這是根本上和魔術與科學正相反，因爲後二者都以爲自然現象不是由有人格的「物」的反覆無常的意志所制定的，而是由於不變的定律機械式地運行所發生的，不過此意在魔術是含蓄的，而在科學是直白的罷了。固然魔術也常涉及某種精靈，那便是宗教所擬爲有人格的世界司理者了；但魔術的對待他們是全與對待無生物一樣，便是用限制的或強逼的手段，而不用宗教上的和解及乞憐的方法。

「雖然魔術確曾在許多地方和宗教混合，但卻有理由可以推想這種混合不是原始的，而且有一個時期人類單用魔術以解決他們的物質的需要。只要根究魔術和宗教的根本思想，便會猜想在人類歷史上魔術的發生是早於宗教。在一方面魔術不過是最簡單最粗淺的心理程序的錯誤的應用，卽根據類同性與接近性的觀念聯結；而他方面宗教卻承認在現實的自然現象的幕後優於人類的有意識的或有人格的司理者在那裏主持。「有人格的司理者」(personol agents)的概念固顯然較複雜於僅僅認識觀念之類同與接近。而假定自然界爲有意識的司理者所制定，比較以事物的相繼發生僅僅由於其相接近或相類似的意見，也更爲深奧，而需有較高度的智慧方能了解。野獸們也能够將相類似的，或一齊發現的事物的觀念聯合起來。他們如不能够這樣做，恐怕一日也不能够生存。但有誰賦予動物們以一種信仰，使信自然現象是由無數不可見的動物，或一個異常強大的動物，隱於幕後而作怪？

「由此觀之，在人類演進中魔術的發生早於宗教，很有可能性；這就是說最初人類祇試用符咒法術以鞭驅自然，使從己意，到後來方纔轉用祈禱祭祀等柔和的手段以輯和及獻媚於反覆不測嚴重易怒的精靈。

『上面用演繹法考究宗教和魔術的根本觀念所得的結論，竟可以用歸納法將我們所知的現在世界上最低等的民族的狀況來證實他。澳洲的動植物至今尚存有極古的，甚至世界上他處久已絕迹的種類，而其土人的心靈與社會的發展，也比之現在任何種族爲低下。在這種蠻人之中魔術很爲普遍，而以求和並乞憐於更高的權力爲主旨的宗教差不多幾於不曾有過。簡言之，所有澳洲的土人都是術士，但沒有一個是僧侶；人人都自以爲能够用魔術影響於別人及自然界，但沒有一個夢想到用祈禱及祭祀獻媚於神。

『由上面的證據我們可不可以假定文明的種族在他們歷史上也曾經過這樣的一個時期；這就是說他們在用祈禱祭祀以乞憐於自然界的強有力者之前，曾否試用方法強逼他們就範？概括一句，在人類文化的物質方面，各地都有過石器時代，然則在精神的這一方面，有沒有一個「魔術的時代」(age of magic)』？

佛累則講到這裏，鄭重的下一句判斷說：『我以爲很有理由的作一個肯定的答案』。

此說的批評——我們述佛累則的話完了，現在試批評他一二句。

佛累則說宗教不是最原始的，宗教時代之前還有一個魔術時代，所以宗教的起源是有層次的。他所用爲證據的是澳洲土人的風俗。但據別人的發見，澳洲土人也承認『最高物』(supreme being)的存在，並向之執行神聖的儀式；而且他們因爲有這種觀念，所以基督教的傳教師告他們以神的概念時很易接受。由這種事實觀之，佛累則的層次說便無證據了。

佛累則也承認在很多地方，很多時代，魔術與宗教互相混合不可分解，但他還堅持魔術有純粹獨存的一個時代，這便是他錯誤的所在。湯麥史氏（W. I. Thomas）說：『宗教和魔術同是對於抽象的力之表示，都是要指導人生，推究因果的，他們都是原始的哲學理論上魔術與宗教雖可分別，其實凡有人心的存在，這兩者也無不都存在。當一個心靈想要解釋非人力所能統馭的神祕的，及意外的事物時，勢必臆想有不可見的具人格的物或精靈之存在。即使沒有睡夢與死亡也會有這種觀念。不但魔術與宗教，還有鬼魂的信仰，精靈的信仰等，雖是在理論上分得開，但在實際上都混合得不可分解。那一種是優先的也懶得去判斷他』。

傑姆斯氏（E. O. James）馬列氏（R. R. Marett）高登委塞氏（A. A. Goldenweiser）一派更以為魔術與宗教同是承認超自然主義（supernaturalism），同是自始即有的。初時互相混合，不可分解，後來乃漸漸分離。宗教一方變成較為社會化並合於法律，魔術一方則漸失其聲勢，不甚為法律及社會所承認。由此言之，魔術與宗教的起源並不是層次的，而是由同一水平線出發，即同時發生的；所以傑姆斯創了一個複合的形容詞即『魔術宗教的』（magico-religious）以形容一切宗教與魔術相混合的事物。這一派的學說便叫做『等時說』（synchronization theory），以下所述的三說，關於魔術與宗教的起源，都是贊成等時說的。

佛累則的層次說雖失敗，但關於魔術的研究還是有很大的貢獻，研究魔術的書還是以這部金枝為『巨擘』。

第十四章 宗教的起源二：鬼魂說(Ghost Theory)

斯賓塞的主張——斯賓塞(H. Spencer)所提出的「鬼魂說」又名「祖先崇拜說」最爲離奇有趣，但受人非難也最烈。其說能夠把複雜的宗教現象構成爲一個有條理的系統，又搜集了極多的事實來證明他的話，這是以前的學者所不曾做到的。他自己很重視這說，在他的廣博的大著社會學原理第一篇便述這說，篇名社會學的基礎(Data of Sociology)，意思似乎以這說爲他的社會學系統的基礎，因爲他也像其他學者一樣，以爲研究原人及蠻人心理的捷徑莫如宗教一路爲最有望。

斯賓塞的學說有三要素：第一以恐懼(fear)爲宗教的情緒的根本，第二以鬼魂的觀念爲宗教發生的原因，第三以祖先崇拜(ancestor worship)爲最元始的宗教，以爲各種宗教都是從他變來的。

斯賓塞推測鬼魂觀念發生的程序很爲有趣，在前面鬼魂崇拜一章內已引過，此處不贅，只述鬼魂觀念的影響於下：

死後存在的觀念影響於生人很大：第一他們以爲這些鬼魂，即不滅的複身者，既然住近於其生時所住的地方，或且時常回其故處，那末地上處處都有這些不可見的無量數的鬼魂了。這些鬼魂大抵都被視爲頑惡的，於是活人每有不幸的事便都歸咎於他們的作祟。這種道理並可爲原人及蠻人解釋自然現象之用。他們不懂得自然力運行的原理，自始便視無生物的運動爲有別物在內，現在既經知道宇宙間滿佈這種死人的複身，那末他們便有材料來把萬物都弄活起來了。斯賓塞以爲這便是靈物崇拜的起源，因爲樹枝石頭所以能夠活動就是由於死人的精魂憑附其中而作怪。

還有更重大的便是酋長或偉大的統治者的死亡所生之影響。這種人的鬼魂自然也存在不滅。他們自然也徘徊於生時住所的附近，並且在冥冥中視察其臣下及子孫的行爲。由於這種信仰所生的影響是很大的。其初盛大的葬儀便因而發生。酋長的兵器常置於屍旁以備他在死後的世界裏征服不庭之用。多量的寶物並置其墓內以備死後的享用。奴僕從者甚或妻妾也都殉葬以侍他於幽冥。經時漸久則其在生的功績愈益張大。祇有最動人的事蹟流傳不絕，而每經複述便愈增加其奇偉的性質。最後的結果，這個死酋長自然而成爲神靈，其初尚不過被尊爲神的子孫，到後來他的本身也就是一位神靈了。成神（apotheosis）的程序是緩進的，死人的鬼魂和神靈之間原無顯明的界線，所以崇拜之舉早行於成神之前。這種最初的崇拜就是所謂祖先崇拜。最初的神就是祖先的英靈，而所有神靈都是死人變成的。祖先崇拜不但差不多普遍於蠻人和半開化的民族中，便在古時的閃族和雅利安族中也有的。

在祖先崇拜中可以發見所有後來發生的宗教的種子，而由於研究鬼魂的信仰便可洞悉所有宗教的迷信之基礎。靈物崇拜是由於信物體爲人的鬼魂所憑附，偶像崇拜則由人工製成一物像以便鬼魂棲據，輪迴之說(metempsychosis)乃是信人的鬼魂轉生爲較下等的動物；這些信仰都是以鬼魂的觀念爲基礎的。

還有動物崇拜生於對某種動物的尊敬，是因爲相信人的祖先曾經做過那種動物。又有一種解釋則更和祖先崇拜有直接關係。這說以爲蠻人生小孩時如遇有特異的事物發生，常卽以其事物做小孩的名，尤普通的是採用最能影響於其父母的東西的名。這種東西大抵是獸類，因爲這類物和蠻人最有關係。蠻人的兒童常名爲狗，狼，牛，馬，熊，獅，虎，鷹等。酋長們也常有這種名稱，死後被尊爲英雄，並再變爲神靈，也仍用這種動物名。這些有動物名的酋長或且被追認爲部落的開祖，則其部落的人初時原曉得他們的開祖是人類，不過帶動物名就是了，但後來逐漸忘記了開祖的人的性質，而衹記得他的動物名，甚且更和實際的動物相混淆，於是竟自信是該動物的後裔，尊這種動物爲祖先，並以繁重的儀式崇拜他。

植物崇拜也像動物崇拜一樣，可以鬼魂觀念解釋他，而斷其起於祖先崇拜。植物之有激刺性藥料的作用的，如『蘇馬』(soma　印度祭神用的麻醉草)葡萄藤等常成爲崇拜的對象。野蠻人說這些東西所以能够有刺激人體的作用，實因有鬼魂憑附其中，這些鬼魂就是祖先的英靈，他們死後能力比生時更大，所以能够這樣。

還有一說，蠻人的部落有曾由森林中移出的，常紀念此事而成爲傳說。因爲語言不足概念不切的緣故，常使後來的子孫把傳說混亂了，以爲從森林中移出便是由林木而開族。他們旣自以爲是某種樹木的後裔，那末對於該種樹木的崇拜是自然會發生的。

至如兒童以植物爲名的，死後因而發生對於該種植物的崇拜，也像動物崇拜一樣。

此外別種自然物的崇拜也都可以這種理由解釋他，而事實也很够做證據。甚至星的崇拜太陽的崇拜都可以推斷其出自祖先崇拜。斯賓塞說：『半由於種族的來源與其出生地的特殊事物相混淆，半由於乳名及綽號的拘於字面的解釋，以訛傳訛，致使蠻人自信其種族是出自山，海，曙光，星宿，日，月等物』。

神的起源是這樣的解釋了。成神的祖先，漸與人類失其關聯，後來方成其爲神。由希臘與羅馬的神話可以尋出這種漸進的步驟——即由常人以至英雄，由英雄以至神靈。其他開化國的神話也都是這樣。多神教最先發生，因爲有偉大的名稱而成爲神的很是不少。神界逐漸完成，結果遂有階級職務的分別。最高的神遂漸獲得優越地位，最後則其餘的神都被他所合併。一神教的主要派還保留了無數地位較低的神靈，而稱之爲天使。有的一神教則常承認二元主義，其中惡神的勢力不稍遜於善神，這更不稱一神教的名了。希伯來的聖經中還有一段表現耶和華的祖先的起源很爲明顯。由此觀之，可見所有宗教都出自鬼魂的崇拜無疑了。

批評——以上都是斯賓塞的話，現在試討論他對不對。

斯賓塞的學說最受人非難的，就是推論過於牽強，判斷過於大胆，所以高登衞塞（A. A. Goldenweiser）說他是『片面的及人工的』，而湯麥斯（W. I. Thomas）也說：『斯賓塞祇能使人佩服他的可驚羨的巧妙而已」。試舉他的疵漏的例於下：

斯賓塞說祖先崇拜是最早的崇拜型式，證以實際情形殊屬錯誤，因爲最原始的部落中還不曾有祖先崇拜，而其較爲發達的一式也必在較高等的文明中方纔發見，如波里尼西亞所有的便是。至於最完備的祖先崇拜必需有某種社會的基礎方會發生，如中國日本的卽如此。

斯賓塞又說各種宗教都起於鬼魂觀念，其實人類對於無生物，植物，動物等發生宗教關係，並不等到相信死人的複身憑附於這些東西上面以後，他們老早就以爲一塊石頭或一隻鳥兒的自身便是不可思義的神物，而對他們崇拜了。

第十五章　宗教的起源二：生氣主義(Animism)

泰婁的主張——這條學說是英國人類學家泰婁氏(Edward B. Tylor)所創，在論魔術與宗教的發生主張等時說，在討論最初的崇拜對象主張較斯賓塞所說的鬼魂更爲廣義的『精靈』(spirits)。斯賓塞說萬物的活動在原人都以爲是由於死人的鬼魂憑附其上，所以崇拜的樣式雖有多種，其實都只是鬼魂崇拜而已。泰婁則以爲原人所崇拜的除鬼魂以外還有別物的精靈，而鬼魂也就是一種精靈。精靈是宇宙萬物都有的，不過在人的特別名爲鬼魂而已。人有這種精靈，所以能夠活動，別物也因爲各有他們的精靈所以也都會活動。精靈便是能夠生活靈動的氣，所以這種觀念便稱爲『生氣主義』。生氣主義的原文 animism 是由拉丁文 anima 一字來的，這字有風，呼吸，心靈，魂等意義，很像指這種生活靈動的氣，所以就由這字生出生氣主義這個名詞來。

現在根據泰婁的大著原始文化 (Primitive Culture) 一書將這說撮述於下：

泰婁說『現在或者以前有沒有一種民族，其文化之低至於沒有宗教觀念？這便是宗教有沒有普遍性的問題。經過很多世紀議論紛紛還是沒有決定。有一派學者以爲從前或者有過無宗教的一時期，後來方進而有宗教。這種境狀或者也有可能性，但事實上這樣的民族卻從未見過。所以若說這世界上曾有無宗教的民族，在理論上雖是可能，在事實上縱係實在，但現在卻還未有充分的證據。

『斷定某民族沒有宗教的學者卻在他的同一著作中便常露出有宗教的證據。這種例很不少，如郎格博士 (Dr. Lang) 不但宣稱澳洲土人沒有最高神靈，造物主，死後審判，崇拜對象，偶像，寺廟，祭祀等觀念，並且斷定他們完全沒有帶宗教性質的事物。但在他的同一書中卻說：「土人常患一種像天花的病，以爲是由於一個喜歡作祟的精靈名布底耶 (Budyah) 的爲患」，又說：「土人如偷取野蜂窩的蜜，常留一點給布大夷 (Buddai)」，又說：「昆士蘭的部落於二年一次的集會中，曾殺少女以祭惡神」。此外他又記載李特萊 (Rev. W. Ridley) 的親身經歷說：他每次和土人談話都發見他們有很深固的關於「超自然的物」(supernatural beings) 的傳說。

如信巴耶迷（Baiame）創造萬物，他的聲便是雷聲，又信都拉母輪（Turramullun）爲魔鬼的領袖，他會降生疾病災禍及智慧，又於土人盛會的時候變成毒蛇的形狀而出現。一大羣的調查人都說澳洲人自初被發見以至現在，都是浸淫於靈魂鬼怪及神祇的信仰之民族。

『至於非洲則摩發（Moffat）君關於貝川那人（Bechuanas）的論斷也很奇特。他說死後存在的觀念爲這種人所不曾有，但在上文他卻說：「他們叫死人的靈魂做『里律第』（Liriti）」。在南美洲則亞沙拉（Don Fex de Azara）批評教士說土人有宗教爲不對，但在他的著作中卻說巴野瓜人（Payaguas）將兵器衣服和死人同埋，並有關於來世的觀念，又說瓜那斯人（Guanas）信有一種神物能夠賞善罰惡。

『這些言論都自相矛盾。推其錯誤的緣故，便是因爲將廣義的字誤解爲狹義。郎格，摩發，亞沙拉都是有貢獻的著作家，關於所親歷的部落都得有很多可貴的智識以增益民族誌，只可惜他們對於沒有組織及神學而也是宗教的一種東西似乎還不大曉的。他們把信條和自己不同的民族都算做無宗教，正如神學家把那些所奉的神和他們不同的人都派做無神主義者一樣。這種情形是自古已然的，如古時雅利安人攻入印度，把印度人叫做「亞提發」（adeva）即「無神者」的意思。

『由是言之，對於下等民族的宗教如要做有系統的研究，第一先須替宗教定一個最根本的定義。在這定義中如須包含高最神祇及死後裁判的信仰，崇拜偶像及祭祀的實行，以及其他儀式等，那末就有許多民族被擯於宗教之門外。但是這樣狹窄的定義卻把宗教的範圍縮小，不與宗教的根本的動機相等，卻反把他當做其特別發達的一支流。現在似乎應當立刻趕回來，注重這種根源簡單的宣稱宗教的最小限度的定義是「精神的存在物」(spiritual beings)的信仰。我們不敢斷定所有現在的蠻人都有這種信仰，但據現有一大堆的證據，不得不承認在所有爲我們所熟知的現存下等民族都是有的。

「現在擬用生氣主義這個名詞來稱這種根深蒂固的「精神的存在物」的信仰。這種信仰完全是精神的，和物質的不同。生氣主義並不是新的名詞，不過現在很罕用就是了。因爲這名詞對於精魂的信仰有特別的關係，所以最適宜於我們所持的這種意見。還有「精神主義」(spiritualism)一名詞，雖也可用，且曾被用於普通意義，但現在係用以指現代的一種特殊教派，不宜用來代表這種全人類的思想。所以現在就用生氣主義來指廣義的精神主義，卽精神的存在物之普遍的信仰。

「生氣主義爲極低等的人類之特性，後來漸漸昇高，在流傳時很受改變，但自始至終都保持不斷的聯續，直貫入現代文化的中心。生氣主義實在是宗教哲學的基礎，由野蠻人以至於文明人都是這樣。初見雖覺得似乎只是最低限度的宗教的貧薄素樸的定義，其實在實際上已經很充足，因爲無論何處，只要有這根基，自然會生出枝葉來。

「生氣主義通常分爲兩部，其一關於生物的靈魂，以爲肉體死後仍能繼續存在，其二關於他種靈魂以至於有大力的神祇。這種主義以爲精靈能夠影響或管理此物質世界的現象，及人類在生與死後的生活，他們又和人類有交通，由人類的行爲而生喜怒的感情。由於這種信仰自然而生敬畏的念頭與乞憐的舉動，或者竟可說是不可免的結果。所以生氣主義在其發達最完滿的程度包含靈魂的信仰，來世的信仰，支配神祇抵制精靈的信仰，這些信條的結果便是某種崇拜的發生。

『研究生氣主義第一便須考慮關於人類的和別物的靈魂之信仰。會思想的人類即在低等文化的時候也深有感於二種生物學的問題。第一就是甚麼使活的身體異於死的身體？甚麼能致醒，睡，昏迷，生病與死亡？第二是現於夢中及偶然閃現的人形又是甚麼？觀於此二種現象，古代野蠻的哲學家或將爲第一步的推論，而以爲每個人都有二物屬他，其一是生命，其二是幻像（phantom）。這二物顯然密接於其身體，生命使他能夠感覺思想及動作，幻像則爲其第二『自我』（second self）。二者都會離開身體，生命能夠跑開而使其身體不再能做感覺等事，幻像則能夠離開而出現於別地。第二步的推論也是野蠻人容易想得到的，便是文明人也極難袪除這種想法。這就是結合生命與幻像。因爲二者既然都屬於身體，爲甚麼不是相同的，不是同一物所表現的？二者如果統一，結果便生出一個著名的概念，那便是靈魂的概念。無論如何，這是很符合於下等民族之具人格的靈魂，即精靈的概念，他們所謂靈魂可以形容如下：稀薄的無實質的人形，像烟霧或陰影，又如一層薄膜，能使其所附着的有形的物體生活及思想，無論生前死後都具有獨立的意識，能夠離開其所附的有形物，一閃而至異地，通常是無形而不可見，然能發生物質的勢力，尤能以幻像的狀態出現於人的夢中或醒時，其所附的物體死後，他尚能繼續存在，並偶一出現，能夠憑附於別人，動物，以及他物身上而活動。

「這個定義雖不是可以普通應用的，然而已經有充分的通性可以當做一個標準，在各民族間因歧分而略有不同就是了。這些信條都是原始哲學由於感覺所得的證據不得不生的結論。原始的生氣主義這樣的便於解釋自然，所以能保持其地位直至於文明時代。雖是曾經古代及中世的哲學大加改削，而被近代哲學更加以絕不容情的駁斥，但他還繼續流傳，保留其原來的性質，而爲現代文明世界所受於原始時代的「傳家寶」。

「茲由得各民族的一大堆證據中選出較可爲標準的事實，以證明此原始的精靈學說的成立。

「要懂得蠻人對於人的靈魂之普通概念，最好注意他們所用以表明靈魂的字，夢中或幻覺中所見的靈魂或幻像是沒有實體的，猶如陰影或反映的像，所以蠻人便用「影」(shade)字來表明靈魂。例如達斯馬尼亞人(Tasmanians)的影字又指靈魂，亞爾貢欽人(Algonquins)稱一個人的靈魂爲「奧他尤」(otahchuk)意謂「他的影」，基采人(Quiche)的語言以「那突不」(natub)一字兼指影與靈魂，亞拉瓦克人(Arawak)的「衞喳」(ueja)一字可釋爲影，魂，像三者，亞畢奔人(Abipones)更講經濟只用「駱亞卡爾」(loakal)一字兼指影，魂，像，回響四者。非洲沮魯人(Zulus)不但用「蝹奇」(tunzi)一字表明影，精靈與鬼魂，並且以爲人死後他的影便離身去而成爲鬼魂。巴須陀人(Basutos)不但叫死後存在的精靈做「塞里第」(seriti)卽影，他們並以爲人如行近河邊給鱷魚抓了他的影，便要被他拖落水去。在舊喀拉把爾（Old Carabar）的地方，一個人如失了他的影便怕有極大的危險發生，因爲影和靈魂是同一的。

「其次還有關於靈魂或精靈爲生命的原因的說法。加里勃人（Caribs）以脈搏和精靈爲有關聯，特別以心臟爲人的第一靈魂所在處，與來世有關係，所以用「伊奧安尼」（eoanni）一字兼指靈魂生命與心臟。東干人（Tongans）想靈魂是滿佈全身的，但在心臟特別多，有一回一個土人對歐洲人說葬了幾個月的人也還是不會死，又一個土人並且握住這歐人的手，使勁挾一挾，說：「這手是會死的，但汝身上的生命永遠不會死」，說時並用他的另一手指這歐人的心部。所以巴須沱人如說「他的心沒有了」，便是說某人死了；如說「他的心回來了」，便是說他的病好了。舊世界人以心爲生命思想和情感的源泉，與此正相類似。喀連人（Karens）及巴布亞人（Papuas）的靈魂與血液相關連之說，也見於猶太及亞剌伯的哲學中。圭亞那（Guiana）的馬古西印第安人（Macusi Indians）以爲一個人的身體縱已經腐壞了，在眼睛中的小人兒也不會死，他不過是在漫遊四處。這種觀念給現代受過教育的人看起來，豈不奇特，但是歐洲的民話中也常把人的生命和眼睛中的瞳子聯合起來，而以爲病人的失去瞳子是被勾去精魂或將近死亡的徵兆。」

批評——以上撮述泰婁的話完了，現在再把他的大意綜括起來，約有三端，也就是他的貢獻：

（一）以精魂的信仰爲宗教之根本性質。

（二）打破狹窄的舊宗教定義，把他擴大使能包含較爲廣漠的實際的宗教現象。

（三）根據其定義推論宗教係自始即有，非難無宗教時代的假說。

他的學說比較斯賓塞和佛累則更進一步，不像他們那樣狹窄。但他還有一點不能令人完全滿意，便是他所謂精靈還是側重於生物，尤其是人類；一方面還是具人格的，程度還不十分低下，此外有沒有『非人格的』更下等的超人的存在物（impersonal supernatural being）他並不說及了。這還待後來發生的新說爲之補足。

第十六章　宗教的起源四：生氣遍在主義（Animatism）

馬那（Mana）——宗教起源的問題到了泰婁的生氣主義發表後大爲學者們所贊同，似乎至此已經是『嘆爲觀止』了；不意近來再發生一條新說，比較生氣主義更進一步，把宗教的起源推到更簡單更元始的根柢去。這便是『生氣遍在主義』，也可以叫做『馬那說』（Manaism）。

『馬那』這個名詞原是美拉尼西亞（Melanesia）的土語。民族學家科特凌頓（R. H. Codrington）在其一八九一年所出版之美拉尼西亞人（The Melanesians）一書內最先介紹過。後來復有鍾斯（William Jones）休易特（J. N. B. Hewitt）等人都發見與馬那相似的觀念於其他民族中。到了一九〇八年馬列（R. R. Marett）

乃正式制定『生氣遍在主義』一名詞爲其學說之名，並提出於是年在牛津舉行的第三屆國際宗教會議(Third International Congress of Religion)。到現在新派人類學家如高登衞塞(A. A. Goldenweiser)羅維(R. H. Lowie)等人大都採用此說並再加以修改。

現在先將這說的大意略述於下：

科特凌頓最先發見在美拉尼西亞各蠻族所通行的「馬那」一名詞顯然與其他宗教概念逈不相同。馬那是一種超自然的而且非人格的『力』(impersonal supernatural power)，不是動物，不是人也不是鬼魂與精靈，他不過是一種力，不可思議的魔力。他的本身雖不是具人格的，他卻能由自然物，人類精靈，或鬼魂而表現自己。

由此觀之，此說與生氣主義不同之點便在『力』與精靈的分別，生氣主義以精靈爲原人最初崇拜的對象，以爲萬物的活動是因爲萬物都各有其精靈，而這種精靈又是像人一樣的有獨立的人格。至於這新說是以『力』爲最初崇拜的對象，以爲萬物的活動都是由於這種魔力注入其中，即精靈的本身也是因爲這種魔力附於其上方能靈動。這種魔力像一種渾渾沌沌的氣，瀰漫於宇宙之間，無論何物，得之便能靈動，不得便不能；他祇能憑附於萬物以自表現，自己本身是非人格的。由這樣比較起來可見魔力的觀念較之精靈的觀念，尤爲簡單而低下，所以說生氣遍在主義較之生氣主義是更爲原始的，這種理由顯而易見。

茲將科特凌頓所著美拉尼西亞人書中第七章撮譯於下：

「美拉尼西亞人的心完全爲一種信仰所占據，這便是對於一種超自然的「力」或「勢力」(influence)的信仰。這種「力」差不多普遍稱爲「馬那」。「馬那」便是發生人力以外及普通自然程序以外的事件之主可推諉的。如有動者；他存在於生命的空氣中，憑附於人或物的身上，而由他所發生的結果以表現自己，那些結果是除他以外無人獲得一點馬那，他便可以利用他，指揮他，但有時也會決裂。馬那的憑附是可以由徵候看出的。例如一個人偶然看見一塊石頭，便引起他的幻想，以爲這石頭的形狀是希奇唯一的，很像某物，諒不是普通石頭，一定有馬那在裏面。他獨自思維，並且徵諸實驗。方法便是把這塊石頭埋在一株果樹的根下，那株果樹的果實便是石頭的形狀所像的；或者當墾植花園的時候把他埋在土中；是後如那株果樹多生果實，或那座花園中花木暢茂，便是他猜得對了；這石頭便是確有馬那在裏面的。一塊有馬那的石頭又能夠媒介馬那於別塊石頭。

「這種魔力雖是非人格的，卻常依附於指揮他的具人格的物。凡精靈都有馬那，鬼魂也有，有些活人也能夠有他，一塊石頭如有超自然的力量，那便是因爲有精靈和馬那混在裏面；死人的骨頭也有馬那，因爲鬼魂附在骨頭上，而鬼魂是帶馬那的。活人如和精靈或鬼魂接觸得很近，也能獲得馬那以供利用，而得到隨心所欲的効果。符咒的有効力是因爲精靈或鬼魂的名被述於符咒內，致將他們所有的魔力—即馬那—傳到符咒上。所以凡一個人的成功便可證明他有馬那；他的勢力很有賴於這種消息之感動人心，他便由此種聲勢而得爲首領。一個人在政治上或社會上的勢力便是他的馬那。戰鬥的得勝不是由於膂力的強大，眼光的明快，或他種根據的充分，而是由於獲得馬那於精靈或已故的戰士，使他忽然變成孔武有力。獲得馬那的方法是用一塊石頭挂於頸上，或把一簇樹葉佩於腰帶，或把一個牙齒挂於拿弓的手的一指上，或用一套語句以引這種超自然的魔力幫助他。又如所養的豬能夠繁殖或園圃所產能夠獲利，那也不是由於主人的勤勞，而是由於他所有的滿貯馬那的石頭發生影響於豬及植物。自然芋薯栽後是自己會生長的，但若無馬那的影響卻不會長得很大。若無馬那，艇子也不會駛得快，網也不會捕得多數的魚，箭也不會中得重傷。

「美拉尼西亞人又信有一種具人格的物有智慧，滿具馬那，有可見的身體，但不像人類的肉體。他們以爲這些怪物很與人類生活有關係，因之遂向他們獻媚，與之接近。這些怪物可以稱爲精靈(spirits)但在這裏應當辨別兩種精靈：一種是人類以外的東西變成的，一種是人類死後變成通常稱爲鬼魂的便是。所有美拉尼西亞人都信這兩種怪物的存在，爲求名目清楚起見，這種不是人類變成的超自然的怪物現在把他叫做精靈，而由人類死後變成的則名爲鬼魂。

「在班克斯島(Banks Island)的土人稱精靈做「委」(vui)。土人說「委」能夠生活，思想比人類更有智慧；能知秘密的事而不必親見；有馬那，故有超自然的權力；沒有形狀可見，沒有靈魂，因爲他自身就像靈魂一樣。」

科特凌頓又曾在一封信中將馬那的概念加以概括的說明，這一段話曾被穆勒麥克斯(Max Muller)引用於一八七八年的講義中。現在把這段話也摄譯於下：

「美拉尼西亞人的宗教在信仰一方面便是信有一種超自然的力在幾於不可見的境界中；在實行的這一方面便是設法獲取這種魔力以供己用，所謂「最高的存在」之概念完全爲他們所不懂；甚至一個稍爲高等的任何物，也非他們意中所有。他們只信有一種力，全異於自然力，而能活動以生種種吉凶的事；如能佔有或統馭他，便可獲莫大利益；這便是「馬那」。這個名詞我信是通行於全太平洋之中。馬那是一種力或勢，不是物質的而是超自然的；但他卻顯露於物質力之中，或表現爲一個人的權力或才幹。馬那並不固定於任何物體，他可以傳佈於無論何物；但精靈們無論是死人的靈魂或超自然的怪物都有馬那，並且能夠傳佈他。馬那雖是須由水，石，骨頭等物的媒介，根本上卻屬於具人格的物。美拉尼西亞的宗教其實就是馬那的獲取與利用；所有宗教行爲都不過是祈禱與祭祀」。

馬尼突，奧倫達，瓦干——科特凌頓發見馬那的概念於太平洋羣島中，此外更有發見與馬那相同的概念於北美洲的，這便是上述的鍾斯及休易特二人。鍾斯的論文爲亞爾貢欽的馬尼突（The Algonquin Manitou）休易特的名奧倫達或宗教的一個定義（Orenda, or a Definition of Religion）。鍾斯說亞爾貢欽印第安人的土語中的馬尼突一名詞便是指一種非人格的超自然的力，可以由人物或自然現象而表現自己。休易特則由語言學的方法推論古代伊羅葛印第安人有一種基於奧倫達的觀念的宗教，而奧倫達便是非人格的超自然的力。休易特的研究，在理論上雖還不是全無瑕疵；但民族學家已經漸漸承認亞爾貢欽的馬尼突，伊羅葛的奧侖達，以及蕭族的『瓦干』(Siouan Wakan)都是同樣的，而且這些觀念都和美拉尼西亞的馬那相同而無可懷疑。

現在更把鍾斯的論文撮譯於下：

『馬尼突一名詞通行於亞爾貢欽印第安人中的素克(Sauk)，福克斯(Fox)，基喀蒲(Kickapoo)三族。這三族用同一的語言，有同一的社會型式，及同樣的宗教，所以把他們統括起來研究。

『馬尼突是宗教的名詞，帶有虔肅的性質，能使人發生嚴重的態度，並引起神祕的情緒。

『亞爾貢欽宗教的根本性質不過是一種純粹坦率的自然崇拜。人的觀念有時或集聚於一物，視為有某種潛在的價值在其中，因而對他起了崇拜的心。崇拜的程度視乎對於該物的信仰，以及人所擬想的該物的降禍作福的權力而定。在人的一方面，最要者為對於該物而發生的情緒的結果。這結果能使他的心裏恍惚覺得某種希奇神祕不可捉摸的物之存在。他覺得這是實在的，而他自己的態度卻是完全被動的。

『他們以為經過這樣的「震激」(thrill)便足證明該物的實質的存在了。他的眞實是由於某事件的發生而知。如究問一個亞爾貢欽人以這種實質物(substance)的定義，必定無効；因為第一，他對於該物或者非所親歷，無甚關連；第二，他心裏祇要有一種恍恍惚惚的情緒，覺得該物的存在便很滿足了。他覺得這種物是無所不在的。因爲無所不在，所以憑注於宇宙間的無論何物，而爲凡事的動因。人應當處處注意他的表現。所見的表現是不一律的，依人而異。

「在這三族的土語中關於生物及無生物的分別是很明顯的。說石頭時便用無生物的字樣，說狗時便用生物的字樣。所以說馬尼突時，如僅視他爲一種物質或元素，則用無生物類的語法；如馬尼突與一個物體結合，則語類的用法便不一定了。由此可見馬尼突原爲非人格的，但有時也會變成人格的。

「當馬尼突憑附於一物時，自然與該物被混爲一，但這物也不一定是具體的自然物。

「據土人說：人可以自割其臂上或腿上的皮，劃成一條一條的痕，以便爲馬尼突注入的通道。馬尼突如棲在石頭裏，則石頭被火灼並受水灑的時候，馬尼突便從石頭裏出來。出到蒸氣中，即就蒸氣中尋覓門路進入人體。在人體內橫衝直撞把所有致病痛的物都趕出去。最後並分些馬尼突留於體內，方纔回去石頭裏。

「馬尼突可以由一物移過別物。在兩物中的原來的馬尼突是同樣的，不過程度和價值相差而已。移過後兩邊的馬尼突相合而更有力。茲舉一例於下：

「有一回，一隊素克人到平原中找尋水牛。當遇到一大羣水牛時，忽然發見一隊戈曼浙人(Gomanches)也在偷偷的跑近水牛，但他們人數較少。素克人衝向前來，戈曼浙人立即逃走。但在追逐時，素克人卻被一個戈曼浙人纏住了。原來這個人是要犧牲性命以救他的同伴出險。他果然如願以償，他的同伴逃脫了。同時他的義勇大大引起敵人的欽佩。爲敬重這義士的緣故，素克人不願割他的頭皮，也不毆打他，他們卻割取他的心分給衆人，各吃一塊。

「亞爾貢欽人以爲馬尼突是非人格的超自然的一種元素，而心臟裏卻貯有馬尼突，所以吃了心臟便可以獲得馬尼突。這樣亞爾貢欽人以爲這個戈曼浙人所以這樣義勇是由於他心臟裏的馬尼突的緣故，所以吃他的心，分得他的馬尼突便能夠像他一樣的勇敢，而且這些新馬尼突和他們心裏原有的馬尼突混合起來效力更爲偉大。

「馬尼突和含有他的物體常被混視爲一，這是很自然的。這種混淆常見於表現馬尼突的媒介物。亞爾貢欽人有一段故事可以說明這事。這段故事說一個「宇宙的英雄」(cosmio eroh)變形爲一個美女，走來下界，受一個老媼款留。這個老媼將兩顆粟粒和一顆豆放在小碗內請這美女吃。這些穀粒很奇異，吃完一顆碗內又生一顆，但這美女卻能夠把他吃盡，把空碗交還老媼。老媼看見碗空了，大爲驚異道「你必定是一個馬尼突!」現在這段故事裏有二要點：其一，穀粒的續出不絕是由於非人格的神秘物，卽馬尼突的作怪；其二，這種奇幻的變化竟爲美女所阻止，然則這美女必就是馬尼突所憑附的無疑了。因爲認馬尼突所憑附的生物也就是馬尼突，所以老媼便叫這美女做馬尼突。亞爾貢欽人的辨別力這樣薄弱，所以很易於把馬尼突所憑附的物也混稱爲馬尼突。曉得這種心理，便無怪於亞爾貢欽人把馬尼突分爲無數種類和程度，充塞於他們的世界中；又可以說明神話中的怪物種類之繁多，那些怪物也有人，也有獸，也有魚鳥以及別種自然物，所有這些怪物都有馬尼突，而他們的馬尼突都是同樣的。他們不同之點祇在機能的差異以及所含馬尼突數量的不齊，因爲他們都稟賦這種共同的神祕的元素，所以便給他們一個共同的名，便這「馬尼突」。

『概括言之，亞爾貢欽人的馬尼突的信仰是一種無系統的信仰：他們信有一種神祕的元素瀰漫於宇宙之間；這種元素是非人格的，但如和物體相合時便不一定是非人格的；他會表現爲各種形狀，他的効果會引起神秘之感。人類對他的奇幻的能力很知注重，但關於他的解釋是沒有一定的，基於各人的感情，而不基於智識』。

此外還有裴撮羅齊（Pechuel—Löeche）研究非洲西海岸的土人也發見和馬那相同的概念，這一帶原是靈物崇拜的地方。自謝爾玆（Schurtz）研究後便把靈物崇拜解釋爲對於微小的大抵爲人工作成的物件崇拜，因爲人們信有精靈憑附在裏面，所以會靈動。裴撮羅齊用功深索的結果，卻反對謝爾玆之說，以爲在這地方的靈物崇拜並不是有精靈在內。依他的意見，一個物靈乃是依照某種固定的方法由人工作成的物件，他擁有數種，或者一種固定的『勢力』。設使這物件的形狀改變了，或者製作的方法被亂了，那末他的力就會失掉或改變。根本概念力是非人格的『力』，其性質及數量在特殊條件之下是可以獲取的。由這樣看起來，這種觀念又和馬那是一類了。非洲的靈物崇拜固然普通是信有精靈憑附於靈物，但在西海岸一帶的，卻不能懷疑裴撮羅齊的判斷。

馬列的主張——像這樣，馬那一類的概念竟散佈於很廣大的域域。於是民族學家和宗教學家便多採取以爲原始宗教的一種根本概念。但是能够利用這種新發見以創成新學說的不得不推馬列氏。他發表了一篇論文於一九〇〇年的民俗學雜誌(Folklore)討論「生氣主義以前的宗教」(Pre-animistic Religion)他說在生氣主義發生之前已經有一種以馬那觀念爲根據的世界觀，可名爲「生氣遍在主義」，他以爲猜想宇宙間有非人格的超自然的魔力之存在，比較想像有一種掌握魔力的具人格的精靈之存在，這兩個觀念是前者較爲簡單，所以也是較爲原始的。土壘人祭河的沿革便可證明這說：其初以爲馬那是在河中，祭時便把做犧牲的牛投入水中；後來有了精靈的觀念，便在河岸立廟，把犧牲供在廟裏，以爲河裏的精靈會出來到廟裏歆享。馬列的文發表後竟成爲討論原始宗教的結晶點，在第三屆世界宗教會議中爲一個主要的論題。

現在有一派學者甚至把馬那看做和魔術一樣。涂爾幹(Durkheim)的學生余貝(Hubert)和摩斯(Mouss)二人竟應用馬那的概念於其討論魔術的論文中。普屢斯(Preuss)論宗教與藝術的起源時，也把馬那的概念加進去。涂爾幹在其大著宗教生活的根本型式(Elementary Forms of Religious Life)中也把馬那當做圖騰崇拜的中心點。

由此觀之，相信世界爲精靈所據的生氣主義竟退讓於相信世界爲非人格的魔力，即馬那所充塞的生氣遍在主義了。

第十七章　結論：原始宗教的要素

宗教起源學說的總評　——魔術說以魔術爲早於宗教，而宗教時代之前還有一個魔術時代；把兩者硬分兩截，說得太不近事實因爲宗教和魔術是自始即相結合，理論上雖可以區別得出實際上卻混作一團，所以只有用『魔術宗教的』一語來形容這些兼含魔術與宗教兩種性質的事物，最爲適合原始宗教的情形。但是原始宗教既然是魔術與宗教混合的，那末，佛累則的魔術說也還能說明一部分，所以也還是有貢獻的。

斯賓塞的鬼魂說以爲各種宗教都是源於鬼魂的崇拜，這自然太說不去。原人所崇拜的超自然的神祕物不止鬼魂一種，此外還有別物的精靈，斯賓塞把他們一概硬派做鬼魂，未免過於牽強了。但是鬼魂的觀念爲原始宗教的一要素也是眞的，魂鬼說中討論鬼魂本身的地方也很有精采。

泰婁的生氣主義較之鬼魂說自然精闢多了，他所謂精靈是廣義的，包含人的鬼魂以及他物的精靈，很可以說明原始宗教的種種事物了；但被後來發生的生氣遍在主義一排擠，竟有被取而代之之勢；似乎生氣主義也歸失敗，而生氣主義之前眞的還有一個純粹的生氣遍在主義的時代這種新的層次說也還不甚切於事實。

美國批評派人類學家高登衛塞(A. A. Goldenweiser)說：『平心論之，馬那觀念應當被歡迎以說明原始宗教。但馬那與精靈先後的問題並不就是兩者衝突的意思，因為精靈的觀念是原始宗教的根本觀念的一部分，其餘一部分則為馬那，即『力』的觀念。馬那是動的原素，精靈的本身卻是一種型體。要說明宗教便應當把這種非人格的無形的超自然的『力』的觀念和精靈的觀念聯合起來方可』。（見所著初期文明 Early Civilization P. 200）

高登衞塞的意思是傾於把馬那和精靈連合起來的，並不確斷馬那觀念與精靈觀念有先後獨立存在的事。因為馬那觀念之中也常混有精靈在內，硬要把精靈拖在後面，說他一定發生在馬那之後，恐怕也很牽強，不免和魔術說的硬把宗教和魔術隔做兩個時代同一錯誤。

編者的結論以為：原人的心理本來是雜亂渾沌混作一團的，所以我們也不要以為他們是有很清楚很有系統的思想，而替他們想出一個很整齊的宗教觀念，如斯賓塞，佛累則便是犯了這種錯誤。原始宗教自始即包含種種觀念，因為單用一種觀念來解釋種種複雜的現象非他們原始人類的腦力所能及；一種觀念解釋不來時，自然會生出別種觀念。主張等時說的說魔術和宗教是自始相混合的，然則在這種混雜的心理之中恐怕各種觀念都會有：鬼魂啊，精靈啊，馬那啊，錯雜並出。不過因環境的不同，各觀念的分量因之有異：有的地方鬼魂的觀念特盛，有的則精靈為主，有的則馬那稱強就是了。

超自然主義的要素——上述各說既然都有一方面的發明，然則能够綜合衆說鎔成一個系統，便可以了解原始教宗的眞相了。這種綜合的學說以高登委塞提出的爲最佳，略述於下以當結論。

原始的超自然主義(supernaturalism)的第一要素便是生氣主義的信仰（animistic faith），這種信仰以爲和這個物質世界相對的，還有一個精靈的世界。精靈的種類非常多，而他們的作用也因之互異。精靈的形狀或得自自然物，不論生物或無生物；或由自然物轉變混合而成。無生物形和植物形的精靈不很常見，動物形的精靈在無論何處都極盛，至於人形的精靈很早便有勢力，在許多僅次於最低等的原始社會中人形的精靈爲超自然界中的主要分子。此外各種奇怪的精靈則或由夢幻覺或想像而成。人工物和藝術也常能影響於精靈的形狀，如伊羅葛印第安人的『假面精靈』(false face spirit)大抵是由奇形的木假面擬成，又如朮吱(Chukchee)和戈利押克(Koryak)兩種西伯利亞人的小形的精靈一定是由他們的小形的粗陋的雕刻物化來的。總之精靈是包含死人的鬼魂和由別物成立的二種，所謂神鬼妖怪仙人等都不過是精靈的別名而已。精靈的性質與作用或爲自然界生物的擬化及自然力的表現，或由人類的恐懼與希望的心理而構成。

原始的超自然主義的第二要素爲魔術的信仰（magical faith）。有些魔術不能和實際的事項分開。例如原始的『醫巫師』(medicine-men)的治療法兼含魔術與智識二要素，不能分別得淸楚。但標準的魔術可以說是根據於一種信仰，以爲用某種固定的手續儀式與符咒便可以獲到希望的結果，或免除所畏懼的事項。這些動作雖不過是人類所行的魔術的程序，但卻被信爲可以通於全自然界。魔術的最明顯的作用便是『變化』(transformation），例如無生物與生物的互化，植物與動物的互化，又這些物類都會化爲人，人也會化爲別物，精靈也會化爲物或人。

魔術的動作的目的便是人類所希望與恐懼的事物。不論爲善意的或惡意的，術士所要達到的事都是用實際的自然的手續所不能成功的，或者在時間上與空間上暫時不可能的。魔術所做到的有些事項如食物，生育，殺敵，有時候可以用世俗的方法獲到，但如護身的法力，起死回生，千里眼順風耳的感覺，便全屬於魔術的範圍內了。

在生氣主義與魔術之中都含有超自然的力之信仰（faith in supernatural power）這便是原始的超自然主義的第三種而卻是最重大的要素。所謂精靈不過因其有作威作福的能力。魔術便是能力的系統，不論是積極的或消極的，實際的或擬想的。精靈的行爲或人類利用魔術所做的事，有一部分也可用自然的世俗方法做到，但卻有些是做不到的，這便是超自然力的特點。這種超自然力便是上文所說的馬那。馬那一名詞應當擴大而爲普通的名稱，無論美拉尼西亞的馬那或「馬尼突」「奧倫達」「瓦干」或其他超自然的力都可納於這一類。

原始宗教的第四種要素便是『靈感』或『宗教的震激』（religious thrill），宗教在主觀的即情緒方面的根據便是靈感，而馬那觀念便是靈感的客觀的表現。人類的參加這個超自然的世界便是由於靈感，在各種宗教或魔術中都有這種要素。人類在生活的歷程中突然遇到危機，於是心理上，特別是感情上起了一大騷動；一面是恐懼，一面是希望。因為危機的對付出於自己自然的能力以外，所以便想到超自然的勢力去。

超自然主義永遠受兩種附屬物的輔助，這便是神話與儀式。神話便是原始的神學；他能將由超自然主義而生的各種觀念組成系統並促其發展。有時還於敍述中搬弄那些超自然的東西，並參插以人世的意外的事件與冒險的奇談，於是使超自然然主義加上了文學的色彩。神話在超自然主義之智慧的或觀念的方面盡了他的職務，至於儀式則在其情緒方面顯他的作用。由於儀式的影響使人類對於超自然物的應付成為固定的形式，接受社會的制馭，且由羣衆心理的影響而散佈及擴張。儀式之不絕的節奏永遠維持超自然主義的火燄。只有儀式方能永遠不使魔術及精靈的幻象消滅，因為若在清醒平靜的境狀中超自然主義便要被理智與經驗所克服。在此後的世界，超自然主義或將眞的被理智與經驗所克服，但必須等到人類能由索究與評判而脫出神話與儀式的陷阱，窺破僧侶與術士的狡猾，並放棄對於不可能的事件之追求之後，方能成功。

原始宗教參考書目錄（以採用多少為序括弧中即為本篇內採用之章數）

（1） Clodd, E.—Childhood of the World, Pt. II（第二，三，五，六，七，八，十章）

（2） Avebury—Origin of Civilization, chap VI—X（第二，三，四，五，六，七，九，十一章）

(3) Goldenweiser, A. A.—Early Civilization, chap. X, XI（第十六，十七章）

(4) Spencer, H.—Principles of Sociology, Pt. I, Chap. IX—XXV（第七，十四章）

(5) Tylor, E. B.—Primitive Culture, Vol. I, pp. 417-31（第十五章）

(6) Thomas, W. I.—Source Book for Social Origins, Pt. IV（第一，十三，十四，十五，十六章）

(7) Kroeber and Watermen—Source Book in Anthropology, chap. 44-54（第九，十，十一，十二，十六章）

(8) Marett, R. R.—The Threshold of Religion（第十六章）

(9) Lowie, R. H.—Primitive Religion（第一，十七章）

(10) Le Roy—The Religion of the Primitives（第一，十三至十七章）

(11) Durkheim—Elementary Forms of Religious Life（第一，四，十七章）

(12) Lang, A.—The Making of Religion（第一章）

(13) „ „ —Magic and Religion（第九章）

(14) Hopkins, E. W.—Origin and Evolution of Religion（第一章）

(15) Read, C.—Man and His Superstitions（第一章）

(16) Frazer, J. G.—The Belief in Immortality（第七章）
(17) ” —Golden Bough, Abr. ed. chap. III, IV（第九，十三章）
(18) ” —The Worship of Nature（第二，三，四章）
(19) ” —Psyche's Task（第一章）
(20) Maddox, J. L.—The Medicine Man（第十一章）
(21) James, E. O.—Primitive Ritual and Belief（第一，十章）
(22) Summers, M.—History of Witchcraft and Demonology（第九，十一章）
(23) Sumner and Keller—Science of Society, Pt. IV（各章）
(24) Hastings—Encyclopaedia of Religion and Ethics（各章）
(25) 西村眞次——文化人類學，第六章（第一，十三章至十七章）
(26) 宇野圓空——宗教民族學（第一章）
(27) 河面仙四郎——宗教學概論（第一章）
(28) 佐野勝也——宗教學概論（第一，四章）
(29) ハートランド著中井龍瑞譯——原始民族の宗教と呪術（第九章）

（30） ハトン著植木謙莫譯——呪法と咒物崇拜（第五，九章）

（31） Jevons著嚴既澄譯——比較宗教學（第一，七章）

（32） Moore著江紹原譯——宗教的出生與長成（第一章）

第六篇　原始藝術

第一章　緒論

藝術在原始生活中的地位——出於普通的意見之外，在實用的技術與科學還極幼稚的原始生活中，審美的藝術郤大爲發達，其重要與普遍非文明民族所可比。可以說沒有一個蠻族無審美的感情，沒有一個不曉得妝飾或音樂的。藝術的活動(artistic activities)在蠻族中實在比文明人爲盛大，他影響了較多的個人，並構成了較大部分的文化內容。在野蠻生活中，每個人其實便是一個藝術家。

史前的藝術——藝術是與人類同其範圍的(co-extensive with man)。他的發生的古遠，不但可由其普遍存在於現代的蠻族而知之，還可以由文明民族的史前時代遺物的發見而得證明。早期舊石器時代的石器除實用以外還有形式美的性質，後期舊石器時代的麥達稜尼安期(Magdalerian period)更有很進步的藝術，那時的畫家所繪的野牛、馬、鹿、猛獁等的壁畫，很爲現代的文明人所嘆服。西班牙發現的亞耳他米拉(Altamira)洞穴遺址的野獸壁畫，且以四種彩色（紅黃黑白）繪成，其狀很像眞的。除繪畫外，骨與象牙的雕刻也很精。在這時

歐洲史前人所畫牛

在歐洲 Altamira 洞穴的壁上

(採自 Osborn—Men of Old Stone Age)

期的作品多數是動物形像，而其中尤以狩獵動物為多，如馬多於豺狼，冰鹿多於獅，這都可以證明是狩獵生活的影響。動物又常是牝的，這或者是有禁魘的意義。人類的像也有，且也常是女性的。人像的藝術較之動物的頗有遜色。新石器時代的繪畫雕刻反不如前，但石器的琢磨修飾大為進步，其石器一面是實用品一面又是美術品。此外陶器上的裝飾也富有幾何形的紋樣，銅器時代幾何形的紋樣更發達，鐵器時代沿用以前的紋樣直至後來。

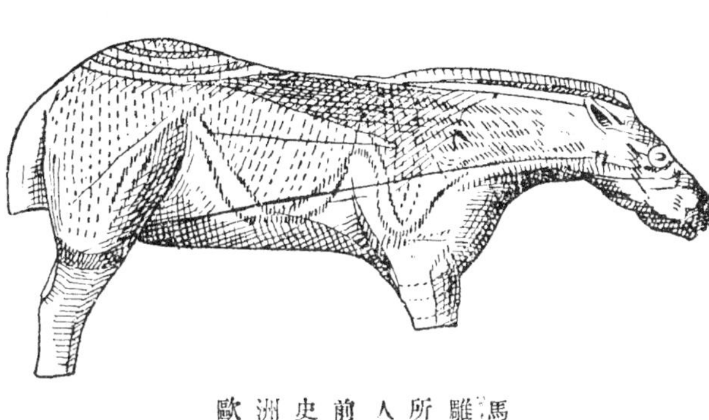

歐洲史前人所雕馬

(採自Osborn—Men of Old Stone Age)

藝術發生的原因——藝術發生的原因學說很多，茲舉根於原始藝術的研究的兩說於下：

赫恩（Yrjo Hirn）在其藝術的起源——心理學的及社會學的索究(The Origins of Arts, a Psychological and Sociological Inquiry)一書中說藝術是由於藝術的衝動(art—impulse)，而藝術的衝動是由於每種感情狀態的向外表現的傾向，表現的結果能增加快樂減少苦惱。由此可見藝術的起源是個人的衝動。但表現的第二結果還能夠引起別人的同樣感情，而他們的同情心又再影響了原來表現感情的本人，增加原來的感情。由此可知藝術的起源同時又是社會的。

哈頓(A. C. Haddon)在其藝術的演進(Evolution in Art)書中說促使人類趨向藝術工作的有四種需要。(一)藝術：這是純粹由於審美性專爲欣賞形狀色采等快感的，卽所謂「爲藝術而藝術」。(二)傳報(information)：人類的傳達意見如用語言及擬勢還不够時便用繪畫來補助他。(三)財富：除審美性以外，人類爲喜愛財物並要增加其價值的緣故也會製造粧飾品。(四)宗教：人類爲要和神靈發生同情的關係，常表現於外而爲藝術。

以上兩家所說雖是不同，但卻不相衝突，因爲兩說各闡明一方面，前說闡明內部的衝動，卽是內的原因；後說注重外界的需要，可謂爲外的原因。

原始藝術的解釋——有幾條普通的原則可以幫助解釋。(1)各民族對於各種美術都有「適切的觀念」(appropriateness)。他們以爲對某種事物是美的，對於別種事物未必是美，例如適於男性的未必適於女性，宜於小孩的未必合於大人；如衣服與器物也各有其特殊的飾紋而不能移用。(2)除審美觀念外原始藝術又常帶有象徵主義(symbolism)。一個簡單的幾何形紋樣在原始人或者當做閃電或鳥。一個萬字紋樣卍或者代表幸運或一個逃人或十字路。象徵主義常依民族而不同，各民族的觀念常有異。(3)藝術的解釋視乎民族文化而不同，同一種藝術在一個民族有宗教的意義，在別的則有歷史的性質，在另一個卻只有純粹審美性。(4)在一個民族中個人的解釋也不是完全一律，個人有時也有特殊的見解。

藝術的二大型式及藝術進化論——形象藝術可分爲二種型式(1)寫實體(realistic type)以表現實在形象爲目的。如麥達稜尼安期的動物畫屬此體,現在則美拉尼西亞及波里尼西亞各島土人的作品也多如此,美洲則較少。(2)幾何體(geometrical)或簡略體(conventional)其形象不求逼眞,只稍類似或只可意會,像幾何形的圖案或寫實體的簡略,故稱以此名。這一種常見於編物陶器等上。

以前研究原始藝術的人推求藝術的進化,以爲這二體的發生必有先後,其次序在各民族都一律,如哈頓(A. C. Haddon)說藝術的最初型式或是寫實的,但後來由於技術及別種原因的影響逐漸傾於成爲幾何形,最後遂完全失去寫實的性質而變成幾何體。凡幾何體的象徵的意義,都可以說是以前寫實體的原意的遺留。哈頓引了許多實物爲證據,列如鱷魚的雕刻品,有些是寫實的,有些是簡略的,有些則是純粹的幾何形卻還是被稱爲鱷魚。又如巴浮耳(H. Balfour)也倡此說,以爲藝術的起源是美的認識,凡能類似實物的便是一種的美,所以表現實物時必力求其近似。其後才能較遜的人不能獨創,只好摹倣已成的作品,摹倣的結果發生兩種改變,一種是有意的,一種是無意的,無意的改變大大失去原形,於是遂由不正確的摹倣發生了新的型式。巴浮耳更由史前時代的藝術證明其說,以爲雕刻是最早發生的藝術,而其型式都是寫實的,至於幾何體的發生是很遠以後的事。

上述的進化說很爲有趣,且曾被認爲定論,但近來研究更精,此說已被批駁不能再維持。其失敗的原因由於沒有實在的有力的證據以證明寫實體的必定先於幾何體,反之在某地方幾何體卻有先發生的證據;如美洲平原印第安人的編珠術，其幾何形的圖樣先發生，而其類似某物的意義，却是後來纔由各部落各加以不同的解釋。

現在的意見據高登衞塞(A. A. Goldenweiser)所說寫實體與幾何體常是各由不同的原因和技術獨立發生的。自然界的寫實體與幾何體的形式都能供給快感於人類，因而暗示人類創成這兩種藝術。兩種藝術發生後也會互相影響互相改變，寫實的型式如給人以幾何形的暗示，或者便被改變爲一半或完全的簡略體即幾何體；又幾何體如近似實物的形像時，或者也便被加以實物的名，最後或且變爲半寫實半幾何形的型式。

藝術的種類——藝術常分爲二大類（一）靜的藝術（arts of rest）即由靜止的狀態表現美觀的。(二)動的藝術(arts of motion)即由運動或變遷的狀態表現美感的。有人說靜的藝術之中，妝飾的發生先於獨立的繪畫及雕刻，妝飾最先應用於人體而成立人體妝飾(personal decoration)，其次方應用於器物而成爲器物裝飾(ornamentation of implements)。最後獨立的即脫離妝飾的，繪畫與雕刻方纔發生。以上三種都屬於靜的藝術。跳舞可以說是活動的雕刻，是由靜轉向動的藝術。原始社會中跳舞常和唱歌相聯，故動的藝術的第二種可說是歌謠。最後還有音樂一種，加入動的藝術之內，成而爲三種。本書是專論原始藝術的，關於這些種類都只討論初民文化所表現的原始形式，如原始的繪畫，原始的音樂等。

第二章 人體妝飾

達爾文曾送給一個佛伊哥島人(Fuegians即南美火國土人)一塊紅布，卻見他不拿來做衣服而反把他撕成一片一片，和同伴們束在四肢上做妝飾品，達爾文對此很為驚訝。這種情形不止此族為然。除住在北極的民族不能不有全套的衣服以外，原始民族大都是妝飾多於衣服。柯克(Cook)曾說佛伊哥人『他們寧願裸體，卻渴望美觀』，這種愛美的觀念別民族都有。

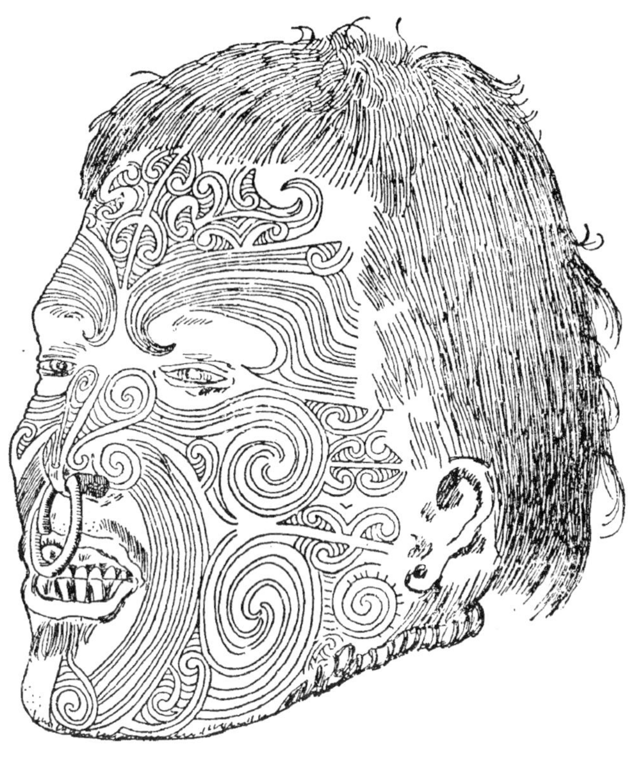

新西蘭人的黥面

(採自 Wallis—Intro. to Anthropology)

原始的人體妝飾有二大類如下：

(一)固定的：即各種有永久性的戕賊身體的妝飾，如瘢紋(scarification)鯨涅(tattooing)及安置耳鼻唇飾等。(二)不固定的：即以物暫時附繫於身體上的妝飾，如懸挂綴帶條環等。另有「繪身」(painting the body)一種似乎介於兩者的中間，且像是最早的妝飾。

繪身——繪畫身體以爲妝飾的風俗，很爲常見。澳洲土人的旅行，袋中常備有白紅黃等色的土塊。平時只在頰肩胸等處點幾點，但遇節日或要事便搽抹全身。他們在成丁時始行繪身，出戰時常繪紅色，服喪繪白，最注意的尤其是跳舞節的盛飾。此外如塔斯馬尼亞人安達曼島人非洲布須曼人美洲佛伊哥人等都有著名的繪身俗。繪身所用的顏色不多，最多不過四種，常見者也只有紅色一種。紅色，特

新西蘭人的文身工作
(採自 Elliot—Romance of Savage Life)

別是橙紅，爲原始民族所愛，或者可以說凡人類都如此，文明人的小孩喜歡紅的東西可以爲證。哲學家哥德說橙紅色對於人的情緒有極大的威力。古羅馬的風俗，凱旋的將軍身上搽紅，歐洲人的軍服也常是紅色的。紅色似乎特別是男性的妝飾。紅色的効力不但在於有迅速的印象，並且與情緒有關係，因爲他是血的色，更易激動人類的心理。最初的紅色顏料大約便是血液，其後則多用赭土，這是各地都有的。黃色的性質近於紅色，故也常被採用，安達曼島人最常用之。白色的應用與膚色有關，在黑色的民族如澳洲人安達曼島人中很常用，在膚色較淺的民族如佛伊哥人用之次於別色，此外或全不用。黑色的應用很奇，黑色的民族似乎還不滿意於其膚色的程度，如白種的美女不滿於其白膚一樣，白人用白粉增加其白，黑人也用炭末和油增加其黑。

瘢紋——身體的繪畫易於褪落，因此便生出兩種方法使紋樣能夠留於身上耐久不滅，這便是瘢紋與鯨涅。兩者的採用視乎膚色的深淺，黃色的布須曼人與紅銅色的挨斯基摩人行鯨涅的法，黑色的澳洲人和安達曼島人只作瘢紋。瘢紋是故意作成以妝飾身體的，其法是用石片貝殼或小刀割破皮肉，使其創口愈後還留了一道較爲淺色的瘢紋。有些澳洲人還故意用土將創口塞住，經過長時間以使瘢紋擴大，又有用植物液汁搽抹傷處的。澳洲人的瘢紋施於身體的各部，有在背的，有在臂的，有在胸腹或腿的。瘢紋男女皆有，但男人較多。其形有點有直線有曲線，其長有橫亘全腹部的。瘢紋的創作是成丁典禮的一部分，但不是一時所能完成的。瘢紋在非洲剛果河邊的黑人如巴魯巴(Baluba)等族的比較優美，澳洲人的還很麤陋，但也已經很爲對稱和齊整，合於美學的原理了。

黥涅——黥涅多行於膚色較淺的民族。其法是用尖鋒刺皮作聯續的點，然後將有色的物質大都是炭末一類渲染點內，待發炎過後便現出藍色的紋樣不再褪落。黥涅比較瘢紋爲美觀，文明人也還有行此俗的，如日本人便是。布須曼人的黥涅還簡單，挨斯基摩人的方較精妙。在別族大都是男人黥涅，在挨斯基摩人卻以婦女爲多。他們自八歲便施黥涅，其地位大都是面臂手股及胸。其紋樣大都是在眉上加以二條斜形曲線，自鼻翼起作二條曲線亘於兩頰，又自嘴的下端引出扇形的紋樣到下頦，其形似乎摹倣男人的鬚髯。此外新西蘭土人的黥涅也很精，能夠將一個平常的人面做成雄偉的狀態。臺灣番族也有黥涅之俗，男子自額至頦作數點，婦女自兩耳亘兩頰作成兩條斜闊的紋交會於嘴，使嘴的形似有突出之勢，故稱爲「烏鴉嘴」。我國古代東夷有文身之俗今已失傳，海南島黎族一部分還有黥涅之俗，但只行於婦女。瘢紋和黥紋有時兼有部落標誌或宗教意義，但還是以妝飾之意爲重。

耳鼻等穿塞物(Plugs)(Botoque)——南美洲波陀苦多人(Botocudo)和佛伊哥人不曉瘢紋和文身，但卻有這一類飾物，如波陀苦多人便由此種飾物的土名(Botoque)而得名。小孩自七八歲便帶此等物。其法在下唇及耳輪穿孔，塞以本塊，木塊逐漸換大的，直至有四英寸的大。挨斯基摩的男人也在下唇的兩口角穿孔，塞以骨牙貝石木玻璃等所做的鈕形飾物。布須曼人懸挂鐵及銅的環於耳上。澳洲人穿破鼻孔中隔，横貫一根竹木或骨，在節日則代以兩枝羽毛。

非洲土人的唇飾

土人自小用圓木版兩片撑於上下唇，敲去前齒以容納他，因有這種裝置故其人所發的聲極爲可怖。
(採自 National Geographic Magazine)

不固定的妝飾——原始人民身體的各部凡可以附帶物件的無不加以妝飾品。略述於下：

髮飾：澳洲土人的髮飾最發達，但和我們的風俗相反，女人的髮任其長成不規則的形狀，男人的卻費很多的工夫修整他，特別以節日爲甚，他們用紅色的泥土塗抹頭髮，有時多加赭土和脂肪，將頭髮弄成硬塊，像餅一樣，還有將鳥羽蟹爪插在上面的。鬚也不被漠視，有將一個白貝殼或一條野狗尾繫在鬚的末端的。

頭飾：最普通的是頭帶。安達曼島人有樹葉做的，澳洲人則有皮條，袋鼠筋，植物纖維等做成的，上搽紅白色泥土。頭帶有時用爲首領的表號，但其主要的効用是安置飾物。澳洲人常將二個袋鼠牙插於其上，又將野狗尾置於頭後，垂於背上。鳥羽常爲頭飾的材料。更奇的是布須曼人，將全個的鳥頭安在頭上的。臺灣番族也將鹿的頭皮連耳及角製爲妝飾用的冠。

頸飾：頸是最可以安置飾物的地方，所以這裏的飾物也最多。佛伊哥島人的頸飾很多，有海狗皮的頸帶，牙骨貝殼的長串，駱馬筋的織物，鳥羽的領等。布須曼人也將筋做繩，染以赭土，串上牙齒，貝殼，布，鼈殼，羚羊角及別物。安達曼島人還有編樹葉及植物纖維的帶，又有將人指骨作頸串的。

腰飾：腰間繫帶是很普遍的粧飾。這種飾物並不多，他的重要在於與衣服起源說有關。主張衣服源於羞恥說的人，以爲蠻人衣服雖缺乏也必於腰間繫帶，令其下垂的帶端遮蔽生殖器。但事實卻不是這樣。如安達曼人用葉或植物纖維編成的帶圍腰，但卻不能遮蓋生殖器；又如布須曼人的婦女用皮做裙，並飾以珠及卵壳，但其前面卻

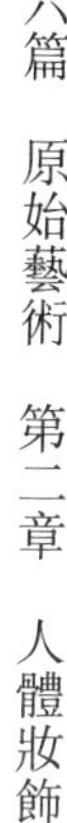

中非洲婦女的豔妝：髮飾，耳飾，鼻飾，頸串等。(採自 National Geographic Magazine)

裂爲狹長的條，故也不能遮蔽生殖盆蠻人的腰帶下垂部分大多不像是要遮蓋生殖器而反像要引人注意到這一部分。故腰帶實是爲妝飾的而不是做衣服的。

四肢飾：臂與腿的飾物大都和頸飾相類，所繫的環帶等物常很多。腕指及脛上特別豐富。

原始妝飾的美學價值——原始人民的選擇飾物也有美學的標準：(1)光澤：金屬物，寶石，貝殼，齒牙，毛羽等所以被珍視，都因其有光澤。(2)色采：蠻人選擇飾物的顏色也和繪身一樣，大都以紅黃白色爲多，藍色和綠的極少。但膚色較淺的布須曼人也喜用暗色的珠子。(3)形狀：鳥羽的採用不但由其光澤，也由其形狀的美觀，布須曼人甚且有將整個鳥頭放在頭上的。貝殼的形狀也很受賞識，故常被取爲飾物。

原始民族不但能取自然物以爲飾，還能加以人工將他整理配置，其技術都很合美學的原則，如(1)對稱律(symmetry)及(2)節奏律(rhythm)。對稱律係受身體形狀的影響，節奏律則由於飾物的性質。因爲人的身體原是對稱的，故加於其上的妝飾也跟他對稱，不論是固定的或不固定的妝飾都安置得兩邊對稱。有時雖偶然有不對稱的，那是故意違反常狀，使其發生滑稽或嚇人的效用。又如瘢紋與鯨涅有時單在一面，這是因爲這兩種妝飾都很痛苦不能於一時做完，須分次加上，其半面的是還未做完的妝飾。節奏律便是將紋樣或飾物排列齊整，如黑白相間，或大小相配，例如波陀苦多人的頸圈上，黑的果實與白的牙齒相間得很有規則。

原始妝飾的効用——文明人的妝飾遠不如蠻人的豐盛，如將蠻人的飾物與其全部所有物相較，更覺其特別繁多。蠻族的生活是那樣的鄙陋，爲甚麼妝飾卻特別的發達，這似乎是很不稱的事情。這種事實的原因是由於妝飾在滿足審美的欲望以外，還有實際生活上的價值。這種價值第一在引人羡慕，第二在使人畏懼，這兩點都是生活競爭上不可少的利器。故所有身體妝飾都可以分屬引人的及拒人的兩類。但一種妝飾常兼有二種效用，因爲凡能使同性畏懼的，同時也能使異性欣慕。在文明社會裏頭，從事妝飾的以女人爲多，但在原始社會卻反是男人多事妝飾。原始人類的妝飾和高等動物一樣，都是雄的多於雌的，這是因爲雄的是求愛的，而雌的是被求的。在原始社會中女人不怕無夫，而男人卻須費力方能得妻。在文明社會中情形便有異，表面上雖是男人求愛於女人，其實是女人求愛於男人，因此女人當爲悅己者容，而男人卻不必塗脂抹粉。妝飾的效用第一是爲吸引異性，這是無可疑的，曾有人問一個澳洲土人爲何要妝飾，他便答說『爲要使我們的女人歡喜』，塔斯馬尼亞土人因政府禁其用赭土和脂肪繪身，幾乎發生革命，『因爲男人們恐怕女人不再愛他們』。繪身的始於成丁時，也因爲那時是性慾纔發動的時候。

男人一面是女人的愛人，一面又是戰士，這便是妝飾身體的第二個原因。如上所說，凡能引人欣慕的也能使人害怕。紅色不但是喜事的色而且也是戰爭的色；鳥羽的頭飾似乎能增加人身的高度，故不但於跳舞時用之，即在戰爭時也用之；胸前的瘢紋能使婦女敬慕，又能使敵人畏懼。專供嚇人的妝飾很少見，只有某種繪身的紋樣很能使人害怕。

在文明社會身體的妝飾沒有在原始社會的效用，但另有一種新效用，這便是表現身份與階級。在原始社會較富平等的精神，階級差別極少，故也少妝飾上的差別。文明社會中有規定各階級的衣服與飾物的，沒有規定的則上級的也自然會作超越於衆的妝飾，如下級的要摹倣上級的妝飾，則上級的便改變其式樣，風尚的變遷便由於此。妝飾的差別近來還比以前爲少，其故因戰爭的利器日精，戰士漸棄掉以前耀眼的服飾；又平民精神漸盛，階級漸歸消滅。但妝飾的存在又是另一事，以後無論社會變成何種狀況，人類如還有兩性的差別，恐怕還是有人體的妝飾。

第二章　器物裝飾

在原始社會中器物的裝飾遠不及人體裝飾，所謂器物裝飾如照嚴格的狹議講，專指另加裝飾於器物上的。便有些民族不曾有過，如布須曼人的挖掘杖或弓上都沒有裝飾。在這裏應當從廣義講，不但另加的裝飾是裝飾，便是器物本身的刮磨平滑和修治整齊也可算是裝飾。器物的平滑整齊一面有美學上的價值，一面又有實際上的效用，例如不勻稱的兵器使用時不能如勻稱的順手，平滑整齊的石鏃或石槍頭較之麤糙的中的傷大，因此原始的器物都常加修整，如新石器時代的石器又勻稱又平滑，實可視爲一種美術品。

裝飾的紋樣(designs)——裝飾的紋樣大都是有來源的，純粹自由構成的很少，在文明人的裝飾尚如此，在原始人更是不易找到。紋樣的來源大都由於受自然物自然現象或人工物的暗示，因而摹倣其形狀。文明人的紋樣常是摹倣植物的，如花葉藤蔓形的很多，反之，原始人的卻常是摹倣動物的，這種情形或者是由於原始生活中動物對人類的關係較植物為密切的緣故。這種模倣自然物的紋樣，有具備全體且屬寫實體的，很像真物；有只取物體的最特殊的部分以代表全體的，便較難認識；又有被器物的形狀所拘束，故意曲變其物的紋樣以適合器物的，更不易辨認。以上三種都還可解釋其所模倣者為何物，且可溯源於寫實體或其變體。此外另有一種常見且簡單的幾何形紋樣，殊難斷定其出於何物，若能一一推測得出，固甚有趣，但若流於穿鑿，反不如不加解釋；不過他們總不是無中生有的東西，大約也由於自然界的暗示或技術的影響而成。茲將這幾種紋樣舉例解釋於下：

圖A1及A2是表現實物全體的。A1是挨斯基摩人的骨製針囊，作整個魚形。A2是四川西南邊境玀猓族銅手環上的刻紋，作全體鳥形。

圖B是只取物體的一部分的，這一種是挨斯基摩人的骨刀，上刻鳥頭，其長紋或係鳥羽。

圖C是曲變實物的形狀的，這一種是北美突隣吉印第安人(Tlingit Indian)的魚棒所雕的是「殺戮鯨」(killer—whale)的變體。

圖D四種都是來源不明的幾何形。D1是美洲卡拉耶人(Karaya)的飾紋，據厄倫里次(Ehrenreich)

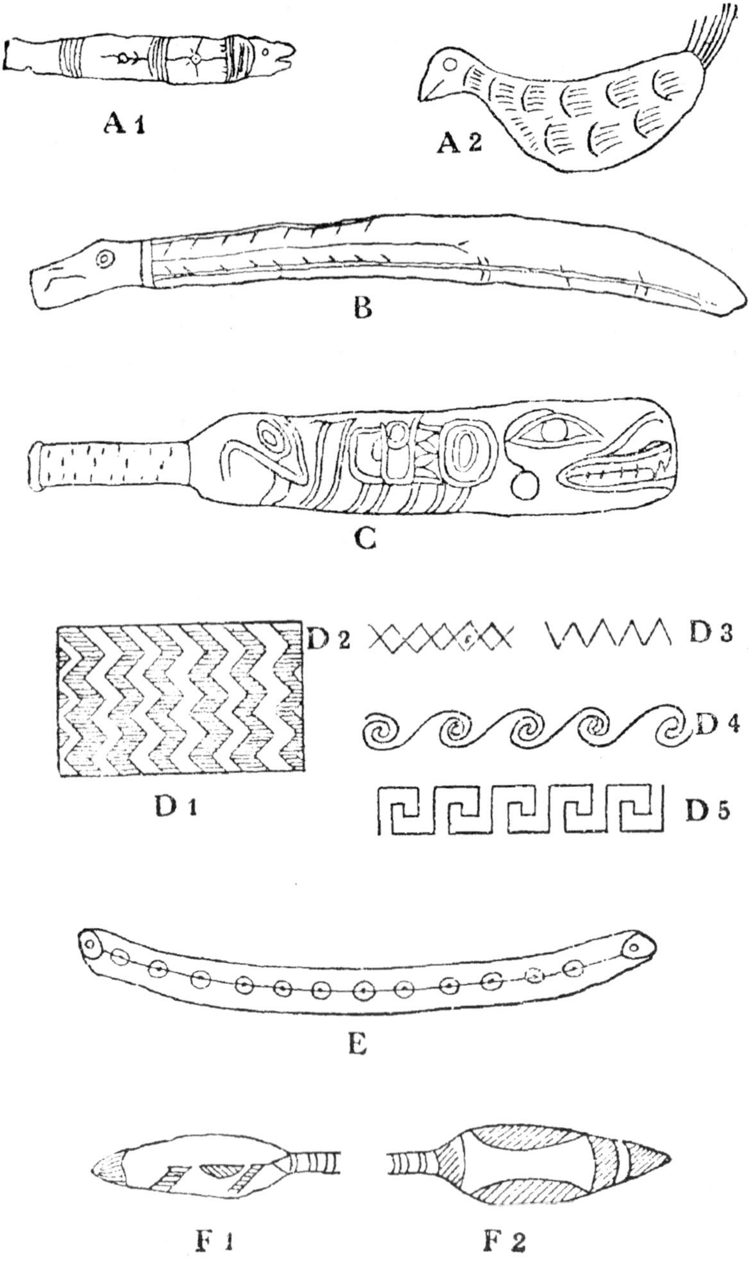

A 1　　A 2

B

C

D 2　　D 3

D 4

D 1　　D 5

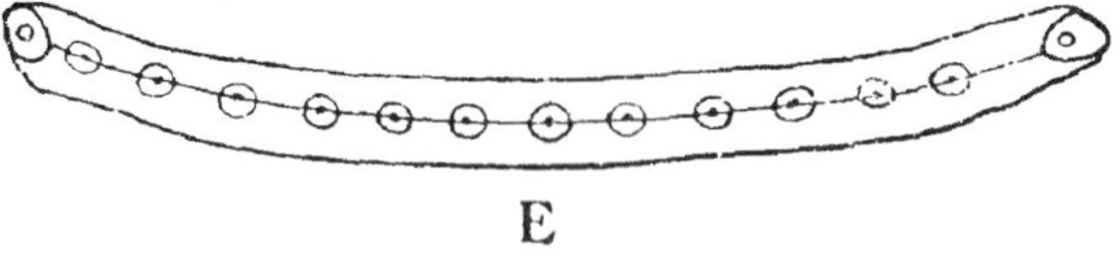

E

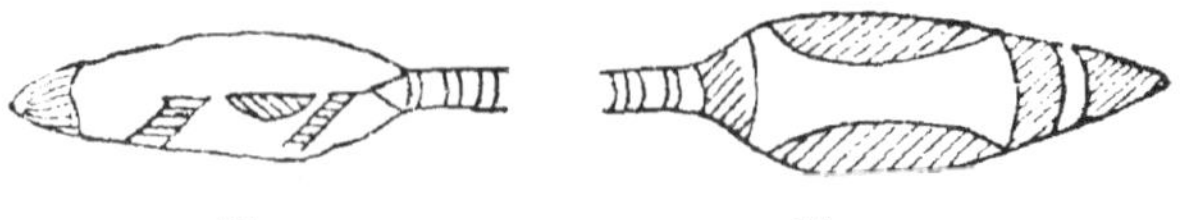

F 1　　F 2

器物裝飾的紋樣

的研究以爲是響尾蛇的簡體，但這種紋樣很普通，在別民族的便不能說都是由於響尾蛇，或者由於別種蛇，或者由於蛇以外的物也不一定，因爲自然物或自然現象中凡有這種形狀的都可以暗示這種紋樣，不一定是單由一物。D23是安達曼人的飾紋，D45是何耳母斯（W. H. Holmes）所集的普通陶器飾紋，都如上述的一樣，和數種實物都相近，但卻不能指定究竟是由於那一種。

工作的技術和所用的材料都極有關於紋樣。陶器表面不便作圓形紋，故常用直紋或之字紋，又陶器上也不便作寫實的動物形，故常用幾何紋。陶器的製法有貼土於筐籃上面燒成的，這種製法使陶器上留了筐籃的紋，因而也成爲一種幾何體的紋樣。編織的技術也能決定紋樣的體式，如要將寫實體的紋樣施於編織物上，必致將曲綫形的改爲直綫形的，這便是寫實體變爲幾何體的一種原因。凡筐籃織帶及布上面的動物花草形常爲簡體的寫實形，便是由此。

與裝飾相似的各種記號——這便是銘誌（inscription）財產記號，部落標誌等，其狀與裝飾的紋樣很相似，若不加解釋便不易分別。

銘誌：文明人做銘誌的文字與裝飾的紋樣完全不同，但無文字的原始民族記事的符號和裝飾的紋樣幾乎無別。如澳洲人的通信杖（message stick）上面雕刻的幾何紋和普通的飾紋很相似，但土人們卻藉以傳達消息，讀得出各種符號的意義。澳洲人除通信杖外如投擲棒（throw stick）飛去來棒（boomerang）上面都常刻號以記載要事。要區別銘誌與飾紋很不容易，因爲並無一定的標準。不但澳洲人如此，北極民族也是這樣，例如一件兵器上雕六隻鹿形，這大約便是記載這獵人所殺的鹿數。又如E圖所示是挨斯基摩人的一件鑽火弓，上雕多個圓圈，貫以一條直綫，其意義不明，但考印第安人的繪畫文字也有這樣的，其圓圈是代表日或月，連以一線便是表示時間的逝去。

財產記號：這一種便較容易和飾紋區別。狩獵民族中各個人的兵器常有記認的符號。其故由於箭或標槍所中的野獸常不卽倒，而帶傷逃走，死於別處，在這種情形之下死獸的所有權便有賴於死獸身上的兵器。但兵器上也需有記號方可爲證。澳洲人又如發見野蜂窩時也做一個符號於旁近樹上，以爲所有權的徵驗。澳洲土人的財產記號常是幾個刻缺和飾紋，挨斯基摩人的常是直線或曲線，安達曼人的兵器記號則爲紮縛的特別形狀。F圖是亞留特人（Aleut）的槳上的財產記號。

團體標誌：家族或部落的財產記號比較個人的爲多，至少以澳洲土人爲然。澳洲各部落的所有物都用記號爲飾紋，一看便曉得屬於何地何族，這種飾紋常卽爲其圖騰，土語謂之"kobong"，其物大都爲袋鼠鷹蜥蜴魚等，土人常將這些動物的形加於器物上以爲記號。

宗教的象徵：宗教的象徵物或魔術用品也常施紋樣如裝飾一樣，澳洲的圖騰不但是社會的標誌，還兼有宗教的意義，此外澳洲人還有一種魔術牌，上面也滿雕紋樣，其紋有像人形的，有像獸形的，很爲奇怪。

器物裝飾與美學原則——原始的器物裝飾也和人體裝飾一樣，合於二條美學的原則，即節奏及對稱。人類無論文化的高低都曉得節奏的美。所謂節奏便是事物中間某種「單位」的有規則的重複這種單位或爲一個音調，或爲一種動作，在裝飾上則爲一種紋樣，如安達曼島人的一種帶，上有兩種紋樣，一是之字形，一是一排直線，兩種相間很爲整齊。澳洲土人繪於盾上的圓圈也是如此。挨斯基摩人的動物形飾紋也照這樣排例。節奏有很複雜的，如之字形本身便是由兩種直線相間連接而成的複合紋樣。之字形在原始藝術中很爲重要，如澳洲土人的棒與盾常以此爲飾紋，又如挨斯基摩人安達曼人都喜作此形。節奏的排列法似乎不是發明的而是由技術影響的，如編物工似乎很能暗示節奏的排列。這種排列法的模做初時大都是由於習慣，其後方漸認識其美的性質。這種機械性的模做和審美的認識中間無明晰的界限。節奏律由於模倣技術，對稱律卻大都是由於模倣自然，原始的裝飾常喜模倣動物及人類的形狀，動物和人類都是對稱的，所以模倣他們的紋樣也是對稱的。除動物以外也還有別種原因，器物的形狀若是對稱的，其實際的功用也較大；又如器物的本身原是對稱的，加於其上的飾紋自然也傾於對稱。

第四章　繪畫雕刻

史前時代的繪畫雕刻——在第一章裏已曾敍及茲再補述一二事。在後期舊石器時代（即冰鹿時代）的麥達稜尼安期藝術很為發達，雕刻繪畫都很精。其雕刻物是在法國的多耳多涅（Dordogne）洞穴內發見的。所用材料有獸類的角和骨，所雕多屬動物形，如野馬冰鹿野山羊野牛熊野猪等，最多者為冰鹿，其狀很為正確明晰，可以一見便知其為何物。其傑作例如鹿角做的匕首一件，柄雕一隻冰鹿作跳躍之狀，很見精采。洞穴裏壁畫的精美已述於上，不再贅述。這種有壁畫的洞穴多在法國及西班牙境內，初發見時是一八七九年。發見者卻是一個考古家的小女孩；考古家方在亞耳他米拉（Altamira）的洞穴內尋找土內的遺物時，他的女孩卻昂頭發見了洞頂的壁畫。這種發見宣佈後，初時還被懷疑，其後在別處洞穴也發見同樣的壁畫，而有些洞穴還堆積了較後的石器時代的遺物，或被土壤封掩不露的，因此第一次的發見乃得被證明為舊石器時代物。

史前人的畫壁

(採自 Osborn—Men of Old Stone Age)

現代原始民族的繪畫雕刻——現代野蠻民族也有和史前人類相似的繪畫雕刻，如澳洲土人文化雖低，其藝術的才能卻頗顯著。在一八七一年衞克氏（Wake）在倫敦人類學會還宣說「澳洲土人不能辨別人形與動物形，除非將一部份例如頭部特別擴大」，這話很爲失實。在澳洲北部Glenelg地方的洞穴內也發見有壁畫，所繪的有人像並其髮飾文身或衣服都表現出來色采且有數種。在北方的一個小島Depuch Is.上還有繪在岩石上的圖像。在圖像範圍內的石皮都先被剝下，然後雕於其青色的平面上。所作的多爲動物形，如鯊魚狗甲蟲蟹袋鼠等都是影像體（silhouettes），只畫輪廓，但都很像眞的。人像有戰士持槍攜盾的，但遠不及動物畫之精。所畫甚多，似乎經過很長的時代由許多人前後增加而成。澳洲土人還有一種「皮畫」，便是在黑色的皮上用利石牙齒或即用指甲刮成圖像。壁畫與岩刻都只作單個物形，皮畫則常合多數人類動物及山水而成。有一張原爲蓋屋頂的皮，上面繪了很多事物，有一池，一屋，一羣人跳舞，二人打蛇，一人在獨木舟上追一水禽，二隻鳥在一個水池內，一人持槍，一人吸烟，一羣鳥獸在一帶平原，池邊都有樹，平原也有樹，各物都表現很好。澳洲人的繪畫有一小部分是采色的，其色和繪身一樣有紅黃白三種，都是鑛物質做的，黑色是木炭的，又有藍色原料不明。顏料混和脂肪，畫上又蓋一層膠，其畫不易褪色。澳洲人繪畫的取材都是日常經驗的事物，沒有虛幻的性質，他們竭力要把眞的事物正確的表現過來，以他們工具的麤笨，其造就頗有可觀。澳洲人的繪畫的才能不限於個人而卻是廣佈於全社會，多數人都知曉這種藝術，其中自然也有高低的不同，但就全體言之，藝術空氣似乎較文明人爲盛。南非洲的布須曼

澳洲人之樹皮畫 (採自 Grosse—Beginnings of Art)

布須曼人所繪偷牛圖　(採自 Grosse - Beginnings of Art)

人也以繪畫著稱，和他們的別種文化很不相配。他們的岩畫的作品極多，自好望角散播至橘河(Orange R.)地方。其技術和澳洲人相同，在暗色的岩石上用堅石塊刮刻，在淺色的石上則用采色顏料繪畫，其色有紅棕黃黑靑，都是泥土做的，混和脂肪或血，以鳥羽蘸繪。題材也是日常所見的事物，以動物及人類為多，如象，河馬，長頸鹿，水牛，羚羊，駝鳥，豺，猿等野獸，以及狗牛馬等家畜，都繪得很像，人形則能分別短小的布須曼人，長大的卡費耳人(Kaffirs)，和用火器的布亞耳人(Boars)，其大幅作品有布須曼人和卡費耳人戰爭圖，很為生動。

住在亞美二州寒帶地方的民族，如西伯利亞的朮支人(Tchuktchis)亞留特人(Aleuts)挨斯基摩等都喜作繪畫，其技術與澳洲人布須曼人一樣，但作品較小，無岩畫，他們只雕於海馬牙上，或繪於海馬皮上。其題材也是日常的事物，如挨斯基摩人的是雪屋天幕熊與海馬，獵人投杈狀，漁人鼓槳狀，使狗拖撬狀等，朮支人則喜作冰鹿拖撬圖。雕刻在澳洲人及布須曼人都沒有，只有這些北極民族精於此道，能將小片牙骨雕為人獸的形，其人形不甚佳，獸形都很好，其物有海馬海狗熊狗魚鳥鯨魚等，都很像，可以說這種藝術在現代原始民族中當推他們為首。

原始的繪畫雕刻的特徵——原始的繪畫雕刻不論材料和形式都是自然的，除開少數的例外，其題材都常取自環境，儘其能力以表現正確的形狀為目的。其材料很少，透視方法也缺乏。雖是如此，他們卻很能以其麤陋的作品表現出實際的生活。有人將原始人類的繪畫擬於文明人的兒童的，這說似乎不確，因為原始繪畫所具的銳利觀察力絕不能求之於兒童的塗鴉；而且兒童的繪畫常是象徵的而非自然的，與原始繪畫不同。原始繪畫與兒童繪畫相同的地方只有一事，便是兩者都不大曉得透視法。原始繪畫又常被當做游戲畫，因為畫中人物身體的一部分常有畸形的擴大，近於滑稽，但這說是錯的。一部分擴大的緣故有時是由於作者把這一部分當做特點，故特別加工使人認識，不是出於游戲的意思。至於眞的游戲畫自然也不是沒有，但不應當把所有畸形的都解釋為游戲畫。

歐洲史前人所雕女人像

(採自 MacCurdy -- Human Origins)

原始的繪畫雕刻發達的原因——石器時代的驚人的壁畫和雕刻久為現代人的啞謎，但由於現代蠻族的同樣藝術的發見，我們得並藉以明瞭前者發生的原因。現在蠻族的文化那樣的低，何以能發生這樣高的藝術，這個問題若能解答，則史前藝術也同樣得了答案了。這種藝術有二項條件，其一是對於實物的銳利的觀察力和正確的印象，其二是工作時運動與感覺器官的完備。這些原始民族的具有這兩種條件是無疑問的，否則他們早已絕迹於這個世界了。澳洲人布須曼人和北極民族若不是靠他們的銳利的眼，伶俐的手，和良好的兵器，何能存在至於今日。自然界使他們以獵獲的食物為生，但野獸是不多的，若非有優越觀察力以追踪野獸並認識其性質和習慣，是不易拿獲的。據說澳洲人能夠追尋一隻袋鼠的踪迹於深林密箐之中，能夠辨別樹皮上的負鼠的爪跡，且能斷定他是新痕或舊痕，是升樹的或落樹的。他們的感覺印象的保留長久，也很可異，據說白人和他們會面一次後，過十幾年還有能認識的。布須曼人感覺的敏銳也超越於其他土人而為白人所嘆服。北極民族也這樣。除眼以外原始人氏還須有伶俐的手，因為要捉動物必須製造精良的器具。原始的武器雖比較的似乎麤笨，其實愈加細察便愈覺其製造的精緻。如澳洲投槍器，布須曼人的毒箭，北極民族的複合杈，都不能說是簡陋的東西。他們既能造成這些精緻的兵器，豈不能移其伶俐的手以從事雕刻及繪畫？由此觀之，原始的繪畫雕刻發達的原因便是由於生存競爭上兩種特殊能力的移用於藝術的方面。所以凡是精巧的獵夫與製造者便也可以成為雕刻及繪畫的藝術家，因此狩獵民族便多有善於這一門藝術的。反之農業的及畜牧的民族所以比較的拙於這種藝術，便也可由此得到解釋，因為在他們生活上並不絕對倚賴眼力的銳利與

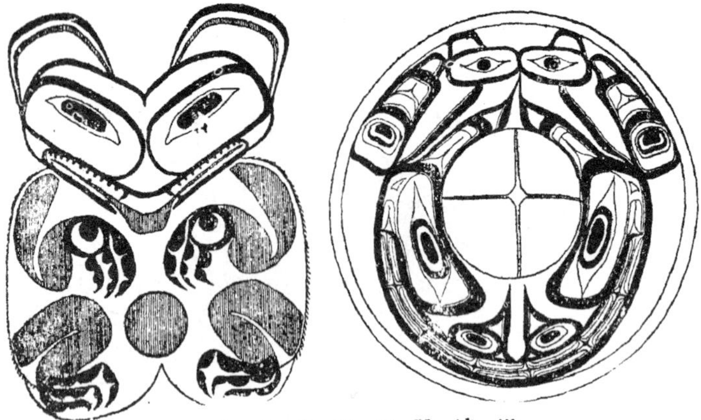

表意的幾何體紋樣

此圖係印第安人所作，表現一隻熊

（採自 Kroeber and Waterman—Source Book of Anthropology）

手腕的靈敏了。同在南非洲的班都人（Bantu）文化比布須曼人為高，但其勉強雕畫出來的動物形呆滯，怪特遠不及布須曼人作品的翔實如生。這種情形和上述的理論是很能符合的。我們由此以推論舊石器時代藝術發達的原因，也可說便是由此，因為其時的人類還在狩獵的時代。至於其後的時代，藝術退步卻正與農業及畜牧的發生相對，這或者也可為反證。

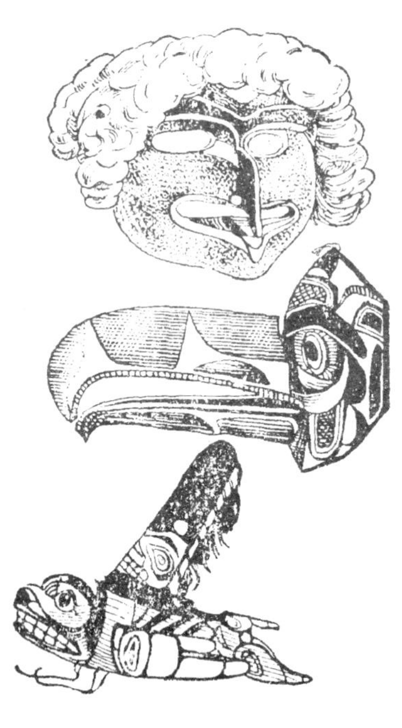

印第安人的面具
採自（Chapin—Social Evolution）

原始的繪畫雕刻與宗教及文字的關係——上述的作品是否都由於審美的動機而生，或是由於以外的原因，這是應當究探的。有一種很早而又很有力的學說，以為雕繪的藝術原是宗教的「奴隸」，是附屬於宗教的，其後方慢慢的獨立。這種學說其實和事實不合。澳洲的繪畫中壁畫與岩刻其中或者有些神祕意義，但不能斷定，至於皮畫上的人物風景跳舞狩獵的圖確知其與宗教無關。布須曼人的，據調查者說，『他們的從事藝術純粹是由於喜歡表現事物』。北極民族的，則其雕刻至少有一部分有宗教意義，有些是做厭勝物的，有些和死人有關的，其繪畫則不能斷定。由此觀之，可見繪畫與雕刻大都是獨立在下等文化中發生，不是附屬於宗教的。

另一說則以爲原始的繪畫便是繪畫文字（picture writing）。是爲傳達意見的。由廣義言之，凡屬圖畫都能表現事物，自然也可說是和文字一樣，如澳洲的皮畫上有跳舞圖，布須曼人的壁畫有布須曼和卡費耳人戰爭圖，這自然都可說和文字同有記載的效用，但他們卻不就是繪畫文字。繪畫的目的在發生印象，文字的目的在傳達意見。眞的繪畫如變爲繪畫文字時，其性質便不在忠於自然，不復詳細描摹，只求稍可辨認便足。所以這兩種可以一看便區別得出。澳洲土人與布須曼人的繪畫中不見有文字的性質，反之他們都是在竭力表現眞實的事物。至於北極民族的刻於木及骨上的圖畫則有一部分較近於文字。概括論之，原始繪畫和雕刻雖有些是有宗教和文字的性質的，但大都是純粹由於審美的感情，專以表現自然爲目的，其起源可以說是獨立的而非附屬的。

原始的繪畫雕刻對於原始社會的影響——繪畫與雕刻在高等民族勢力很大，例如希臘的與羅馬的作品在當時社會上都很有影響，現在的文明國家中也是如此。這種効力在原始社會中卻差得多。如布須曼人與外族的戰爭圖，自然也能對於同族的人有引起團體意識的効用。但就大體言之，原始的繪畫雕刻範圍太小，工具太粗，不能發生宏大的社會結果。這種作品雖也有些可佩服的地方，但對於原始社會無甚大關係，原始社會雖沒有這種藝術也不甚要緊。

第五章　跳舞

跳舞的重要——跳舞可稱爲活動的圖畫，牠在原始社會中地位的重要遠非文明社會所可比，現代的跳舞不會爲藝術上及社會上的退步的遺留物。原始的跳舞實在是原始民族審美的感情的最完美最有効的表現。原始的跳舞可分爲二種，即「模擬式的跳舞」與「操練式的跳舞」。模擬式的跳舞是按節奏的模擬動物及人類的動作；操練式的跳舞則不模擬甚麼自然事物，而只是像體操一樣的舞動肢體。這兩種都同時存在於原始民族的生活中。

操練式的跳舞（gymnastic dance）——最有名的是澳洲的稱爲『科羅薄利』的一種跳舞（corroborry），遍行於全大陸。科羅薄利常於夜間在月光下舉行。跳舞的是男人，至於婦女則充樂隊。在大會時常合數個部落的人一同參加，有時達四百人之衆。最大的會是媾和時所開的，此外凡重大的事件如果實成熟時，撈獲牡蠣時，少年成丁時，隣部修好時，戰士出發時，狩獵大獲時，都有跳舞會以慶祝牠。各種事件及各異部落所行的科羅薄利都差不多一樣。玆舉湯麥史氏（Thomas）在澳洲維多利亞所見的一種於下以概其餘『地點是林中一片清理過的地方。在中央生一個火紅色的火燄與青色的月光相輝映。舞人不曾出現，他們還躱在林中暗處從事裝飾。在場中

史前人所繪舞女圖

發現於西班牙的 Lerida 地方 Cogul 岩蔭壁上

(採自 MacCurdy—Human Origins Vol. 1)

的一邊有司音樂的一羣婦女。忽然間一陣畢剝摔擦的聲發生，同時舞人都出現在中央火的周圍。三十個舞人都將白土繪身，眼的周圍畫個圈，身與四肢則畫長條。此外踝上飾以樹葉，腰間又繫皮裙。這時司樂的婦女則列成馬蹄形的隊，她們完全裸體，在兩膝間綳一張負鼠皮。另有一個指導者立在她們和火的中間，兩手各執一根樹枝。指導者做一個暗號，舞人便開始跳舞，女人則一面唱歌，一面敲皮作聲。跳時很合節奏，歌聲與動作極相脗合。舞人忽進忽退，忽又旁跳，屈伸身體，搖手頓足，作種種姿勢。指導者也很忙，一面擊手中的樹枝做拍子，一面發出一種鼻音；有時行近舞人，有時又步近婦女。舞人越跳越興奮，動作愈變愈速，且愈劇烈，拍子也越擊越急。有時舞人竟奮身跳躍得很高，最後齊發一聲狂叫，隨後便突然沒入林中的暗處。場中靜了一刻，指導者再發暗號，舞人便再出現如前一樣的跳舞，這樣有重演四五次的。末一次全場的興奮達到極點，舞人狂呼狂跳，婦女聲嘶力竭的唱歌並按拍，幾乎都像瘋狂一樣』。澳洲的女人有時也從事跳舞，但比男子爲罕。跳舞的性質也有異。有時數人合跳，有時一人獨跳。安達曼島人的跳舞和澳洲土人很爲近似，其跳舞

澳洲土人的科羅薄利舞 (Corroborry)
(採自 Klaatsch—Werdegang der Menschheit)

的事件也相同，凡帶有喜意的事如朋友的會晤，季節的開始，疾病的復元，喪期的終止，都行跳舞；大節日則舉行大跳舞會，合各部落的人同舞。布須曼人的跳舞更爲劇烈，舞人跳躍不已至於大汗淋漓，呼聲和動作都很吃力，故常有力竭倒地鼻孔衄血的。這種跳舞叫做「摩科馬」(mokoma)即「血舞」。

澳洲土人的袋鼠舞
(採自 Klaatsch—Werdegang der Menschheit)

模擬式的跳舞(mimetic dance)——澳洲人的模擬式跳舞種類繁多，和操練式的純一不同。其中最多的是模擬動物的「動物舞」，如駝鳥舞，狗舞，蛙舞，蝴蝶舞等，最著名的還推袋鼠舞。旅行家見者都稱讚其模擬的酷肖，有的還說這種表演如見於歐洲的戲院必能博得四座的掌聲。又有模擬人事的人事舞，其題材常出於人生的二大要事，即戀愛與戰爭。澳洲的戰爭舞是由二隊的舞人各持兵器假作戰鬥之狀，一面跳躍呼喊，一面擊刺架格，鼓聲漸敲漸急，動作也愈變愈劇，無殊於眞的戰爭。戀愛的跳舞卻很可笑，據 Hodgkinson 說「這種跳舞的姿勢極爲猥褻，我雖是獨自在暗中觀看也很覺得慚愧」。茲舉澳洲的叫做『卡亞羅』(kaaro)的一種戀愛舞以爲例。開這種跳舞會的時期是在芋薯成熟後新月初出之際。男人們宴會後便在月光下一個土穴的周圍舉行。土穴的四周有草叢，這是故意做成以爲女性生殖器的象徵的，至於跳舞者手中所執的槍則爲男性生殖器的象徵。跳舞者繞土穴而跳，將槍尖亂搠土穴，盡量做出極淫猥的姿勢，發洩其性的衝動。戰爭與戀愛的跳舞而外還有其他較不重要的人事舞，如「小艇舞」(canoe dance)舞者手執木

新幾尼亞人的化裝跳舞

(採自 Hugo Obermaier—Der Mensch der Vorzeit)

枝以爲槳，排成兩列，將木枝前後搖動作盪槳之狀。又如死人復活的象徵舞舞者跳了一會便倒地假做死去，少停又突然起來活潑地快樂地大跳，以爲是死去再活了。

安達曼島人的跳舞

(採自 Elliot – Romance of Savage Life)

原始跳舞發達的原因——原始藝術中最能使人興奮快樂的莫如跳舞。活潑的動作能使人發生快感，便是文明民族的小孩對於奮力而急速的動作都覺得有樂趣，跳舞的快樂便在於此。還有一層，人類內心擾動若不給他向外發出是很苦的事，如得發洩自然感覺快樂。故原始民族如遇有激動感情的事件便舉行跳舞，以活潑的動作發洩內心的蘊積跳舞如只是活動而已，則活動到疲乏時恐反有不快之感。動作的有序，即節奏，較之興奮性似更重要。

夏威夷人吹鼻簫及跳舞
(採自 National Geographic Magazine Vol. 51)

故跳舞的特性在於動作的有節奏，凡跳舞未有無節奏的。原始民族也很曉得節奏對於跳舞的重要，舞時都能嚴守節奏。Eyre 說澳洲人的跳舞很能案照拍子，而且動作與樂音都極爲符合。此外的原始民族的跳舞也都這樣。對於節奏的快感似乎是根於人類的心理。人類的動作似乎有大部分是自然合於節奏，這尤以移易地點的動作爲然。而且人類的情緒的激動似乎也傾向於以有節奏的動作發洩出來。故跳舞的動作之合於節奏似乎是自然的趨勢，而且節奏能發生快感，更爲重要的原因。上述的三種快感在模擬的與操練的兩種跳舞都有；但還有一種模擬的快感卻只存於模擬的跳舞。原始人類原有好模擬的癖，他們的模擬的技能也很好。如布須曼人喜歡模擬某個人或動物的動作，做得很爲正確。澳洲人火國人也有模擬的天才。模擬原是人類的普遍的能力，但其程度在原始社會爲高而在文明社會反退步，而只存於兒童之中。模擬在跳舞中更爲擴大。模擬的跳舞之中自當以模擬人類情慾的表現，如戰爭與戀愛，爲最能發生快感，因爲這是直接與人生有關的。模擬人事的跳舞已經近於戲劇，而戲劇便是由跳舞變成的。跳舞與戲劇的差異，其外表便在於節奏的有無，但兩者的性質很有相同的地方。

總括言之，原始跳舞所以興盛的原因便在於（1）活動的快感（2）發洩情緒的快感，（3）節奏的快感，（4）模擬的快感四項，因有這些快感，故原始民族大大嗜好牠。

跳舞者本身固能直接感受快樂，但旁觀者也能獲得觀舞的快感。旁觀者不但由跳舞的快樂而感染快樂，他們還得享受跳舞者所不能得的一種快樂。跳舞者不能看見自己的狀態，那種美觀的舞態只有旁觀者得飽眼福。跳舞者只能感覺，而不能觀看，旁觀者雖不能感覺卻能觀看。這便是旁觀者喜歡觀看跳舞的緣故。但跳舞者因曉得觀衆在讚美欣賞着他們，故也不以自己看不見爲嫌而覺得極爲高興，以此兩方面的感情都興奮起來，都爲動作與音調所麻醉，愈趨愈劇，終之達到極爲狂熱的狀態。

南非洲女人的草裙舞

（採自 National Geographic Magazine Vol. 47）

跳舞與宗教——跳舞之中有帶有宗教的意義的。其原因便是因爲跳舞可以使旁觀者獲得快感。故欲以此獻於神靈之前以媚悅他們。例如澳洲人有一種跳舞是獻給惡神民帝(Mindi)的，其跳舞的地場有嚴厲的禁忌，一邊置有偶像，跳舞者漸漸跳近像前，很畏怯地以所執的棒輕輕觸着像身。又如考古學家也發見史前的壁畫有像祭神的跳舞的，因稱之爲『祭式跳舞』(danse rituelle)(據J. de Morgan所說)。原始民族大都有宗教的跳舞，可見跳舞與宗教的關係頗爲密切，因此有一派學者竟主張跳舞的起源全是由於宗教，如Gerland說『一切跳舞其起源都是宗教的』。這種意見還無充足的證據，就實際的狀況言之，原始的跳舞有宗教意義的只有少數，如澳洲的便可爲證。至於大多數的跳舞卻都是藝術性的表現，與宗教無關。

西藏族的髁髏舞

(採自 National Ge graph c Magazine)

跳舞的社會作用——跳舞雖常是出於藝術的目的，但他的作用卻出於藝術的範圍之外。在原始藝術之中沒有一種能如跳舞有這樣高的實際的，及文化的作用。其作用之一便是兩性的連結，這一種作用還傳留到現代的跳舞。但原始的跳舞與現代的跳舞不同。現代的跳舞的一種特性，即一對男女的密切接近，是現代跳舞所以爲現代男女所喜歡的原因，這種情形卻罕見於原始的跳舞，因爲原始民族的跳舞常只由男子從事，婦女則爲樂隊。但原始的跳舞仍是富有性的作用。有時也有男女合跳的，這便是專爲引誘性慾的。甚至純粹男人的跳舞也是爲要引起兩性的連結，因爲一個伶俐而健壯的跳舞者自然能夠感動旁觀的女人，而且在原始社會一個伶俐而健壯的跳舞者便是一個伶俐而健壯的獵人和戰士，故跳舞對於性的淘汰很有關係，且對於種族的改進也有貢獻。跳舞的這種作用，卻還不是最大而唯一的，不能說別種原始藝術都無這種作用。

跳舞的又一種或者是更重大的作用便是社會的團結(social unification)。原始的跳舞常是羣衆舞。一個部落的人甚或幾個部落的人合在一處同舞，全體的人員在一個時間內都同守一種規則。曾見過原始跳舞的人都驚於其動作的一致。凡參加跳舞的人都覺得在完滿的社會團結的境狀之中，似乎合而爲一體，其感覺與動作像一個有機體一樣。這一羣跳舞者在平時是汎散地各營其相異的生活，而跳舞卻能把他們團結在一起，在一種衝動之下爲一樣的動作，故跳舞實能發生秩序和聯結於汎散的原始生活之中。除戰爭以外只有跳舞最能使原始社會得以團結，而且跳舞又是戰爭的最好的預備，因爲操練式的跳舞很像軍事訓練。原始民族的協作能力至少有一部分是由跳舞訓練而成，而協作的能力實爲高等文化的基礎，故原始跳舞在人類文化的發展上很有貢

獻。原始民族似乎也曉得跳舞的社會效用。如澳洲的「科羅薄利」常由兩個盟好的部落一同舉行，這便是用以促進友誼的。

跳舞的衰落——跳舞在原始社會與盛在文明社會衰落的緣故便在於其效用在原始社會大而在文明社會小。跳舞的人數不能過多，原始跳舞雖有合數社羣的人同舞的，但其社羣的人數原不爲多。文化進步原始社羣逐漸擴大後，其人數太多不能合舞，於是跳舞也漸漸失去社會團結的作用。所以在原始社會跳舞是公共大事的儀式，在文明社會卻不過是劇場或跳舞室裏的一種娛樂而已。在文明社會所存留的不過促進兩性的接近一種効用而已，但卽在這方面其價值還是有疑問。在原始社會跳舞可供爲性的淘汰的方法以改進種族，因爲善舞的同時便是良好的獵人和戰士。但在文明社會個人的心力較體力更爲重要，而舞場的英雄卻不一定就是世路上的英雄。而且文明社會的跳舞以其可厭的散漫狀態和矯改自然的性質，決不能謂其於藝術方面有進步而足以抵補社會作用的消失。現代的跳舞實已由於生活境狀的改變而退化，牠以前的重大作用早已轉移於別種藝術，可以說詩歌之於文明社會便如跳舞之於原始社會。

第六章　詩歌

詩歌的性質及種類——詩歌是爲審美的目的，以有効爲美麗的形式，將外部的或內部的現象爲口語的表現（verbal representation）。這個定義包括兩種的詩歌，其一是主觀的詩歌，即抒情詩（lyric）表現內部的現象，即主觀的感情與觀念，其二是客觀的詩歌即敍事詩（epic）與戲劇（drama），表現外界的現象即客觀的事件。在兩者中都具審美的目的，其所刺激的不是動作而只是感情。這個定義在一方面分別抒情詩與感情的非詩歌的表現，在另一方面又分別敍事詩及戲劇與別種敍述的作品。凡詩歌都發自感情，歸於感情，他的起源和影響的神祕便在於此。

斯賓塞在他的第一原理中說低級文化的民族的詩歌是未分化的（undifferentiated），意謂還沒有抒情詩敍事詩的分別。這話與事實不合，因爲原始民族的詩歌實際上都是分別淸楚，像文明人的詩歌一樣。

抒情詩——最切近於人類的詩材莫如感情，故抒情詩爲最自然的詩歌，最切近於人類的表示法莫如語言，故抒情詩也是最自然的藝術。以口語發洩感情只須用有効的審美的形式，例如按節奏的重複便可。蔡子民先生說：『尙書說「歌永言」，禮記說「言之不足故長言之長言之不足故咏嘆之」就是這個意思』。原始民族咏嘆他們的悲喜之情的詩歌常卽是這種簡單的形式，卽將語句按節奏重複念唱起來。如南美波多苦多人（Botocudo）常在晚間念唱『今天我們打獵打得好，我們殺了一隻野獸，我們現在有得吃，肉是好的，喝是好的』。又讚美其首領說『首領是不怕甚麽的』。

澳洲土人的詩歌和上述的差不多，大都只包含一句或二句的短語，反復誦念起來。他們很愛念詩，有事便念。怒也念，喜也念，饑餓也念，酒醉也念。如獵人夜間追思日間打獵的快感，便唱道：

這袋鼠跑得眞快，
但我卻比他更快。
這袋鼠眞肥，
我吃了牠。
袋鼠呵！袋鼠呵！

另一個土人卻垂涎文明人的食物，他也唱道：

白人們吃的那些豆——
我也要些，
我也要些。

勇士們預備出戰時唱一支歌以鼓起勇氣，歌辭中預想對於可恨的敵人的攻擊道：

刺他的額，Spear his fo ehead,
刺他的胸，Spear his breast,

刺他的肝，Spear his liver,
刺他的心，Spear his heart,
刺他的腰，Spear his loins,
刺他的肩，Spear his shoulder,
刺他的腹，Shear his belly,
刺他的肋，Spear his ribs,

另一首則枚舉自己的武器以鼓勵自己道：

蒲盧（burru）的盾，棒和槍，
貝拉兒（berar）的投槍器，
瓦羅耳（waroll）的闊的飛去來棒，
布丹（boodan）的帶縱和蔽胸，
向前跳上，描得準喲，
把這匀直的駝鳥槍。

澳洲人又喜歡諷刺歌，如嘲笑跛足的道：

喂喂，甚麼腿，　Oh, what a leg,
喂喂甚麼腿，　Oh, what a leg,
汝這袋鼠腿的賤東西　You kangaroo—fortel churl!

人死後其部落的女人唱輓歌如下：

青年的女人唱：我的兄弟，
老年的女人唱：我的兒子，
同唱：　我不能再見他了，
　　　　我不能再見他了！

挨斯基摩人幾乎都有其自己的詩歌，其題材如夏天的美麗，等待一隻海狗，和別人生氣等瑣事。詩歌的形式有一定，由長短不一的句相間合成。其程度較之上述二種民族的為進步。例如有讚美山巔的雲的一首，在原始文化中很為難得：（錄蔡孑民先生的譯文於下）

這很大的庫納克山（Koonak）在南方——
我看見他；
這很大的庫納克山在南方——

我眺望他；
這很亮的閃光在南方，
我很驚訝；
在庫納克山的那面——
他擴充開來——
仍是庫納克山，
但被海包圍起來了。
看呵！他們（雲）在南方什麼樣——
滾動而且變化——
看呵！他們在南方什麼樣——
交互的演成美觀，
他（山頂）所受包圍的海
是變化的雲，包圍的海，
交互的演成美觀。

原始的抒情詩意旨不高，常只囿於下等的感覺，多述物質上的快樂，如飲食等事。文明民族的抒情詩大半抒寫愛情，原始的抒情詩則罕說愛情，有之也很粗鄙。Rinks說挨斯基摩人的詩中沒有餘地可及此事，而澳洲人安達曼人波多苦多人的詩中也很難找到這一類詩歌。這事似乎很怪，但若把愛情與性慾分開討論便可明白，原始民族少有像文明人的精神上的愛情，他們大都只有體質上的性慾，性慾比較的容易滿足與冷卻，不像愛情的使人纏綿懷想而且浪漫的戀愛在原始社會中比較爲少，至於夫婦的戀愛已在滿足之境，更無需乎發洩於詩歌。魏士特馬克(Westermarck)說『在低等文化的社會中兩性的愛較之親子的愛爲弱』。原始的輓歌中大都是哀輓同血統的親人或部人的，至於哀輓情人的卻很罕見。

自然景色的欣賞爲文明人的最好詩材，但在原始的詩歌中也極少見，這也有其原因。原始人類是自然的奴隸，他們只能在自然的壓迫之下求生活，沒有餘裕或心情以欣賞自然的美麗與偉大。按之實例，除上舉的挨斯基摩人的一首以外，在澳洲人安達曼人波多苦多人等的詩歌中都沒有這類的作品，這很可以證明此說。

原始的詩歌常表現自私的性情。詩人只詠嘆他自己的苦樂，對於別人的命運很少涉及。澳洲人的唯一的表現同情的詩歌只有輓歌，但也只限於同血統或同部落的人。原始人類的同情心很少擴大至部落以外。其詩歌中如有涉及外人的大都有仇視的意。他們特別喜歡譏諷詩，其所譏諷的又常是身體上的殘疾，可見其同情心的缺乏。

原始民族以其麤鄙的詩歌抒寫其麤鄙的感情，其效用或價值卻也不輸於文明人以優雅的詩歌抒寫其優雅的感情。詩歌無論是原始人的或文明人的，都能宣洩其鬱積的感情而獲得快感。

原始人類對於別人的同情心既是缺少，那末詩人咏嘆其一己的苦樂的詩歌，似乎很難引起別人的注意；但實際上卻不然。原始民族的詩歌常有爲衆口所膾炙，而傳播甚廣保存甚久的。傳播的範圍不但及於語言相同的人民，有時且傳至語言不同的異族。這種現象的原因是在於原始的民衆不注意詩歌的意義，而只喜歡詩歌的形式。原始詩歌中的字句常因要適合音調而曲折改變，致其意義晦塞，不加解釋便不能明瞭；至於音調則因加工調整的緣故，使別人聽了都覺得好聽而喜歡誦念。

敍事詩——西洋人常說最先發生的詩體是敍事詩。這是因爲歐洲文明民族的詩歌起自荷馬的敍事詩。其實荷馬的敍事詩也與荷馬時代的銅器同非原始的事物。

敍事詩的特質在於影響感情，至於節奏或韻律並非一定的條件。原始的敍事詩如澳洲人安達曼人布須曼人的，除其中數段有節奏外餘皆是散文。唯有挨斯基摩人的多合節奏。有人說敍事詩的特徵是「幻想性」，但這也不確，因爲儘有許多具幻想性的作品卻非敍事詩。原始民族的故事中常有敍事詩。如挨斯基摩人的作品中有很多是詩。

原始的敍事詩範圍很小。如印度希臘日耳曼人的長篇鉅著，像金字塔一樣還不曾見於原始文化中，但其零片的材料卻已經存在。狩獵民族的敍事詩常叢集於幾個題目，如布須曼人常以蝗蟲爲題材，但這些故事卻不曾結合而成爲統一的巨篇。

原始的敍事詩常取材於其周圍的事物，如人與動物的動作等，這種範圍是原始藝術所不易踰越的。動物的敍事詩盛於澳洲與南非洲，至於人事的敍事詩則常見於北極民族。挨斯基摩人的敍事詩詳細描寫他們最費想像的，或能使他們喜歡的，或使他們憎恨畏懼的事物。詩中常表現生存競爭的困難。但對於戀愛也少涉及。以材料的貧乏和情慾的簡單，致使他們的詩歌單調而無味。

文明民族的敍事詩若比做汪洋的大河，則原始的敍事詩可比爲狹小的急湍。原始的敍事詩中只述動作而不及其他。在文明人的佳作中動作是用以表出人格的，而在原始的作品中，人格不過用以引起動作。故在原始的敍事詩中並不描寫而只有直述，其敘述也是浮泛膚淺的。在挨斯基摩人的詩中絕少描寫人的性格，除分別其爲「好人」「壞人」以外，不再詳描其個性；一個老鰥夫總是怪誕而可笑的，一個女人總是孳孳於家事和私蓄的。自然景物的描寫更爲缺乏，有時述及也不過因其有關於動作而已。一棵樹只說是一棵樹，一個山只說是一個山，以外不說甚麼了。

甚至詩中所述的動作，雖是原始的詩人和聽者所最注意的，也敍得鮮有精采，不能引起文明人的興趣。動物的敍事詩，特別是澳洲的與布須曼人的，只包括些混雜而汎散的怪異的事件，不甚聯接。

戲劇——普通都說戲劇是詩歌中最後出的一種，其實不然，他的出現也是很早的。戲劇的特性便是同時並用語言與擬勢表現一種事件。按照這種意義，幾乎所有原始的故事都是戲劇，因為講述故事的人必兼用擬勢以幫助口語。原始人類的敍述一事也如文明人的小孩一樣，若不借助於擬勢便不能完全清楚。由此言之似乎反是純粹的敍事詩發生最後。徵之事實，如格陵蘭土人澳洲土人都有一種二人合唱的詩歌，其唱者各模擬所唱的意義。這種附屬於詩歌的擬勢便是戲劇的第一個來源。其第二個來源在於模擬式的跳舞。模擬式的跳舞如加以口語便也成為戲劇。原始的戲劇和模擬式跳舞的差異，外表上在於戲劇不按節奏，且兼用口語，其內部則在於不只是一種動作而是聯續一的串動作。但實際上兩者的界限不分明。原始的戲劇中口語也不十分重要，其中常有啞劇(pantomime)一種，只用擬勢表出劇情。這種啞劇在澳洲土人亞留特人(Aleuts)挨斯基摩人佛伊哥人中都有。茲述澳洲人的一種於下：『有一個全劇指揮人，於每幕中助以很高的歌聲。第一幕是羣牛從林中出來，在草地上游戲。這些牛都是土人扮演的，晝出相當的花紋。每一牛的姿態都很合自然。第二幕是一羣人向這牧羣中來，用槍刺兩牛剝皮切肉都做得很詳細。第三幕是聽着林中有馬蹄聲起來了，不多時現出白人的馬隊，放了槍把黑人打退了，不多時黑人又集合來，衝向白人一面來，把白人打退了逐出去了』。（採用蔡子民先生所譯）

詩歌在原始社會的作用——詩歌在文明社會中勢力很大，在歐洲的希臘羅馬及文藝復興以後的近代，特別顯著的詩人的名為民衆所崇仰，在中華則歷史上竟有一個時代政府且以詩歌取士。詩歌的社會作用，第一在於團結個人。詩歌雖只表現詩人自己的感情但也能引起別人的同樣感情，使其發生共鳴，而在精神上結合爲一。各個人的生活志趣把人們分開孤立，但詩歌卻把同一的感情去激動他們，而將他們聯合起來。詩歌的第二種作用是提高人類的精神。詩人自身如有高尙的精神，他便能將民衆也提高起來。

詩歌在原始社會是否也有這二種効用，應當另加考察。原始社會中還無文字，詩歌的傳播全憑口語，但其語言卻常囿於少數的人口，這實在是詩歌傳播的大障礙。因此在原始社會中詩歌雖也有團結力，但其範圍不大。至於提高人類精神的作用也比不上文明人的詩歌，這是因爲原始社會中的人們因同在一種生活的壓逼之下，雖有一二優秀的分子也不能大有發展而遠出於羣衆之上。如澳洲的土人中各個人都有其自製的詩歌，其程度無大差異。原始的詩歌中較能表現個人的天才的是敍事詩，這種敍事詩的作者也很被民衆所注意，其名有傳至很久的。故原始的詩歌雖一時的團結力不很大，但還能夠影響於後代的人而使他們有團體的觀念。

第七章　音樂

音樂與詩歌跳舞的關係——在低等文化中音樂與詩歌跳舞有密切的關係。不帶音樂的跳舞在原始民族中罕曾見過，如波多苦多人唱時必舞，舞時也必唱。挨斯基摩人跳舞時必附以唱歌及打鼓，而其跳舞屋便叫做唱歌屋。安達曼人的跳舞節也便是音樂節。澳洲男人舉行科羅薄利舞時女人們則爲其樂隊。原始的戲劇也必附帶音樂。原始的抒情詩是可唱的，如澳洲人安達曼人北極民族等的詩歌都有譜調，其歌辭常因要附合譜調而曲變至於失去原意。便是敍事詩也常是可唱的。故音樂與詩歌跳舞常混合爲一，其分開討論是爲便利起見。

音樂的實質與形式——音樂也像別種藝術有實質與形式之分。音樂的實質便是音（tone），音所附麗的形式則由兩條定律即節奏律與和聲律（harmony），規定他。音樂的最簡單的節奏便是一個音或一小羣的音有規則地相間發生。和聲則由一定程度的音與別個一定的音相結合。節奏是量的調整，和聲是質的調整。節奏與和聲合而爲諧音（melody）。

原始音樂的實況——人類的最初的音樂工具自然是人類自己的聲音，在低等文化中人聲比較樂器爲重要。波多苦多人的唱歌據說很麤陋，男人的歌聲像不淸楚的吼叫，三四音便轉一調，有時高有時低，由胸中鼓出氣來，口張得很大。女人的唱歌沒有這樣高聲，也沒有這樣吃苦。安達曼人稍進步，但調子也短，很爲單純，對於奏節很注意。澳洲人也嚴守節奏，其歌聲嚴肅沈鬱，但也不壞；他們對歐洲音樂不感興趣，但也學得來。挨斯基摩人的音樂也屬同一程度，節奏較和聲爲重要，調子有限。程度最高的是布須曼人，他們可說有音樂的天才。歐人傳教師唱給他們聽的荷蘭文歌辭，他們很快的便學會了。他們自己的歌聲還是單調，悲哀緩和，但也不一定使人不快。

原始音樂中口音的音樂，即唱歌，比較樂器的音樂爲重要。兩種都只有一部分的音，「多音」和「協音」都沒有。節奏太偏重，而和聲又太缺乏。音的範圍既少，而高度也不清楚。

原始的樂器——原始民族的樂器大都是爲按拍的，最常見的是鼓，只有波多苦多人似乎沒有這物，此外的狩獵民族都有，但粗細不等。最原始的鼓在於澳洲，這也便是最原始的樂器的一種。澳洲男人跳舞時女人們所打的鼓，不過是緊綳在兩膝間的一張負鼠皮，這張皮是披於肩上以爲外套的。美拉尼西亞人則有木架綳皮的鼓，也傳於澳洲。澳洲人還有一種按拍的樂器也是很富原始性，是一根楔形的厚木棒，敲時發出一種特殊的高音，這叫做「聲棒」(sounding-stick)。安達曼人則有一種「聲板」(sounding-board)是一片穹形的堅木板，一面凸，一面凹，長五呎，闊二尺；用時覆在地上，凸面向上，跳舞的指揮者以足在上頓踏。挨斯基摩人有一種連柄的扁鼓，鼓緣與柄是木或鯨骨製的，皮是海狗皮或冰鹿皮。鼓面直徑三呎，敲鼓的木長十吋厚三吋。布須曼人則綳皮於陶器或木皿的口部，用指頭敲他。原始民族有一部分除鼓以外別無其他的樂器，如挨斯基摩人安達曼人與一部分澳洲人都是這樣。

澳洲 Port Essington 地方的土人另有一種竹簫，長二三呎，是用鼻孔吹的。波多苦多人雖沒有鼓卻有二種吹的樂器，一是 taquara 管製的簫，下部有二孔，是女人所用的；又其一是喇叭，用大獸的尾皮製成。簫的發明很古，在世界上的傳佈很廣，有二種，一是用口吹的，一是用鼻吹的鼻簫 (nose-flute) 在菲律賓和臺灣的蠻族中便有。喇叭在歐洲銅器時代已經有銅製的了，其初想是利用獸角製成，此外還有木製的，如南非洲和我國西南的

臺灣蠻族所用的音樂杵

（採自臺灣明信片）

玀猓人都有合幾個長短不一的竹管或蘆管而成的樂器便是笙了（pans－pipe）。有舌的高等樂器大約源於古人的蘆笛，蘆笛的聲便是由於切口的顫動而發。

布須曼人有絃線樂器，但不是自己發明的，一種三面的琴是得自正尼草羅人的，匏琴大約是得自霍屯督人的。匏琴是一個木弓加一個匏以增加反響；只有一條絃，絃上附帶一個滑動的環，以便任意增減顫動的部分。只有程度最劣的「哥拉」（gora）是他們自創的，這是由弓改變而成的，在絃的一端與弓木之間夾插一片扁平如葉狀的羽莖，奏樂者將唇壓榨這羽莖用呼吸使他顫動發聲。這種聲音很弱，故奏樂者常將持弓的右手的食指插在耳孔內以傳進聲音。奏樂者有能奏至一小時的，而且音調都很正確。

音樂起源的學說——叔本華（Schopenhauer）以為音樂和別種藝術不同，別種藝術都由自然界獲得其材料與模範，都是模倣的表現的藝術，只有音樂不然，他完全不模倣自然現象。與此相反的一派則以爲音樂也是模倣自然界的，和別種藝術一樣。如杜僕（Abbé Dubos）說『像畫家的

中非洲土人的骷髏琴 Kissar
（採自 Eichler—Customs of Mankind）

模倣自然的形狀與色采一樣，音樂家也模倣自然的音調』。其後斯賓塞更提出語言說（The Speech Theory）以爲音樂源於感情興奮時所發語言的聲調，音樂不過使這種聲調更加繁複更有表現性。唱歌與平常語言的差異在於表現感情的聲調，唱歌不過是表現感情的聲調更爲加重而已。故斯賓塞以爲唱歌以及其他音樂都是模倣情緒激動時的語言。

達爾文以爲人類的音樂天才是由其動物祖先而得，因爲雌雄淘汰使動物須利用其聲音以引誘異性。動物中有很多雄的在孳尾期間常用聲音以發洩自己的感情，並促起雌者的注意。這種聲音除引起注意而外，如還能使雌者獲得快感，則這種聲音自必爲雌雄淘汰所保存及改進而成爲音樂。音樂能引起仁慈，戀愛，優勝之感，好戰的心，便是由此。我們人類爲音樂所動宛如回復於久遠以前的感情和思想狀態一樣。這些感情思想原係潛伏的，爲我們自己所不覺且不明其意義。

格乃氏（Gurney）以爲音樂確實能發生劇烈的感情，而這種感情是很特殊的和別種不同，似乎是幾種強烈的感情的混合。

音樂在原始社會的效用——（1）音樂對於兩性的連合或以爲全無關係，但原始民族中確有以音樂促進性的交際的，如苗人的跳月便是一個好例。（2）音樂在戰爭上的價值便被普遍認識，原始民族常利用音樂以輔助戰爭，如澳洲土人在出戰的前夜唱歌以激起勇氣。（3）音樂對於跳舞很有關係，原始民族常以鼓聲和歌聲做跳舞的拍子。(4)音樂與宗教也有關聯，宗教儀式中常附有音樂。(5)音樂最重大的效用是在發生音樂本身的快感。布須曼人獨奏弓琴時意不旁注，只以聽那些連續的音爲樂，有至數小時不倦的。澳洲人的唱歌通常只以自娛。像這樣除爲音樂本身的娛樂以外別無他事。

原始民族中有文化還低而音樂的程度卻頗不劣的，如布須曼人在音樂方面高出於原始民族之中，但別種文化卻還是很低。音樂對於文化全體，除直接供給音樂的快感以外，其間接的影響也似乎不很大。總之，音樂和別種藝術頗有不同，他的性質是較爲特殊的。

第八章　結論

原始藝術的目的——原始民族的藝術作品，很多不是單由於純粹審美的動機，而是並由於實用的目的，實用的目的且常是最切的動機，至於審美的目的反是次要的。例如器物的裝飾，其初常不爲美觀而是爲記號或象徵等實際的効用。此外也有專爲審美的目標的，例如音樂。

原始藝術與高等藝術的比較——原始藝術的種類也和文明時代的藝術約略相等，只有建築的藝術未曾發生，這是由於生活的影響，原始的住所不過只供遮蔽風雨的目的而已，還未受藝術的洗禮，此外各種藝術在原始民族都已曉得了。便是詩歌也已經不是「未分化的」，而有分別清楚的三體了。

原始藝術與高等藝術的同點不但在寬度而且在深度。原始的藝術初看似乎很怪異而不像藝術；但細察之，便知其成立的原則都和高等藝術一樣。不但澳洲人或挨斯基摩人也像雅典人意大利人一樣，能應用整齊對稱對比，極度，和諧諸原則；便是細節上，例如在身體妝飾上，通常以爲是隨意亂搽的，其實也常有和高等藝術相同之處。

兩者的異點也是量的問題而非質的問題。原始藝術所表現的情緒比較窄而粗，其材料窘乏，形式也樸陋，但其根本的動機方法和目的是與高等藝術無異。

原始藝術的一致——各原始民族的藝術在大端上都很一致。他們在種族上原是不同的，但在藝術上都相同，可見藝術不受種族的影響。澳洲人與挨斯基摩人在種族上差異很多，但其裝飾卻極相似，又如布須曼人與澳洲人的岩雕也是這樣。

原始藝術的一致性是由於其原因的一致，而其原因的一致是由於其原始生活的相同。各種藝術除音樂以外，都受原始生活的直接或間接的影響。例如繪畫與雕刻的人形或獸形的作品所以都能夠那樣神似，便是由於狩獵生活都會養成了銳利的觀察力與伶俐的手腕的緣故。以上是就遠隔而無接觸的民族而言，若在相近的民族，則其相似的原因一部分是由於傳播。

地理氣候對於原始藝術的影響——原始藝術也與高等藝術一樣都受地理氣候的影響Herder與Taine說氣候影響於人類的精神及藝術的性質但這是以文明民族的藝術爲然至於原始藝術所受的影響卻是物質方面的。氣候影響了產物產物再影響藝術。原始民族的生活爲地理及氣候所拘束供給藝術材料的產物也比較窘乏；至於文明民族在物質上多少已經能够脫離自然的束縛，其藝術材料比較的豐富，故其藝術上也漸減少自然的影響。

原始藝術的社會效用——世界上的民族未有無藝術的，甚至生活最苦，文化最低的民族都常以大部分的時間和精力用於藝術上。藝術對於人類團體的維持和發展上，如沒有關係而只是一種玩戲，則由於自然淘汰的緣故，這種浪費精力於藝術的民族也已經不能存在，而人類的藝術也不能發達至於現代的程度了。故藝術對於人類社會必有很大的効用。他除純粹審美的効用以外還有實際的效用。例如器物裝飾能增加工藝的技巧，人體裝飾和跳舞影響於性的淘汰，或且間接影響於種族；人體裝飾又可用以威嚇敵人，詩歌跳舞和音樂都會激起戰士的勇氣以保護社羣。還有最大的効用是在於鞏固並擴大社會的聯結，各種藝術的這一種効用是不等的，其中以詩歌和跳舞爲最大。各種藝術的社會功効易時易地而遞變，例如跳舞在原始的小社羣極有勢力，但在人口加多的文明社會便退讓於詩歌了。

原始藝術參考書目（以採用多少爲序，括弧中即爲本篇內採用之章數）

(1) Grosse, E.—The Beginnings of Art（第二章至八章大都據此）

(2) Wallis, W. D.—An Introduction to Anthropology, chap. XXXVII（第一章）

(3) Goldenweiser, A. A.—Early Civilization, chap. IX（第一，三章）

(4) Ellwood, C. A.—Cultural Evolution（第二，三章）

(5) Elliot Scott—Romance of Savage Life, chap. XIV, XV（第二，五，七章）

(6) Tylor, E. B.—Anthropology, chap. XV（第二，三，四，五，六，七章）

(7) Case, C. M.—Outlines of Introductory Sociology, chap. XIX（第一章）

(8) Thomas, W. I.—Source Book for Social Origins, pt. V（第一，二，三，五，七章）

(9) Kroeber and Waterman—Source Book in Anthropology, chap. 42（第三章）

(10) 蔡孑民——美術的起源（第六章）

第七篇　原始語言文字

第一章　緒論

原始的傳意法的種類——人類的可驚的成績之一便是傳達思想感情的方法。這種方法有很多形式，用於近距離的有擬勢（gesture language）及口語（oral language），較遠的則有信號（signals），超越時間與空間的則有記號（mnemonic objects）及文字。這種種形式的達意法也可稱爲廣義的語言與文字，因爲擬勢與信號都是口語的補助，而記號是文字的先驅。語言與文字其實也是一物，可總括於最廣義的「語言」（language）之下，因爲文字也不過是寫下的語言，其發生爲語言發展的最後一段。

語言與文化全體的關係——據愛爾烏德（Ellwood）的意見語言或者是人類文化中最先發生的一部分，因爲他的功效能使各個人的經驗得藉以互相參證，而各個人的協作程度也藉以提高。語言實是「心理模式」（mental pattern）（卽存在心裏的活動法式）傳播之媒介，也便是其他各種文化的媒介。由語言的媒介，各個人的智識觀念方得傳播於別人，例如製造器物組織團體的「心理模式」都由此而廣播於社會特殊的個人所發明的行爲模式，起初只存於一個人的心裏，必須由語言傳播於大衆方能成爲團體行動的模式，因而成爲文化的一部分。人類所以會有文化，而其他動物不能有文化，其原因除腦力的差異以外其次便是語言的能力，故語言對於文化全體的關係極爲重大。

人類學與語言的研究——語言的純粹的研究屬於語言學的範圍，人類學的討論語言是另有目的，且另從別方面努力的，其注意的要點是（1）從文化全體而討論語言的効用。（2）特別注重語言文字中的未成熟狀態，如擬勢語，記號，文字，圖畫文字，數目語等，因爲這也是原始文化的一部分。（3）利用語言以討論民族關係。語言雖不能做判別體質上的種族的標準，卻可以做文化上的民族的標準，因爲凡使用同一語言的氏族其文化也大都相同，語言有異的其文化也異。語言又可用以推論民族的接觸及文化的傳播。（4）藉語言文字的證據以推論過去民族的狀況。歐人曾由語言以推出古代雅利安民族的文化，因其語言中無農耕的字樣，故知其未有農業，又由「女子」（daughter）一字也可證明其有畜牛飲乳的風俗，因爲這字原意爲「搾乳者」（milker）。我國學者從文字學以推測古代狀況的也很有所得。

第二章　擬勢語

天然的傳意法——有人說有些民族在天黑以後便不能互相傳達意見。這種話常被人非難，大約不是眞的了；不過這句話所含的意義很可玩味。人類的擬勢（gesture）及其臉上的表情（expression）有時極爲眞切明顯，確可藉以傳達思想。不管世上有沒有一種民族在天黑以後便不能對換意見，卻實在有些民族常用擬勢以補助口語，甚爲著稱。研究這種擬勢語（gesture language）的人很多，泰婁（E. B. Tylor）在其遠古人類史(Early History of Mankind)中有一部分考究這個問題，馬勒利（Colonel Mallery）研究更精，而尤詳於印第安人的擬勢語。

印第安人作姿勢語

(採自 Klaatsch – Werdegang der Menschheit)

要研究簡單純粹的擬勢語可以參觀聾啞院，或入蠻族的地方，或到戲院去看名角的表演。眞正的擬勢語全世界都相同，曾有一個夏威夷土人被帶到美國聾啞院裏，他立刻便會與聾啞的小孩們用擬勢語對談，描述他所從來的地方及其旅行等事。又有一回，一個很奇怪的部落派使者到華盛頓，沒有人能夠替他做翻譯官，後來請幾個聾啞學校的學生去担任，他們一到立刻便和他用擬勢語大開談判起來。

擬勢語的實例——據馬勒利所說印第安人盛行擬勢語，其內容很爲豐富，如普通名詞固有名詞動詞代名詞冠詞等都可以表現出來，連合頭臂身體的擬勢，不但能做普通的會話還可以成爲一篇故事或演說。例如大科達印第安人(Dakota)如要說「我要回家」一句話，只要屈臂以食指指胸，便是說「我」，次伸臂向前，表示向前去；最後握拳急向下落，這便是說到家。

印第安人的姿勢語：林狠的怨語

(採自 Marshall—Readings to the Story of Human Progress)

最有趣的是「林狠的怨語」(Lean Wolf's complaint)。林狠是美國西部印第安人派來華盛頓的一個使者馬勒利去請教他擬勢語的例，他便用六個擬勢說出一篇話。第一個擬勢是用右手握拳舉近額際，伸拇指橫於額前，這是指白人，因爲白人戴帽，帽遮額際，凡印第安人都以此指白人。第二擬勢是伸兩手在腹前方約十八吋，手掌向腹，緩緩收向身來；這是說「和我們」。第三擬勢是將右手伸出向前，像要握手之狀；這是說「要好」。第四擬勢將右手舉近面前，手掌向面，屈拇指伸其餘四指；這是說「四年前」，這數爲四是明顯的，在這事件中又應當解釋爲四年前。第五擬勢右手只伸食指及中指二指相貼，舉至唇際，然後向前伸出，二指也分離；這是說「他們有二個舌」，便是指說謊。第六擬勢兩手握拳舉近胸的兩旁，然後同時用力放下；這是表示失望之意。六個擬勢合起來是說『四年前白人和我們要好，他們說了謊，我們眞大失望了！』

還有叫做羊皮腳絆(Sheepskin Leggings)的一個印第安人曾用六十六個擬勢說了下面的一篇話：『在很遠的西方過一條河，有暖春族的亞巴折人(Warm Spring Apaches)。他們殺死很多墨西哥人民和兵士，並偸了他們的馬。他們（指亞巴折人）是又壞又愚的人。一個高級將軍帶馬隊來了，他卻是愚人，要來捉麥斯卡勒羅人(Mescalero)。麥斯卡勒羅人希望由這使者得長住這裏，並受他們的口糧。（意謂傾向和平）我們（說者卽此族人）的鄉村便在那邊。我看見這將軍帶軍兵和山卡羅(San Carlos)的偵緝隊，人數很多。我看見我的人民害怕了，一半逃走。第二天早晨麥斯卡勒羅人不再射擊了（不抵抗。）別人殺了很多麥斯卡勒羅人。馬兵和步兵帶我們（麥斯卡勒羅人）到這個營裏做俘虜。山卡羅偵緝隊有很充足的鎗和彈藥，射死了很多亞巴折人和麥斯卡勒羅人。山卡羅偵緝隊是勇敢的。」

擬勢語的性質——擬勢語有二種，一是指實在的事物，一是在空中描畫。擬勢語有習慣化（conventional'z-ing）的傾向。自然的擬勢其初是很明顯的，但其後常被習慣化而至於失去原意。例如上述的印第安人指白人的擬勢便是習慣化的。平原印第安人指狗的擬勢是用二指沿地面上橫畫這也是習慣化而失去原意了，其實以前狗是用以拖物的，在背後拖二根木上載物件，故以二指表示牠。擬勢語又有一定的搆造法（syntax）。其字的次序和口語不同。例如「黑馬」在擬勢語要改為「馬黑」，「我餓了，給我麵包」要改為「餓，我，麵包，給」。最重要的事物常置在先，不關緊要的字便删去。例如「我的父親給我一個蘋果」變為「蘋果，父親，我」。主語在敍述語之後，客語在動詞之前，形容語在被形容語之後。例如不說「我打結」而說「打結，我」。疑問句是先作肯定語然後用疑問的態度表示他。問「誰人」及「甚麼」時，常用很多事物襯出來。如問「你有何事」，便說「你哭，你被打？你被射中？」等語。連續句用遞換或對比表出他，例如說「我如懶惰頑皮，必被責罰」。則改為「懶惰，頑皮，不，懶惰，頑皮，我被罰，是」。說明原因與結果的話，例如說「一人因吃酒而死」，則說「死，吃酒，吃酒，吃酒」。「做」的一字太抽象了，故擬勢語如說裁縫做衣，木匠做棹，便須模倣縫線和鋸木的狀；如說「雨使土能生物」則改為「雨落，草木生長」。

第三章　口語

口語發生的古遠——據都拉蒙(Drumond)說人類曾經過無言的時代，其時的人類，稱為「無言人類」(homo alalus)以別於現在的「眞人」(homo sapiens)。但這裏所謂「無言」應當指為無狹義的語言，卽完備的口語，若廣義的不完備的語言則自有人類便有了，因為人類是由動物進化而來的，動物中的羣棲動物已經有傳達意見的方法了。人類在最遠古的時代至少也應當有極原始的傳意法，窩星頓斯密氏(Worthington Smith)曾推擬這種原始的傳意法說：『他們是用啁哳噪叫吶喊呼號，雜嚷單音字，有時並用半音樂式的音調等交換意見。同時還有一法便是以臉相(grimace)擬勢輔助表示意見。他們有很充足的聲音與擬勢以供需要。例如報告有險，則以手指或摹倣獅子的吼聲或熊聲等』。

據考古學的發見，爪哇猿人(Pithecanthropus Erectus)及其他的化石原人的顱骨，明示其腦中的語言中心(speech center)已經發達，所以有些人類學家說，史前的原人都是會說話的。由化石顱骨的證明雖還不是十分靠得住的；但由別方面的證明，卻曉得在舊石器時代至少在馬格達連尼安期(Magdalenian period)也已有口語。因為遺迹中的圖畫雕刻都表示他們已經有了審美心和智識，這便是口語的徵候；而且他們的製作這些東西或者是要記載事實以示其同輩。人類的口語已經發生了很久，口語的普遍便可證明其發生的久遠。有文化的地方無不有口語，極富原始性的蠻族雖曾經孤立甚久者也已經有了發達的口語，至於代表古文化的中國埃及巴比侖希伯來波斯等都是在有史以前荒古的時代便已發生口語了。

口語發生的學說——人類的口語既然發生很早，現在的最原始的民族別種文化雖很簡單也已經有了複雜的語言，而考古學上也不曾發見無言的人類，故研究言語的起源最難見功，只可以臆測其或然的大概而已，茲舉這類學說數條於下：

哤哤說（bow—wow theory）或牟牟說（moo—moo theory）即模擬說（imitation），這說以為人類的語言有由於模擬各物的聲而得的，就各物所發的聲即用以為其物或其事的名。如哤哤（bow—wow）是狗的聲，故即用以稱狗，牟牟（moo—moo）是牛的聲也即用以稱牛。印第安人稱鴉為 kaw—kaw，稱一種夜啼的鳥為 pono—ponu。英人稱雄雞為 cockadoodledoo 及 okoko，鴉為 kaka 或 caw—caw，猫為 miau 或 mau。又我國人以「錯錯而鳴」者謂之鵲，啞啞者謂之鴉，苗苗的謂之猫，哤哤的謂之尨，又如水像水澌的聲，火像火熾的聲，此外如銀銅鳩鴿笙竽江河等字都由聲而得。世界上各民族也都有這類字。這類字稱為擬聲語（onomatope）。這類字成立了以後常常使用，有時且被轉借以指別種有關係的事物，如 taucan 一語原指一種鳥，其後竟用以稱南美洲的一種印第安人，因為他們的鼻甚大，像這種鳥的大啄一樣。又如英文裏的 pipa 或 peep 是一種管樂器，其名由聲而得，其後竟用以指其他的管。

呸呸說(pooh－pooh theory)卽感嘆說：這說以爲語言有源於感嘆的聲的。因爲動物便已經有叫聲以表示心理，故人類的叫聲想也有成爲語言的。如呸呸（pooh－pooh）是表示鄙視的叫聲，其後竟成爲一字。此外英文中如 tut oh, ouch, hi, ho 等都是。國語中這種感嘆字也很多，如唉呵便是。這種感嘆字在低級民族中更常用。這類字後來或者被借用，或和別字合併而漸失去原意。

亥唷說（yo－he－ho theory)或社會說，這說以爲人類合做一種工作時所發的聲，後來或者便成爲那種工作的名稱；例如合力舉一重物時所喊的 yo, he, ho, 後來便成爲 yo heave（抬）hawl（拖）諸字。

語根說（root theory）：上面所舉的三說還不能說明一切的語詞，因爲最簡單的語言中也不止包含這三種來源的字，而且這三種字也還居少數。大多數的字其實都是由所謂「語根」（roots）構成。例如梵語希伯來語漢語等語詞雖多至數十萬，除開小部分的自然語（卽上述三種來源的語詞）外，其餘都可以追溯於少數簡單的語根。語言學家繆勒氏（Max Müller）說這種語根在梵語中有一千七百零六個，希伯來語中有五百個，漢語中有四百五十個。語根猶如木枝與石頭，同是最初的東西，由木枝與石頭發展爲各種各樣的器物，由語根也構成了無數復雜的語詞。歐洲的語言都源於古雅利安語的語根，如 ga 意爲去，構成英文的 going。ma 爲量，構成英文的 measure，rag 成爲 ruling。都是語根原無品詞動詞等詞性的分別，但有一種意義。我國的語根例如 m

語根有不明的意，故如暮昧盲迷夢霧等字都從這個語根演成，又如Dee語根有「下」的意，故低底地弟等語詞都從這音。這些語根究竟從何而來？是否爲人類的天賦而人類自然曉得用這種語根表示意見？對於這種問題現在還不能有答案，或者永不能有答案。拉卜克氏詳究各民族的「父」「母」二個語詞，集成一張詳表，發見其語根多數是pa與ma，如英文的father，mother，馬來語bapa，ma，非洲Wadai語abba，omma，澳洲語marmook，barbook，漢語的父母爸媽，都是如此。以pa爲父以ma爲母的很多，但也有反過來的。又這二個語根且被引伸以指有關係的事物，如梵語pa意爲保護，便是由此來的。拉卜克氏斷定這二個語根是嬰孩最易發的聲，即自然的聲。由此觀之，或者別種語也有出於自然的。

綜合以上所述的模擬聲，感嘆聲，合力工作所發聲，以及最重要的語根，便成立語言的基礎了。

語詞的構成——基礎已經有了，進一步便是把他們構成爲語詞，即字，以表示種種事物。這種構成法在各民族的語言中頗有相同的，但所注重的有異，有的多用此法，有的多用彼法。

（一）語音的抑揚(intonation)：亞洲東南部的民族多用之。其法以同一語根念作高下長短不等的數音，以代表數種不同的事物。如暹羅語hà意爲尋訪，hã爲疫疾，hà爲美麗。漢語中也盛用此法，通常各爲四聲，即平上去入四種，其實還不止此數。

（二）字母的改變：雅利安語中常用這法。例如表時的改變，則meet變爲met，表數的改變則man變爲

men。這法別族也常用他，如非洲土人言語的便如此。

(三)重疊(reduplication)：這法很多民族都用他。表多數的話常重疊一字中的一部分或全部。例如馬來語 raya 是一個王，raya-raya 則爲多數的王；orang 爲一個人，orang-orang 則爲衆人或人民。美洲西北民族如 Tsimshians 族也常用此法以表多數。希臘文也用此構成不定格過去動詞。漢語中這種疊字極多，或者因爲是孤立語，一字當須與別字合或自己重疊，又因不是音標字不能如上一法改變字母。

(四)複合(compounding)：這是最簡單而且也最普通的方法，各種語言中都有其法，即聯合舊有的字以成新字。如印第安人中 Sacs 及 Foxes 族的話，kicus 是太陽，tepek 是夜間，合爲 tepekicus 則爲「夜間的太陽」即「月」。又如 conia 是銀，而 sâ 是黃，合成 sâ-conia 意爲「黃銀」即「金」。美洲印第安人又常用這法製造新字以稱歐人的舶來品。

此外如語言的生長，語詞的分類變化，文法的組織等都屬於語言學範圍。這裏所述的不過要表明語言也是人類一種發明，並略供民族研究的參考而已。

種族的語言差異——世界上各民族的語言雖根本上的原則是一樣的，但其形式卻千差萬別，其原因便在於幾種要點的不同，略舉幾條於下：

(一)聲的不同　各民族有不慣或不能發某種聲音的。世界各種語言的聲約有三四百種，而一種民族只用其中一小部分，如英語中的聲不上五十種。各民族對於自己的語言中的聲發得很熟，覺得很自然，但對別種的語言的聲便常有幾種覺得很奇異，甚且很難發得來。古代希伯來人常以 shibboleth 一語試人，因爲這語的發音很難，德國人也不易讀 thistlethwaite 一字。l, n, r, 三字母的聲，在有些民族是分別清楚的，（如英語）但在別的民族便有混淆不分的；如美洲印第安人有念英文的 Cedar Rapids 爲 Cedal Lapids 或 Cedan Napids 的。最爲奇怪的音則如霍屯督人的「格磔」(clicks) 聲，印第安人 tl 聲。美國白人採用印第安人的 chocolotl 和 tomatl 二字，卻因其音難發而改爲 chocolate（朱古力）和 tomato（蕃茄）。

（二）音輕重的不同：字音的着重點各族不同，例如法語的重點多在字末，德語的重點多在字首。

（三）語根的不同：例如雅利安語的語根是單字母的，閃米特語 (Semitic language) 是三字母的，馬來波里尼西亞語則傾於雙字母的。

（四）文法的不同：文法上的相應 (agreement) 發生繁複的變化，有時連字母都改變。如土耳其語的不定格 (infinitive) 無一定的字，加於 sĕv 則爲 mĕk，加於 băk 則爲 măk，都是由相應而變化。

語言的分類——由語言的構造可分之爲三種，即曲折語，膠着語，及孤立語，有更加結合語一種而成爲四種的。

（一）孤立語 (isolating language) 卽單音語 (monosyllabic language)：以單一音且孤立的單字表現

一種觀念，其字都是語根，無接頭語（prefix）及接尾語（suffix），字中也無變化。字與字的關係視乎在句中的位置而定，又同音異義語（homophonaus words）甚多，其意義以說話時的音調分別之。漢語卽屬於此種。但如屬曲折語的英語中也有這種孤立字，如 heart of man 便是三個孤立字，等於漢語的「人的心」三字。

（二）曲折語（inflective language）：這一類的字中有一種，其字的內部可曲折改變以表示不同的意義，如英語 write, wrote, written 便是。但也有不變內部而只用附加語（affix）以表示不同的意的，這種附加的接頭語（prefix）或接尾誤（suffix）不能獨立，獨立便無意義。如英語 kill 加 ing 或 ed 意義便改變，ing 及 ed 便是附加語。

（三）膠着語（agglutinative language）：這種字由幾個要素合成，其要素原各有意義，但都膠結爲分離。例如土耳其語 arkan 意爲「繩」；與 la 合爲 arkanla，意爲「結繩」；與 lyk 合爲 arkanlyk「上等繩」。

（四）結合語（incorporating）或多綴語（polysynthetic language）：這一種原是膠着語演成的，結合多數單字而成爲一個等於一句的長字。結合後其各單字的原形由於約音（syncope）省文（ellipsis）名詞的動詞化等而改變。例如印第安人中亞爾貢欽族（Algonkin）的語言 Nadoholi niu 意爲「拿我們的船來」，由以下諸字合成：naten（拿來）amochol（船）i（音便，無意義）niu（給我們）。印第安語多有此種。

以前的學者將各民族的語言分屬於這三四類，如以漢語、印度支那語、西藏語爲屬於孤立語，雅利安語、含米特語閃米特語爲屬於曲折語，其他語言屬於膠着語或結合語。這樣分派法也有很合的，但也有不甚確的，因爲一種語言常不止屬一類，如英語中也有可入孤立語的，也有屬膠着語的，印度支那及西藏的語言中也有帶膠着的性質的。故以此爲各民族語言的分類標準不能十分正確，但若只當他做語言的形式拿來分析語言是很有用的。以前的語言學家又有推想語言進化的階段的，以爲各民族的語言最初必是孤立語，其次進爲膠着語，最後方變爲曲折語。但實際上卻不然，曲折語中（如英語）反有趨於孤立語的傾向，而膠着語也有似乎比孤立語爲早的，故進化的次序很難明。

原始民族的語言——原始民族的語言頗有幾點異於文明民族的語言，但這種差異卻未必便是優劣之分。語言與文化是互相表裏的，原始民族的語言與原始的物質生活心理狀態有密切的關係，其語言的特徵大都是文化的反映，不是語言本身的劣點。

數量：

數量原始民族語言的數量通常都以爲是極少，其實不然。徵諸實際，美洲印弟安人的一個粗樸的部落也約有七千字，非洲沮魯人（Zulu）有一萬七千字，大科達印第安人（Dakota）有一萬九千字，中美馬耶人（Maya）有二萬字，中美那活突人（Nahuatl）有二萬七千字，而文化極低的南美火國人（Fuegians）也有很多的字。原始民族的語言據說最少的也有五千字。他們的字數較之文明民族的自然還不及，但也不算少了。文明民族的字數之多，是因爲事物繁多，原始文化中事物很少，何以字數卻不很少？這種因原便在下述的另外二種性質。

事物的區別：原始民族的語言常把一種事物細加區別，因而生出許多字來。例如火國人的「他」字有二十個以上，太陽有二個，月有二個，圓月另有二個。伊羅葛語關於人類的名詞和人類以外的名詞不同，而後者還再分爲固定的與不定的二種。瓜球土人（Kwakiutl）說及一屋時必須區別他是近我的不近我的，近你的不近你的，近他的不近他的。又如「坐」字有各種不同的字，如坐屋內地板上，坐地上，坐海灘，坐一堆物上，坐圓物上等。挨斯基摩人的語法中「地位」很重要，例如 adliru 是在屋內地上的一盞燈，qudliru 是在上面的燈，kidluliru 是屋後的燈。事物的區別有些是顯然由於實際效用的，如澳洲新南威爾斯（New South Wales）土人的槍有八種名稱，因爲各有一種用途；印度托達人（Todas）的神牛也有幾個名稱，依其儀式而不同。挨斯基摩人分別海狗爲晒日的海狗，浮在冰上的海狗，還有雄的海狗，雌的海狗，各種年齡的海狗。又如 aput 是地上的雪，qana 是下降時的雪，piqsirpoq 是漂流的雪，qiningsuq 是積雪。風則有帶雪的風，入谷的風，海面的風，陸地的風，海岸的風，還有八方的風都各有一個名稱。因於風雪對於挨斯基摩人的生活很有關係，故特於分別。

概括字：由區別而生的字都是特殊的字，至於總合各種特殊的字而成爲一個概括的字雖不是沒有，但卻很少見。例如各種「割」的字雖發生了不少，但一個無特殊意義的「割」字卻不易找到。塔斯馬尼亞人（Tasmanians）有各種樹的名稱，但卻無一個總稱的「樹」字。

抽象字：如精神，靈魂，希望，恐懼，物質，地方，數量，程度，色采，音調，兩性，種類等字都缺乏。有時抽象字由具體字變成，如非洲齊語(Tshi)的 kai（記憶）一字由 ka（觸）變成。

無別的字和上述相反的是有些事物在文明人語言中已有分別，在原始民族語言中卻還沒有。塔如斯馬尼亞人無硬軟冷暖長短圓等字。顏色的字在原始民族也少，如非洲西部亞山的人(Ashantis)只有紅白黑三字，黑字用以總稱各種暗色，如藍紫棕等色，紅則包括赤橙黃諸色。

數目語——原始民族的數目語很有趣。南美波多苦多人只有一個「一」字，此外都是「多」。澳洲 Cape Yorkers 土人的數目字只用「一」「二」二字構成如下：

一 netat

二 naes

三 naes—netat

四 naes—naes

五 naes—naes—netat

六 naes—naes—naes

以手指計算是很普徧的風俗，故原始民族的數目語常卽用手指的字樣。非洲齊語人(Tshi)說「一」是卽拇指，「二」是食指，三是中指。拉布拉多(Labrador)人稱「五」爲「一手」，稱二十爲「二手二足合」。毋伊斯卡印第安人（Muysca）稱五爲「一手完」，六爲「別手一」，十爲「二手完」或「足」十一是「足一」，十二爲「足二」，二十是「足完」，或「一人」，因爲一人有兩手足合爲二十指。南美卡立勃人（Caribs）稱十爲 chonnoucabo raim 意爲「二手的指」，稱二十爲 chonnougouci raim 意爲「手指和足趾」。馬來人的五字 lima 意也是「手」。非洲約魯巴語（Yoruba）五是 arun 意爲「完」即數完一手的意，十是 ewa 意爲「合在一起」，即指二手合在一處。

原始民族的數目字大都如上。其數字既少數目也有限。有人說布須曼人只能算到二，阿畢奔人（Abipones）只能數到三無誤。這話或者太過，但原始民族的數目字少有達到百千卻是實在的。

原始民族的數目字不發達的緣故或說是由於智力未充足，或又以爲是由於無需要故不注意。波亞士（Boas）主張後一說，以爲計算的需要在於事物失去個性而只有通性以後。如畜牧的人，家畜雖多他若能一一認識其特徵便無需乎計算，出陣的戰士也是呼名查點而不是計算人數的，故數目字因無需要而不發達了。這話確有證據，例如非洲卡費人（Kaffirs）能算至十以上的很少，但一羣數百頭的家畜失去一隻也能立刻察出，因爲他們覺得不見了一個熟識的面。

第四章　信號

信號是用於長距離的。其號爲大衆所公認，可以一望或一聞而知其意義。大別爲二種，每種再分爲數類，列擧於下：

（甲）視覺的信號(optic signals)

（1）用於遠處的擬勢。印第安人以臂及身的動作爲遠距離的信號。如將二指伸直，他指屈合，擧臂向上，便是說「你是誰」。

（2）搖動手中所執之物，如旗，毡，帶葉的樹枝，火把，或楊塵土於空中。

（3）步行或騎行作倏進倏退的動作，或作圓圈。

（4）用烽火(signal—fire)或狼烟(smoke)，其次數，位置，和數量都有意義。狼烟的分次發作是用皮或溼毡把火蓋了又開，開了又蓋而致。烽火的意義大都是報告遠客的來訪，朋友的歸家，或警告侵略者的前進，烽火與常火的異點是一現卽滅不再延續。

（5）照耀鏡光，放火箭，敲燧石使發火星。

（6）飾樹，束草，排石陣，插樹枝於地上。這些方法一面做通告，一面又是疆界的記號，是用以警告越界的，旅行者應當特別注意他，否則常有危險。

（7）畫圖或符號於地上，岩上，樹皮上，或一塊的皮上。這種信號是佈告某一羣人的去向，他們做過的事，並說明他們的目的是友誼的或是敵對的。

（乙）聽覺的信號（acoustic signals）

（1）特殊的叫喊，吹哨，吹角，吹喇叭等。吹哨者謂之哨語（whistle language），哨即口笛，吹時有一定的次序。故可表示意義。

（2）敲鑼鼓或敲木舟，盾，等。打鼓者謂之鼓語（drum language），最爲發達。非洲土人常有鼓語。其所表示的語言有至二三百語的。歐洲人赴非洲內地的常雇「鼓手」（drummer）爲翻譯人每到一地便打鼓宣布來意。據說鼓聲愈急則意義愈明。

第五章　記號

無文字的民族常用種種物件，做成符號，以幫助記憶，這便是「記號」（mnemonic mark），故記號可算做文字的先驅。略舉著名的數種於下：

結繩記事（knotting cord）——這是一種常見的原始記事法，上古時的埃及中國日本祕魯西藏都曾行過。在波里尼西亞及其附近各羣島也曾盛行。其中以古祕魯印第安人的最爲發達。在歐人初到美洲時，祕魯土人使用一種打結的繩名為「魁普」（quipus）意卽為「結」，其物係由一條具一種顏色的主要的繩，以及多數次要的及又次要的各種顏色的繩而成。各種顏色代表各種觀念或事物，打成各式各樣的結或環，便能表示各種複雜的意見。魁普如用以記載人口，則色繩的結便用以代表人數，於代表男人的繩上另加以小繩，以表鰥夫之數，代表女人的繩上所加的小繩則表示寡婦和老處女。結所表的數以一單結為十，複結為百，二單結相連為二十，二複結為二百。結在繩上的位置及其形狀也有重要的意義，各種事物在繩上都有其特殊的位置和形狀。每種魁普送到登錄所時都有辨認的記號以辨別他是記載人口調查的，或財賦收入的，或戰事的。如辨認的記號不明瞭時，則遣人執之以請問能記憶者。魁普的表示數目很為完備易解，實是很足用的記數法。除祕魯的魁普以外，還有

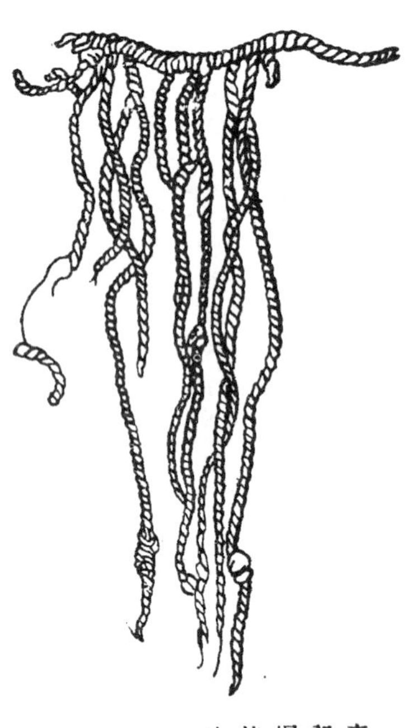

古祕魯人的結繩記事

(自採 Marshall—Story of Human Progress)

夏威夷的「稅入簿」（revenue-book）也很有趣，這是一條長的四百英尋（一尋六呎）的繩，全部分為多數段節，其數等於地方區域。收租吏用種種形狀及顏色的環結，把一地方的人民財賦都詳詳細細的記載在每段的繩上，但他的缺點便是除收租吏以外不能索解，收租吏本人須跟繩而走，以解釋他

刻木(notched plank)——錫蘭的辛哈利人(sinhalese)使用兩種通信木條(message sticks),其一是一根蔓藤,其上有一至三個刻缺,用布包起來,用此送交受者,他便曉得是喚請他的意思。如事屬緊急,則刻缺的

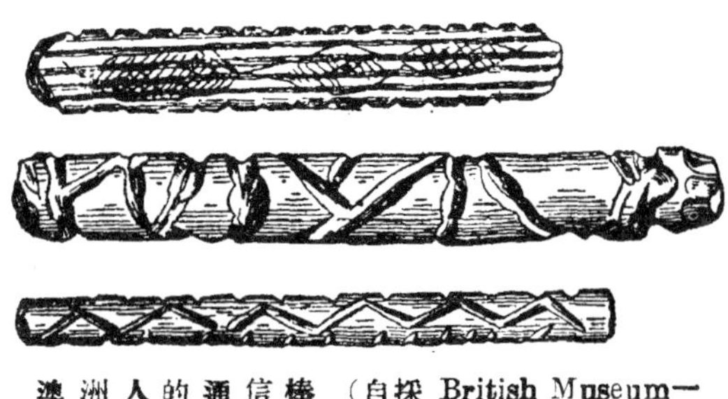

澳洲人的通信棒(自採 British Museum—Handbook to Ethnographical Collections)

數便加多。有時還把從死人頭上割下來的頭髮纏於枝上,將葉或布包起來,用以當作訃告。另一種通信物則係刻劃簡號的樹葉或木片,這是用以送給吠陀人(Veddas)告訴他們要鹿肉和蜂蜜了。澳洲土人也用一種通信木條,由使者攜之以行於各部落間,除了傳達消息而外,還帶有出使憑證之意。通信木條之外必附以口頭的報告,因爲木上的刻缺不過是幫助記憶而已,只有使者本人能曉其意義。

亞爾貢欽印第安人保存他們的神話和歷史的方法是用六吋長的木條,上有繪紋細紮成束,後來他們的技術進步了,不用簡單的木條而改用木牌,上有燒痕繪紋及刻缺,其上並加以刻劃而成的象徵符號,其名爲 walam olum。

其他方法——東部亞爾貢欽人有掘地成穴以記載部落大事的。熟悉舊事的老人有時攜帶小孩到其處告訴他們每穴的意義。剎克人(Sacs)和福克斯人(Foxes)有一種神物稱爲「彌甘」(micams)是一個箱子,內藏各種奇異的物件,每一種都表示一件部落史實或儀式。在宗教節日時,老僧侶由箱內一件一件取出來給大衆看,並說「這些物件是要使我們記得威疎卡(Wisuka）在世界時教我們應做的事」，由於這些助記憶物於是威疎卡的教訓和部落的法律便一條一條的傳述下來。伊羅葛人(Iroquois)的貝殼珠帶（wampum）也用於公事如講和等事。其珠分白紫二色組成紋樣，以幫助記憶二族的條約或部落的歷史。保守這些珠帶的人便能知曉其意義。歐洲舊石器時代有一種小石其石上有一至九的赤色點似乎也是爲助記憶的。

第六章　文字

圖畫文字——繪圖以表現思想記載事實，是文字發生的第一步工作。這種圖畫與眞的圖畫不同，因其目的不在美感的抒寫，而在觀念的表現，故繪法也較爲簡單。這種圖畫實是介乎圖畫與文字之間，故稱爲「圖畫文字」(picture-writing or pictography)。

繪完全的圖要有時間耐性和技能三種條件，頗爲麻煩，故常有用經濟的手段只繪一部分而代表全體的，例如一個戰士曾殺死四個敵人，如要記載他，固可以繪一幅詳細的圖畫文字，但也可以用簡法，只繪四個頭顱，在頸際繪一橫線表示被刀砍斷，這樣便也可以表出同樣的意思了。

但有些事物，無論用完全的或部分的圖都不能充分表現得來，那便須另用可爲象徵的圖形，以暗示那種觀念。例如沮尼族印第安人(Zuni)畫一個蝌蚪以表示夏天，因爲在那邊夏天蝌蚪極多，足可爲夏天的象徵。

合上述全圖，部分圖，和象徵圖三種方法，便可以表出各種事物了。

用圖畫文字的民族如挨斯基摩人，印第安人都是，其中尤以印第安人的更爲發達，他們以此供多種的用途，略述如下：

（一）紀年史：大科達人(Dakota)用牛皮爲紙，上繪圖畫文字以記載每年的大事，每年只記一事。如上圖記一八〇〇年的，畫一個人形，遍身加以紅黑二色的點，這是記載那一年的痘疫。一八一三年也是一個人形，從口際起畫三條橫線，這是記載那年有百日咳。一八四〇年畫二手相向，這是記載那年二族講和。一八五一年的圖，中間的是一方氈毯，周圍是環坐的人，記載那年最初受政府送氈毯。

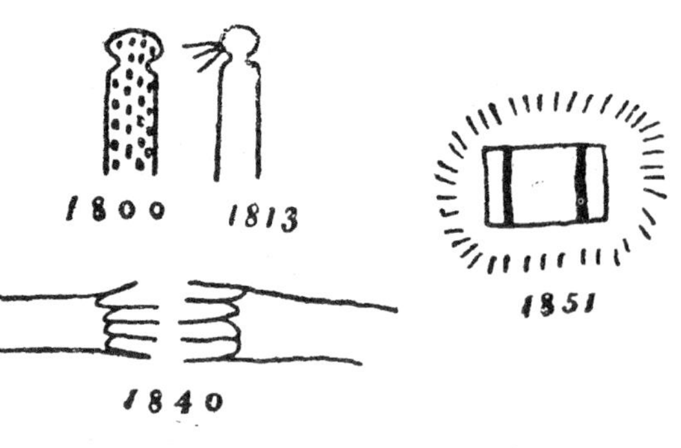

圖畫文字一：紀年史

(採自 Starr—First Steps in Human Progress)

（二）請願書：一八四九年卽伯衞族(Chippewa)呈上美國大總統一張請願書。請求給予在一個小湖的漁業權，該湖在蘇必利爾湖附近。圖中七個動物是七個部落的圖騰，所以便代表七個部落。第一是鶴；第二，三，四，都是貂鼠；第五是熊；第六是「人魚」(manfish)；第七是鯰魚。

由各動物的眼及心都牽了一條線和鶴的眼及心相連結，這是表明他們是一心的；又從鶴的眼牽一條線到湖8，表明他們要這個湖；還有從鶴的眼牽向前的一條，表明向國會請求。10是蘇必利爾湖，11是路。

圖畫文字二：請願書

(採自 Avebury-Origin of Civilizations)

(三)傳記：下圖記載 Delaware 部落一個著名酋長名 Wingemund 的一生事蹟。

1是龜，卽他的部落的符號，表明他屬於這個部落的一支。

2他的圖騰或符號。

3是日，其下的十畫表明他曾參加十次的戰爭。

4 5 6 7 都是人，卽他每次出戰所獲的俘虜，男和女都有分別；活的上面有一個頭，死的則無頭。

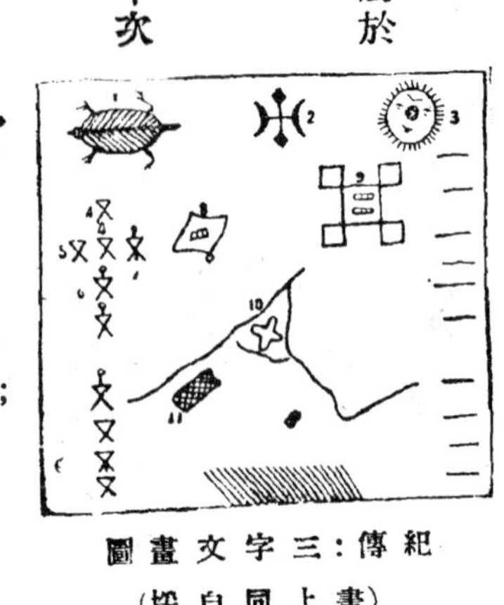

圖畫文字三：傳紀

(採自同上書)

8 9 10 表明他曾攻過的三個堡壘。8是在 Erie 河的，9是在 Detroit 的，10是 Fant Pitt。

11無說明。

12是他的部下的人數，計二十三人。

（四）墓誌銘：A是一個著名的酋長的紀功墓碑。他屬於聖馬利隊（St. Mary's Band），名 Shinga－Ba－Was－Sin，一八二八年死於蘇必利爾湖。他的圖騰是鶴，在這裏倒轉過來，表明死的意思；左邊三粗畫，表明他曾三次參預和平大會，右邊六畫或者表他的六次戰功；底下的烟斗是和平的象徵，斧頭則為戰爭的象徵。

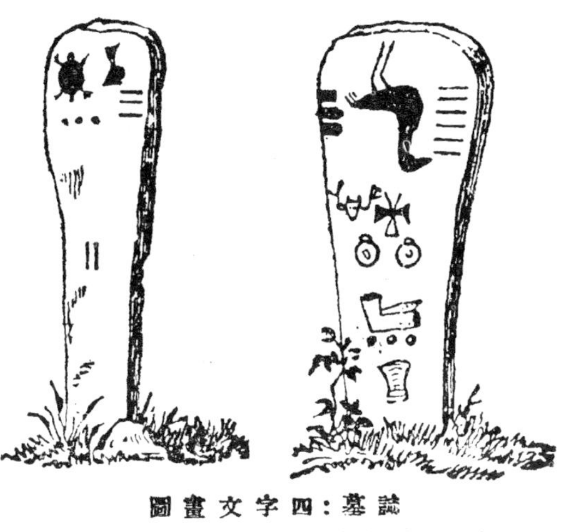

圖畫文字四：墓誌

（採自 Avebury: Origin of Civilizations）

B是一個著名的戰酋名 Wabojeeg 的。他屬於鹿族。左邊七畫，表明他七次統領戰士；鹿下面的三豎，表明在戰陣上受了三傷，一個麋的頭，表明有一次曾與一個發怒的麋惡鬥。

（五）戰歌圖意如下：

圖畫文字五：戰歌

（採自 Clodd－Childhood of the World）

1戰士帶翼，表明他的迅速。2他在晨星之下。3他在天的中央的下面，手裏拿了戰棒和響器。4吃肉的鷲迴翔於空中。5戰士授命於疆場。6飛昇天空成爲神靈。其歌如下：

1. 我希望身如最快的鳥。

2. 每日我都看見你，其餘的半日唱我的歌。

3. 我投身向前。

4. 鳥兒們飛翔於空中。

5. 我何等欣幸能加入於戰死者之列。

6. 高處的神靈重叫我的名字。

(六)戀歌圖意如下：

1 戀人。

2 他在唱歌並打魔術的鼓。

3 他在祕密的場所內，表明他的魔術的効力。

4 他和他的女人兩臂連成一臂，表明他倆是一個人。

5 她在一個島內。

6 他在睡眠中，他唱歌的魔術力直抵她的心。

戀歌：六字文畫圖

(自採同上書)

7她的心。

關於各圖都有一句歌詞：

1. 我的圖畫使我成爲神靈。
2. 請聽我的聲音，我的歌，那是我的聲。
3. 我將我自己隱形起來，當我坐在她身邊的時候。
4. 我能够使她害羞，因爲我聽見了她說我的話。
5. 卽使她在很遠的島上，我也能够使她泅過來。
6. 不論怎樣的遠，甚至在別一半的世界。
7. 我直對你的心說話。

眞文字的發生——文字的構成法有二種，一是表意法(ideography)，一是標音法(phonography)。圖畫文字便是用表意法的。但其後竟逐漸演進而生出標音法。所謂標音便是不以圖形代表意義，而視他爲音的符號。

墨西哥印第安人的圖畫文字發展最高，其字大都是表意的，但似乎已知曉標音法。例如他們中有一個古酋長名 Itzcoatl 其名的文字有兩種寫法，一是畫一條蛇，蛇身插一列的小刀，因爲 Itzcoatl 意義爲「刀蛇」，這一種便是用表意法的。另一種寫法是畫一刀一盆和水，刀音爲 itz 盆音爲 co，水音爲 atl。三圖若不管他們的音義而只當作音的符號，則三音合起來便也是 Itzcoatl。故墨西哥的圖畫文字是剛在由表意法進到標音法的階級。他們在美洲初發見時已達到這種程度，已有很多的書籍，可惜這種古文化竟被侵入的西班牙人破壞了。

古埃及的文字最初也是圖畫文字，例如鷹便畫一隻鷹，鶴便畫一隻鶴。其後圖畫字中有幾個竟被用以代表聲音，於是遂進入標音的階段，如鷹字不用以代表鷹的意，而是用以代表鷹字的聲，把這些標音的圖畫文字錯綜結合起來便可代表許多話言了。但因爲這種文字只能代表聲音，在意義上便不很明，每字中故再加以「定意號」(determinative)以明其意。定意號也是一個圖畫字，但這是表意的，看字的意義是屬於何類事物的，便用何類事物的定意號加入其中以明其意義。如屬人的事便加一個人形，屬木的加一個葉形，屬花的加一個花形，故埃及的文字實是包含二種要素而成，一是標音的，一是表意的。每個標音的字其初是全部的音都用，其後則改爲只用頭一音，這叫做「首音法」(anology)，例如梟字，原音爲 mulok，其後只用其頭音 mu。埃及文字的形狀初時雖都是圖畫文字，其後形狀也漸變簡單而失去原形，如鷹字後來變爲 v，梟字變爲3。

菲尼基人方創立純粹標音的文字，他們採用埃及的字母，但卻棄去其表意的部分，而只取其標音的部分，用這些純粹代表一音的字母以拼成話言。其後希臘文拉丁文及近代歐洲文字都源於此。如埃及文的鷹字便成爲A字，鶴字便爲B字，梟字成爲M字。

我國的文字構造法有六種，即所謂六書，其方法極爲巧妙。通常以爲我國的文字屬於表意法的，其實還兼用標音法，如埃及文一樣。六書中象形是純粹的圖畫文字，如鳥字  魚字  ，指事會意都是用象徵法，也屬圖畫文字的範圍內，這都是表意的。形聲便是兼用標音與表意二法的，每字由二部分構成，表形的一部即「定意號」(determinative)，我國謂之偏旁，另一部便是標音的，如銅字由表意的金字與標音的同字合成，江字由工及水合成，即是照此法則。埃及字即盛用這法。轉注與假借也都兼用標音法。故我國的文字實兼表意和標音二法，但音的方面不會成立字母就是了。

原始語言文字參考書目（以採用多少爲序括弧中即爲本篇內採用之章數）

（1） Starr, F.—First Steps in Human Progress, chap. XVII—XXI（第一，二，三，六章）

（2） Avebury—Origin of Civilization, chap. XII（第三，五，六章）

（3） Kroeber, A. L.—Anthropology, chap. V,XI （第三，六章）

（4） Wallis, W. D.—An Introduction to Anthropology, chap. XXXV（第三，五章）

（5） British Association for the Advancement of Science-Notes and Queries on Anthropology

（第四章）

(6) Mason, W. A.—A History of Writing（第五，六章）

(7) Elliot, G. F. S.—Romance of Savage Life, chap. XVIII（第三，四章）

(8) Marshall, L. C.—Story of Human Progress, chap VII（第一，二，三，五，六章）

(9) ” ”—Readings in the Story of Human Progress, chap. VII（第一，二章）

(10) Ellwood, C. E.—Cultural Evolution（第一章）

(11) Klaatsch, H. Evolution and Progress of Mankind（第六章）

(12) Drummond, H.—Ascent of Man（第一，三章）

(13) Marett, R. R.—Anthropology, chap V（第一，三章）

(14) 西村眞次——文化人類學第五章（第一，二，三，四，五，六章）

(15) 田崎仁義——繪文字及原始文字（第六章）

(16) 梁任公——從發音上研究中國文字之起源（在近著中）（第六章）

中華民國二十三年一月初版

（一〇七四九）

大學叢書（教本）文化人類學一册

每册定價大洋□元□角

外埠酌加運費匯費

著作者　林惠祥

發行人　王雲五
上海河南路

印刷所　商務印書館
上海河南路

發行所　商務印書館
上海及各埠

版權所有　翻印必究